昭和二十年

第11巻　本土決戦への特攻戦備

鳥居 民

草思社文庫

昭和二十年　第11巻　本土決戦への特攻戦備　目次

第32章　特攻機「桜花」は散った（六月九日）

第33章　特攻戦備の現実（六月十日～十二日）

第32章

特攻機「桜花」は散った（六月九日）

「雲南を叩けば」と天皇は問うた

六月九日午後二時すぎ、天皇は六日ぶりに吹上《ふきあげ》御苑を歩いた。四十分にわたる散策のあいだ、感情の昂《たかぶ》りがおさまらなかったにちがいない。天皇は、内大臣の木戸幸一が語ったであろう東大教授の南原繁《しげる》と高木八尺《やさか》が説いた主張を、なんども反芻《はんすう》したはずである。

戦場はいよいよ本土となる。田畑は荒れ果て、経済は破綻し、町は灰となる。人びとは焼き殺され、子供と老人は飢えて死ぬ。生き残った人びとも住まいを焼かれ、衣類、夜具、炊事用具にいたるまですべてを失う。なぜ陛下は戦いをやめると仰《おつしや》らないのかと国民は皇室に怨みの感情を抱くようになるのではないか。アメリカはどうか。戦いをつづけていけば、アメリカが和平条件を緩和するのではないかという期待を抱くのは誤りだ。ずるずると戦いをつづけていけば、アメリカ政府内では、天皇が必要だと説く人びとは逐《お》われ、天皇の排除を主張する人びとが力を持つようになる。[1]

そして天皇がもうひとつ、繰り返し考えたのは、木戸から説明を受けたばかりの「時局収拾案」の何節かであろう。[2]

午後三時、天皇は参謀総長の梅津美治郎《よしじろう》から大連出張の報告を聞く。参謀総長の参内上奏は五月三十日以来だから十日ぶりになる。その報告がまた、天皇をひどく驚かせ、落胆させることになる。このことはこのさきで記す。

夕刻になる。もちろん、六月九日である。

高松宮は前宮内大臣の松平恒雄を食事に招く。高松宮邸は高輪御所と呼ばれるとおり高輪西台町の丘にある。その昔は熊本藩細川侯の屋敷地だった。昭和六年に建てられた三階建て鉄筋コンクリート造りの邸は焼かれていない。

高松宮は宮内大臣を五日前に辞めたばかりの松平を慰労しようとして招いたのだが、かれから是非とも聞きたいと思っていることがある。それは、この戦争を終わらせるにはどうしたらよいのかということであり、それとつながりのある、内大臣の木戸幸一を更迭しようとして失敗した問題である。

かつて松平が外務省にいたとき、かれが目をかけたのが現外務大臣の東郷茂徳《しげのり》である。その東郷がなにも知らず、書記官長の迫水久常《さこみずひさつね》が気配も知らず、内務大臣の安倍源基《げんき》のところにもなにも情報が入らず、永田町、霞ヶ関で知る人はいなかったが、高松宮は皇太后から、内大臣を更迭しようとしたがうまくいかなかったということを耳にしていたはずである。そして、それは松平が計画したものであることも承知していたにちがいない。

もっとも、高松宮は皇太后との会話の内容を日記には記さないように心がけている。そして高松宮は、松平に尋ねたこと、かれが語ったことも、日記には書き入れるつもりはない。ただひとつ書き記すことになるのは松平のつぎのような言葉になろう。

「陛下の時局に関する御判断、楽観にすぎるをおそる」(3)

この戦いをどのようにして終わらせたらよいのか、なぜ木戸を辞めさせようとしたのか。二つの問いに対する松平の答えがこれだったにちがいない。

宮内大臣時代にはけっして口にしなかったことを松平ははじめて語ったのであろう。つぎのように述べたにちがいない。

参謀本部と軍令部の責任者は政府や国民に告げる内容と同じことを陛下に申し上げ、耳障りのいいこと、いい加減な楽観論を上奏してきている。陛下はといえば、統帥部の責任者以外の人びとからの軍事的な助言を避けてきた。そして、統帥部首脳は陛下のまわりに障壁をつくり、陛下の耳にかれら以外からの軍事情報が入らないようにしてきている。

そこで重大な問題は、つぎの戦いで勝ってみせると統帥部の責任者が言いつづけているため、政府は戦争終結のための外交行動に踏みだせないでいることだ。

政府は統帥部の考えを変えさせることはできない。政府は、本土決戦をするのだという統帥部の主張にずるずるとひきずられてきている。陛下は統帥部の見解に同調してきている。

陛下に助言でき、助言しなければいけないのは「常侍補弼《じようじほひつ》」の責任を持つ内大臣である。陛下に向かって、統帥部の責任者はほんとうのことを言上していない、まったく不可能なことをなし遂げられるかのように言上している、陛下が充分に納得されるまで責任者に質《ただ》していただきたいと申し上げなければいけないのだ。そして、内大臣は梅津美治郎大将、豊田副武《そえむ》大将に向かって、国家が存亡の淵に立ついま、お上《かみ》に誇大な戦果と希望過多な予測を申し上げ、お上を安心させることが皇室の安泰につながり、日本本土の安全を保障すると思っているのかと問いただささなければならないのだ。

ところが、木戸内府はそれをしない。できないのだ。なぜなのか。かれは昭和十六年十月、十一月に、開戦もやむをえないと考え、お上に正しい助言をすることができなかったという大きな負い目がある。だからこそ、戦局が不利となってからも、戦いを引き分けで終わらせることができるようなことをかれは考え、そんな甘い夢が絶たれてからも、お上に向かって現実に起きていることを言上できず、統帥部総長にごまかしを奏上することをやめよと言えないのだ。

松平は木戸を更迭しようとした理由をこのように説明したにちがいない。高松宮はうなずき、木戸を辞めさせることができなかったことをあらためて残念に思ったにちがいない。

もちろん、高松宮が知らず、松平も知らないことは、今日の昼すぎ、木戸は天皇に「時局収拾案」を提出し、天皇は木戸に向かって「すみやかに着手するように」と命じたことである。さらに、そのあと天皇は梅津美治郎から、支那派遣軍に決戦をする力は残っていないと聞くことになり、陸軍の実態がどのようになっているかを知って、ひどく驚いたことである。高松宮と松平はこうしたことを知らない。

ところで、松平恒雄は天皇の「楽観にすぎる御判断」をいつ耳にしたのであろう。

高松宮は三月二日の天皇を囲んでの集まりで、ほかの皇族たちとともに天皇に向かって、この戦争の終末をどのように考えているのかを尋ねようとして失敗したことは前に述べた。(4) それから三カ月がたつが、高松宮は天皇の考えを聞く機会がなかった。

松平はどうだったのであろう。この六月になってのことか、それとも五月にか、松平は天皇の考えを聞く機会があったのだろうか。その際に天皇はどのようなことを語り、松平は「楽観にすぎるをおそる」と思ったのであろうか。

天皇は松平から宮廷内の問題についての報告を受けたあと、ジョゼフ・グルーをどう思うかと松平に尋ねたことがあったにちがいない。当然あったはずだ。それも一回だけではなかったのではないか。

天皇はこの四月のはじめまで外務大臣だった重光葵《まもる》からグルーについての情報を数多く得ていたのではないか。グルーがアメリカ国務省の要職に就き、さらに事実上の国務長官となった、それはなぜなのか。さらに、グルーが天皇の存在は日本のみならずアメリカにとっても必要であると主張してきたこと、こうしたグルーについてのすべての情報を天皇は重光から得ていたはずである。

そして、天皇は松平がグルーの友人であったことを承知していた。グルーが駐日大使だったとき、赤坂の大使の執務室の机に飾った写真に視線をとめた人が、写っているのが松平恒雄とその夫人と子供たちなのにびっくりしたということは前に記した。⑤

昭和十八年七月のことだが、交換船で帰国したグルーが日本人を非難する演説をしていたことに反論しよう、反駁しようということが政府、軍の関係機関が集まっての情報会議で決まった。グルーはまだ国務次官になっていなかった。そのとき情報局総裁だった天羽《あもう》英二はかつて外務省で上司だった松平に相談した。戦争の将来のことを考えれば、グルーに働いてもらわねばならなくなろうから、そのことも念頭におかねばならないと松平に注意されたのだった。⑥

松平は天皇から、グルーの登場はなぜなのであろうかと尋ねられ、どのように言上したのであろう。

政府高官と上級将官たちのだれもが同じ疑問を抱き、どうしてルーズベルトはグルーを表舞台に引きだしたのかと考えてきた。

木戸幸一は親しくしてきた重光葵に尋ねたはずだし、アメリカ通《つう》と言われる人びとにこの疑問をぶつけたにちがいない。内大臣秘書官長の松平康昌は海軍の幹部がグルーの動きに一喜一憂していることを知って、⑦外務省の局長になぜルーズベルトはグルーを登用したのだろうとあらためて質問したであろうし、海軍の部課長は部課長で、これまた外務省や同盟通信社の幹部に同じことを尋ねたのであろう。

かれらはどのような推測を聞き、どの解釈を自分のものにしてきたのであろうか。だれひとり、これを日記に書いていないし、意見書、私見のたぐいにも記していない。松平恒雄が天皇になんと言上したのかはわかりかねるが、おおかたの人たちがどのように考えてきたのかは想像がつく。

しかし、かれらが聞いた推測、かれらが自分のものにした解釈は正しくない。かれらがどう考えたのかはあとで述べるとして、ここで正しい解釈を述べておこう。

前にも述べたことだが⑧、ルーズベルトが敗戦後の日本に融和的な態度をとるようにと主張するグルーを表舞台に引きだしたのは、中国の情勢を懸念してのことだった。ルーズベルトが恐れたのは、日本との戦いが長引けば長引くほど、中国の共産党勢力の力が大きくなり、国民政府の支配する領域は共産党に侵食され、その力は弱まり、毛沢東は蔣介石との戦いに自信を持つようになり、日本との戦争が終わったあとに国共内戦が起き、その戦いが二年、三年とつづけば、米ソ間の対立、衝突をも誘発しかねないということだった。一日も早く日本を降伏させねばならなかった。ところが、それを邪魔しているのが、ルーズベルト自身が唐突に唱えた無条件降伏だった。かれはこの要求が日本人に天皇の処罰をほのめかしているものと恐怖をもって受けとめられ、戦いを長引かせることになると気づいた。そこで、手直しを図ろうとして、熱心な天皇の擁護者が対日問題の責任者となっていることを日本に見せつけることにした。グルーを登用した理由は、こういうことだったのである。

ルーズベルトは日本軍の一号作戦が国民政府を痛めつけ、逆に中国共産党の力を助長していることに深刻な不安を抱いたが、気がかりなのはそのことだけだった。太平洋における日本との戦いについてはすでになんの心配もなく、戦力、経済力の脆弱さをさらけだしてしまった日本を打ち負かすことにもはやなんの疑問を抱くこともなく、かれにとって日本問題は優先順位の一位ではなくなっていた。かれの頭のなかを占めるもっとも重大な問題は蔣介石政府と中国共産党の対立、中国の将来のことだったのである。

ところが、外務大臣の東郷茂徳、前大臣の重光葵、総理大臣の鈴木貫太郎、陸軍大臣の阿南惟幾《あなみこれちか》、ほかのだれも同じことで、大多数の日本人はグルー登用のほんとうの理由を理解できなかった。日本は東アジアの国や地域に関与をつづけていく力を今日も明日も持っているのだと思い、その力を失いつつあることは認めても、クレムリンや重慶を相手にして和平交渉を有利に運ぶことのできる支配地域を持っているのだと信じ込もうとして、明日の日を客観的に冷静に予見することを拒んできたのである。

そこで、かれらが考えたことは、ルーズベルトがグルーを登用したのは、アメリカ兵の犠牲を恐れてのことだ。戦場が本土に近づけば近づくほどアメリカ兵の死傷者は増えていく。アメリカ大統領はそれを懸念して、早く日本を降伏させたいと考え、グルーを表にだして日本を懐柔しにかかってきたのだ。このように解釈してきているのである。

市谷台の部局長や課長たちは、グルーが日本の悪の元凶は陸軍だと説き、天皇と陸軍とのあいだに楔《くさび》を打ち込もうとしていることに憤慨し、宮廷、重臣、政治家たちがこの宣伝に影響されることを警戒してきたことは前に記した。(9) そこでグルーのことは口にはださないようにしてきたが、まったく触れようとしなかったわけではあるまい。つぎの戦いで勝利してこそ、アメリカをして譲歩をさせることができるのだ、アメリカと交渉できるのだと説くとき、グルーの登場こそ、アメリカが隠そうとしてきた弱みをさらけだしたのだと主張してきたことは間違いないところであろう。

もちろん、前にも見たとおり、(10)「あと一回の勝利」を陸軍首脳が主張したのは、明日の敗北を認めることができず、降伏を考えることを先延ばしにするための口実にすぎなかったが、グルーを利用することで、それがもっともらしい主張となっていたのである。梅津美治郎は天皇に向かって、敵側のグルーの起用にも見られるとおりと言上したにちがいないし、杉山元《はじめ》もまた天皇にたいして、日本と同じくアメリカも苦しいことはグルーの登用で明らかでありますと説いたはずである。

あと一回の勝利は海軍も説いてきた。もちろん、軍令部作戦課員にも、潜水艦乗りにも意地がある。いちどは勝ち戦をしたいと思う。そして、幹部のあいだにはもうひとつ機微な理由がある。昨年七月に海軍は空母飛行隊の再建を断念したことから、事実上、連合艦隊は消滅したも同然となった。海軍は、陸軍が説く陸海軍の統合、合同をはっきりと拒否するためにも、もう一回の勝利を主張しなければならなかった。天皇は軍令部総長の及川古志郎から、特攻兵器の桜花《おうか》の製造、訓練について繰り返し説明を受け、この部隊を編成し、展開して、戦略反攻をするのだと聞くことになったのだった。

昨年十二月からこの一月、二月、天皇は桜花による戦略的攻勢を強く信じていたことは間違いない。

同じとき、天皇は雲南作戦の敢行に執着した。桜花計画とちがって、これは天皇自身の計画だった。

松平が天皇の「楽観にすぎる御判断」を懸念したのは、天皇が桜花計画に期待を抱き、雲南作戦の敢行を思い描いていたときのことであったにちがいない。

もういちど振り返ってみよう。

天皇は同じ世代の多くの男性と同じように、数多くの軍艦の名前を記憶しているにちがいない。日露戦争で戦った軍艦の名前はすらすら口にでるし、写真のなかの小さな軍艦のシルエットを見ただけで、これは金剛クラスの戦艦と当てることができるのではないか。

天皇はまた、統帥部の総長、侍従武官長、侍従武官から軍状報告を受け、軍幹部の任免に目を通すことを長いあいだつづけてきたから、軍上層部構成員の人事はしっかり頭に入っていよう。そして将官たちがやったこと、口にしたことは、耳にしたかぎりは忘れることはないにちがいない。

だが、前に記したことがあるように、軍職にあった秩父宮と天皇、いまも軍職にある高松宮と天皇とは大きく異なる。

天皇は基礎的な軍事知識を持たないし、兵器に抱く興味は通りいっぺんのものでしかない。天皇は一個軍団がどのように行動し、兵站《へいたん》はどのようにするのか、どのように戦うかといったことは理解できなかったし、理解しようともしなかった。天皇は提出される資料をぱらぱらとめくるだけだ。参謀総長の上奏内容を仔細に検討することもないのだろう。

もちろん、そうしたことはどうでもよいことだった。たとえば、ルーズベルトは海軍通であることを自慢にし、一流の戦略家だと自負していたが、実際には軍事問題にどれほどの深い理解があったわけではない。だが、ルーズベルトはかれ自身のための軍事助言者を持っていた。

前にも記したとおり、天皇はルーズベルトと異なり、自分のための軍事助言者を今日まで持っていない。侍従武官長が天皇の軍事顧問ではないことは前にも述べた(11)。侍従武官長の蓮沼蕃《しげる》が天皇にどれほど恭倹《きょうけん》な態度をとったところで、かれは陸軍の代理人にすぎない。ルーズベルトの大統領府参謀長のウィリアム・レイヒーと比べること自体が無意味なのである。

軍事助言者を持たない天皇がとりかえしのつかない致命的な過ちを犯してしまったことは前にも記した。アメリカとの戦いに踏み切るかどうかの決断をくだすときに、海軍首脳が戦いを回避したいと言いだせない苦衷を察することができず、陸軍首脳がこずるいかぎりの策略を弄していることを見抜けなかった[12]。

戦いをはじめてからも、天皇が自分の軍事顧問を持っていないことに変わりはなかった。ガダルカナルからの撤収、つづいてソロモン群島でじりじりと押される戦いがつづくことになれば、軍事助言者を持っていない天皇の戦争指導は、いつ攻勢をとるのだ、決戦はいつするのだと陸海軍の責任者に問うことを繰り返すだけとなった。

そして、天皇は発表される大戦果が事実から遠いことを知らず、負け戦の実態を耳にすることもなかった。

もし天皇が軍事問題の助言者を持っていたなら、たとえば軍令部総長の豊田副武が、まことに重要な問題をとりあげながら、天皇の前で緊張感もなければ自責の念もなく、その場かぎりの嘘を平然とつくようなことが起こりえたであろうか。

昨日、六月八日の御前会議の出来事だから、これについてもう少し述べておこう。

本土決戦を迎えて海軍はどれだけの戦いができるのか。軍令部第一部は、敵の本土上陸の戦いが七月であれば、上陸前に敵に与える損害率を約二割としていた。豊田副武は書記に命じ、それを三割から四割に書き改めさせた。三日前の六月六日の最高戦争指導会議では、豊田はそれをもとにつぎのように説いた。「概ネ六、七割程度ノモノニハ遺憾ナガラ　上陸ヲ許スコトニナル算大ナリト判断致シテオリマスノデ　地上戦生起ヲ覚悟スルノ要ガ御座居マス」

ところが、昨日の御前会議出席にさきだち、かれはみずから「説明案」にさらにつぎのように記入した。「敵全滅ハ不能トスルモ約半数ニ近キモノハ水際到達前ニ撃破シ得ルノ算アリト信ズ」

御前会議に陪席した陸軍軍務局長の吉積正雄は軍令部総長の言葉をつぎのように記録した。「敵若シ六、七月頃ニ進攻シ来ル場合ハ其ノ二分ノ一ハ水際ニ於テ撃滅シ得」[13]

繰り返して言うなら、軍の首脳が天皇に向かってなにごとも「メイキング」[14]をしてはばからないという習性を身につけるようになったのは、天皇が軍事問題の助言者を持っていないからなのである。

助言者、顧問を持たない天皇ではあるが、ときに軍事作戦を考えることがある。当然ながら、これは天皇個人の考えである。天皇がこうしたアイディアを総長に語ることは滅多になかったが、陸上の戦いであれば、素人の、それこそ英国首相ウィンストン・チャーチル流のアイディアを統帥部に述べたことがあった。雲南作戦はそのひとつである。

雲南省の省都は昆明《こんめい》である。昭和十五年に陸軍の一部が昆明作戦の実施を唱えたことがある。陸軍首脳が興味を示さず、まもなく立ち消えとなったが、翌十六年の初夏から昆明作戦が再び論じられるようになった。天皇はそのとき参謀総長だった杉山元から何回も説明を受け、軍令部総長の永野《ながの》修身《おさみ》の考えも尋ねたはずであった。ビルマから重慶政府への物資輸送道路を閉鎖してしまおうというのがその作戦の目的だった。独ソ戦争がはじまってソ連からの軍事援助が停止し、フランスはドイツに降伏してインドシナからの輸送路も止まり、ただひとつ残されていたのがビルマからの輸送路だったのである。

ところで、昭和十六年の昆明作戦の構想には、陸軍と海軍のそれぞれのねらいが絡み合っていた。

そのときに昆明作戦を大声で主張したのは海軍だった。海軍の意図は、陸軍が独ソ戦に参戦し、関東軍が満洲の国境で戦いをはじめるのではないかと恐れ、それをさせまいとして昆明攻撃を主張したのだった。

たしかに陸軍はソ連と戦うつもりでいた。だが、戦って勝てないのではないかと思って断念したあと、日本にたいして経済断交をしたアメリカ、英国、オランダと戦うのだと言い、南方作戦をやるのだと主張しはじめた。陸軍首脳がどのように考えてそのように説きはじめたのかは前に何回か記した⑮。

海軍はこれに表向き反対できなかった。南部仏領インドシナ進駐を主張したのが海軍だったからである。これも陸軍にソ連と戦わせないための苦肉の策だった。ところが、南部仏領インドシナ進駐に対抗してアメリカが経済封鎖にでたらどうすると陸軍側が言って、戦う覚悟はできていると海軍首脳は大見得を切った手前があった。

そこで海軍は懸命に昆明作戦を主張し、重慶政府を和平に追い込めば、日米間のもっとも面倒な問題は消滅すると説いた。フィリピンやマレーを攻めるのではなく、陸軍を昆明攻撃で我慢させようとしたのである。

さらにおかしなことがつづいた。陸軍もまた昆明攻略を口にしはじめた。本気ではなかった。南方作戦のために軍を輸送、集結するのを隠蔽するのにもってこいとばかりに雲南省を攻めるのだと洩らすようになったのである。真珠湾攻撃の一カ月前のことになるが、蔣介石は陸軍のその嘘を信じ込み、英国軍事使節団の団長に向かって、雲南防衛のためにシンガポールの英国空軍の支援を頼み、共同警告をだしてくれと要請したのである。

そこで軍事助言者を持たない天皇のことになるが、天皇はその作戦が陸軍と海軍とのあいだの騙し合いの上につくられたものであることに気づかなかったのではないか。そして、昆明作戦をのちのちまでずっと忘れることなく、実現可能な作戦だと考えることになったのではないか。

それから二年半後のことになる。昨年五月から支那派遣軍は一号作戦をおこなった。

マーシャル群島、ソロモン群島、ニューギニア、どこの戦場でも、撤退、退却といった不快な報告、あるいは全滅といった悲報がつづき、なにひとつ朗報がなかったことから、参謀総長、侍従武官長は参内のたびごとに一号作戦の勝ち戦と進撃の模様を真っ先に言上することになったはずだし、天皇もその報告を心待ちしたことは間違いなかった。

そして、昨年十一月十日には一号作戦の主目標の柳州と桂林を攻略した。第六方面軍司令官として一号作戦の総指揮をとり、その作戦を終えて支那派遣軍総司令官となったのが岡村寧次《やすじ》だった。前にも記したように、陸海軍を通じて司令官、総司令官は星の数ほどいるが、司令官として勝ち戦をおさめ、つづいて総司令官となったのはかれひとりだった。

前に述べたことをさらに繰り返すなら、歯切れがよく、わさびの利いた話し方をして、なかなかに如才のない岡村寧次は、東京から来た参謀本部、陸軍省の部課長に向かって、つぎには四川作戦をやるのだ、重慶を攻略するぞと説き、立ち上がり、壁の地図の上を竹の棒で指し、蔣介石を追い込んでこそかれと和平交渉ができるのだと言い、蔣がアメリカに救いを求めるなら、それはそれでよし、日本本土に向かうアメリカ軍を大陸に呼び込むことができるではないかと主張した。

「日本に向かう米軍は鬼だが、大陸に来る米軍はお客さんだ。米軍を支那大陸に来させるようにする。そのために四川作戦をおこない、蔣介石に悲鳴をあげさせれば、米軍は支那大陸に上陸せざるをえなくなる」

人びとの頬を緩ませる話であった。だが、四川作戦を敢行する、アメリカ軍の揚子江三角地帯上陸にも対応するという話は絵空事だった。アメリカ軍を大陸に呼び込んで戦う用意などまったくできていなかった。

四川作戦のほうはといえば、無謀にすぎた。いくつもの山岳地帯を越えなければならず、兵站をどうするかという面倒な問題があった。しかも、敵の戦力は強化されようとしていた。アメリカからの軍需品がビルマから昆明に入るようになり、新たに指揮をとるようになった蔣介石お気に入りの湯恩伯《とうおんぱく》(16)の兵団が一番に装備を改善し、春以降には面目を一新するとの覚悟をしなければならなかった。これが第十一軍正面の敵の兵団だった。そして、一号作戦を戦った主力の第十一軍は支那派遣軍の精鋭であったが、充分な補充ができず、その戦力はめっきり低下していた。

それでも、岡村が語る構想を市谷台のだれもが半分は愉快げに語り合い、参謀総長もまた天皇に岡村の主張を半分は頼もしいといった気持ちを滲ませて言上したのであろうし、天皇は侍従武官長、侍従武官にさらなる説明を求めたこともあったにちがいない。

参謀本部は岡村の計画に反対はしたが、まったく否定したわけではなかった。岡村はそれを根拠に、六個師団ぐらいでやる、それとも師団を分割していくつもの挺進隊を使ってやると言い、第六方面軍、その麾下の各軍、各兵団に四川進攻作戦の研究と訓練を命じた。だが、かれの部下たちは口にはださないながら反対だった。だれもがおざなりな態度だった。二、三カ月も行動をつづける挺進攻撃などとても不可能だ、途中で遭遇する敵の防禦線の突破もできない。では、数個師団を進撃させたらどうなるか。攻撃はできるだろうが、帰還は至難だ。包囲され、その犠牲は大きいだろう。このように判断した⑰。

今年二月の下旬、支那派遣軍の参謀全員が集まり、連日にわたって四川作戦と対米作戦の兵棋《へいぎ》研究をおこなった。任務が達成できる見込みはたたなかった。同じときにルソン島の戦いは「自活自戦」という悲惨な状況に変わっていた。そして、敵軍は硫黄島に上陸した。重慶を攻めるどころではなかったのである。

だが、岡村は毎回の会議に出席することで、部下のだれにも断念しようと言わせなかった。かれの熱意は冷めるどころではなかった。勝ち戦がいまこそ必要なのだ、われわれがやらねばならない、邁進すべきだというのがかれの考えだった。

岡村と同じように考えたのが天皇だった。岡村が語った「大陸に来るアメリカ軍はお客さんだ」という言葉を天皇は忘れていなかったのではないか。

そして、天皇は昭和十六年の幻の昆明作戦を思いだしたのであろう。ビルマでの戦いの支援にもなるから、四川作戦よりも雲南作戦のほうがいいのではないかと考えた。天皇は梅津美治郎に自分の考えを述べた。

梅津は岡村の四川作戦には反対だった。当然ながら雲南進攻にも反対だった。天皇に向かって、弾薬、食糧の輸送が大変だと語って、難しいと言上したのであろう。だが、天皇は諦めなかった。昭和十六年に雲南作戦をやるのだと説いたのは陸軍ではないかと天皇はいぶかしく思ったはずだ。侍従武官にも尋ね、この作戦への執着を示したにちがいない。

三月十一日か十二日、天皇は陸軍大学校の校長になったばかりの賀《か》陽宮《やのみや》恒憲《つねのり》王と話し合った[18]。アメリカが無条件降伏と戦争責任者の処罰を要求しているかぎり、戦いをつづけねばならないと天皇は語った。ジョゼフ・グルーへの期待は語らなかったのであろうが、いまひとつの勝利が必要だと言って、雲南作戦をやってはどうかと説いた。

賀陽宮は天皇が雲南作戦を望んでいることをはじめて知ったにちがいない。だが、賀陽宮は支那派遣軍総司令官の四川攻略論は承知していたであろうから、天皇の考えは岡村大将の主張に触発されてのものだと思ったであろう。かれは天皇に向かってなんと答えたのかはわからないが、天皇は賀陽宮に向かって、陸軍大学校に戻ったら研究するようにと言ったのである[19]。

当然ながら、そのあと賀陽宮は梅津美治郎にこのことを報告し、どのように奉答したらよいかを相談したのであろう。賀陽宮はどのような報告書をつくったのであろうか。梅津が天皇に奏上したのと同じように、雲南省は山間を縫う道路ばかりで平坦な道などまったくない標高二千メートルの山岳地帯であり、山と山との谷間に小さな平地があるのみ、兵站線を維持することは非常に難しいと記したのであろう。

天皇は失望したにちがいない。だが、完全に諦めたわけではなかったのである。

さて、「楽観にすぎるをおそる」と松平恒雄に言わせた天皇のもうひとつの期待はさきに述べたように桜花だった。

桜花についてはあらためて述べよう。

中攻隊のエース、入佐俊家隊長

桜は終わった。北海道の北端、稚内《わつかない》のオオヤマザクラの紅色の花が散り終わったのはいまから十日ほど前、先月、五月の末だった。青森では五月五日には花は散り終わろうとしていた。今年の冬は異常に寒かったから、桜の開花はどこも一週間、十日ほど遅れた。

平野鍾《あつむ》は東京都中野区の桃園第三国民学校の三年生である。長野県上伊那郡箕輪村の無量寺に集団疎開している。新三年生を疎開地に送る、いわゆる第二次疎開組で、無量寺には三月末に来たばかりだ。クラス全員がずっと日記をつけてきているが、四月十九日にかれはつぎのように記した。

「朝起きて見るとさくらのつぼみがひらいていた。兵きあわせを、上田君とやって遊んだ。たから島のゲームを、した。朝のごはんは、ごぼうのおつけだった。まきはこびをした。お昼のごはんはごぼうのみそにであった。こたつにはいりながら本を、読んだ。一《いっ》きうちを、佐藤君として遊んだ。新ゲームを、関口栄一君とした。夕ごはんは、ごぼう、ねぎ、ほうれんそうのおつけだった[20]」

それより一週間前の四月十二日、仙台では花はまだ咲きはじめていなかった。第三期校の地元の上級学校受験のために逗子の海軍工廠の寄宿舎から仙台の自宅に戻っていた宮城第一高女の四年生二十四人は午後八時に上野行きの列車に乗った。浜田照子は目を覚ました。深い瑠璃色に空の色が変わり、星はもはや見えず、気がつけば遠くに近くに白く浮かびあがり、やがてはっきり白い輪郭を描きだすようになったのはすべて桜だった[21]。桜ね、桜よと答えれば、目を覚まし、窓の外を覗く娘たちは口々に喋りだし、車内はにわかに賑やかになった。利根川の鉄橋を渡る前のことだった。

その日の午後十一時、岡野弘彦が乗った軍用列車が止まった。二十歳の岡野は大阪で編成された部隊の一兵士であり、行く先は鹿島灘に面する鉾田《ほこた》町だった。空襲だと告げられた。あとで知ったことだが、列車が止まったのは山手線の巣鴨と大塚のあいだだった。爆音と炸裂音がつづき、線路の両側の家が燃えはじめ、町が燃えだし、強い風が吹きはじめ、岡野は線路脇の溝のなかで、飛び込んでくる燃え殻を避けながら、無数に飛ぶ火の粉のなかに、吹き散らされて飛んでくる桜の花びらを見たのである[22]。

小泉信三が総理官邸から霊南坂《れいなんざか》をのぼり、麻布台をくだり、遠くの桜がぼんやりと白いのを眺めながら三田の慶應義塾大学まで歩いたのが、小磯内閣が総辞職し、開かれる予定の内閣顧問会議も中止になった日、四月五日の朝だった。㉓頭上の桜はまだ蕾が多かった。この国は、この国の人たちはどうなってしまうのだろうかと考え、桜をじっと眺め、今朝、桜の花を見たことをずっと忘れないかもしれないとかれは思ったのだった。

四月五日には桜は、静岡でも名古屋でも、大阪でもまだ七分咲きだった。

三月二十七日の未明、月齢は十四、中天《ちゅうてん》から少しはずれて丸い大きな月があった。宮崎の基地から沖縄の水域に飛び立とうとする高橋惣吉中尉が手にかざした桜の枝は月の光ではっきりと見えた。第五航空艦隊麾下の第一銀河隊の特攻隊員だった。㉔花びらがいくつか散った。銀河の空席の後部座席にその枝を置いた。また花びらが散った。始動がかかり、操縦桿を握ったかれは、沸き起こるエンジンの轟音のなかで、つぎのように口ずさんだのかもしれない。「散って咲け、桜花《さくらばな》」

それより四日前、三月二十三日の夜明け、沖縄防衛の責任を負う第三十二軍の高級参謀、八原博通《やはらひろみち》と参謀の神直道《じんなおみち》は軍司令部となっている首里《しゅり》の沖縄男子師範学校の一室でふだんより早い朝食をかきこんでいた。空襲警報が鳴り、真上を敵機の編隊が走り抜け、爆発音がつづいた。食堂をでた八原は司令部内の情報室で新しい情報を急いで読み、すぐ近くの洞窟にある軍司令部に向かいながら、この空母機の襲来は敵地上軍侵攻の序曲なのだろうかと考えた。ちょうど一年前、三十二軍を創設して以来、参謀長とほかの参謀たちとともに八原は作戦計画をたて、大隊長を相手に築城の指導をおこなった。そしてまた、かれは中隊長に向かって、接近する敵の戦車、歩兵を待ち、潜んでいる洞窟陣地から出て射撃を開始する時機をこまかに教示し、各洞窟陣地が相互に応援、支援できるかを丹念に調べてまわった。そのかれが折にふれ口にしたのが、「吾れ沖縄の島守たらん」、そしてもうひとつ、「来年の桜の花が咲くころは」の言葉だった。[25]

三月二十三日、首里の桜は散り終わろうとしていた。

それより二日前の三月二十一日、鹿児島県の鹿屋《かのや》の桜はまだ赤みを帯びた固い蕾だった。だが、桜花はそのときに散ってしまった。特攻兵器の桜花である。

死者はまだまだ増え、都市はまだまだ焼かれるにちがいない。だが、この大戦争もやがては終わるだろうし、春になれば桜が咲くだろう。そしていつか、桜花がこの戦争の最後のはかない夢だったと語られることがあるかもしれない。

そして、桜花が思いだされることになるなら、中攻《ちゅうこう》のことが振りかえられることになるだろう。さらに野中五郎のことが思いだされるのではないか。

桜花の神雷《じんらい》隊が空しく全滅してすでに二カ月と二十日になる。野中五郎はその神雷隊の指揮官だった。

まずは野中のことを語ろう。野中を語るとなれば、中攻のことにならざるをえず、海軍航空隊のことにもなる。そして海軍航空隊の戦いとなれば、中攻の戦いを振りかえることになる。これも長い話となるだろう。

昨年十一月のことになるが、茨城県の鹿島灘沿いにある神之池《ごうのいけ》の基地に桜花の訓練を視察に来て、はじめて野中五郎を見かけ、かれの挙止に注目した人びとが説明を受け、「ギルバートで戦った野中五郎だ。野中四郎の弟だよ、あの二・二六の」と言われて、もういちど、八の字髭の青年の顔を見つめ、そうか、野中四郎の弟なのかと思ったのである。

あらためて戦闘指揮所の上に風にはためく大幟を仰ぎ、よくもあれだけの白い布を手に入れたものだと軍人らしからぬみみっちいことを考えたあと、「非理法権天《ひりほうけんてん》」「南無八幡大菩薩」と大書してあるのを見て、なにかわかったような気がして、そうなのかとうなずくことになった。

非理法権天の五文字は楠木正成の旗印だ。

そして、あの航空戦は昭和十八年十一月下旬のことであったなと遠い昔のことを聞いたかのようにうなずく人たちは、ギルバート諸島のマキンとタラワの守備隊が全滅して一年足らずあと、フィリピン沖の戦いで連合艦隊は全滅してしまったのだ、広い太平洋は敵の手に渡ってしまった、この最後の土壇場で敵の侵攻をくい止めてくれるのは、もしかしてあの青年なのかもしれないと思ったのである。

野中四郎と五郎の父親の勝明《かつあき》は日露戦争に出征したことのある退役陸軍少将だった。四郎は陸軍に進み、第一師団の麻布の第三連隊第七中隊長となった。かれはとりたてて変わりのないふつうの青年将校だった。あとになって、かれの妻は五郎さんは豪快だが、うちのひとはおとなしかったと語るのがきまり文句だった。

昭和十一年のことになる。野中四郎と同じ連隊、「歩三《ほさん》」の第六中隊長が安藤輝三だった。すべてにわたって優秀な将校であり、兵士たちの信望も厚かった。そして、先鋭な理論家の栗原安秀が第一連隊、「歩一《ほいち》」の機関銃隊にいた。かれらは「歩三」の兵舎地下の陣営具倉庫に集まった。ここの兵舎は全国でも珍しいコンクリート建てであることから、地下室もある。ここでクーデターを計画し、最終の決意をした。四郎は蹶起《けっき》の推進者ではなかったが、いつか覚悟を決め、その企てに参加し、蹶起趣意書に部隊の最先任者として、「陸軍歩兵大尉野中四郎　外《ほか》同志一同」と署名した。

蜂起から四日目の二月二十九日、反乱部隊は敗北を認めざるをえなくなった。部下の下士官、兵士たちを兵営に戻した。士官たちは陸軍大臣の官邸に集められた。陸軍の幹部たちがかれらに自決を強要した。野中は自決の用意をする若い士官たちに自決をするなと大声で言った。ところが、かれひとり別室で自決してしまった。なぜだったのかはわからない。

その日の夕方、四郎の妻の美保子は夫の死を告げられた。中野の義父の家に身を寄せていた美保子は、生まれて三カ月の保子を背負い、義父母とともにタクシーに乗った。四谷左門町の住まいに寄って喪服に着替え、第三連隊の兵舎に移された遺体と対面した。

三月四日の密葬には、弔問する人びとの長い列ができた。だれもが自分たちの思いをこのような行動で示したかったのである。霞空、霞ヶ浦海軍航空隊の飛行学生の五郎も戻ってきた。

狭い家だったから、玄関から入り、台所から出てもらうようにした。美保子はあとで紅白の水引の香典を持参したのが右翼の巨頭、頭山満翁《とうやまみつる》だったということ、同じ蜂起部隊に襲われ、重傷を負った侍従長の鈴木貫太郎大将のお嬢さんが来てくれたことも知った。路地と庭の雪を掻き、ぬかるみの道に筵《むしろ》を敷き、それを何回か取り替えてくれた近所の人の好意を美保子はずっと忘れなかった。

四郎と最後の別れをしたとき、親族のだれもが安らかな顔だと言った。四郎の妹、五郎の姉にあたる千代は呉に住んでいた。千代の夫は海軍士官で、そのとき海上勤務にでていた。そして彼女は身重であったから、東京まで来られなかった。のちに美保子は千代から、兄は悔しそうな顔だったと五郎さんが言ったと聞かされた㉖。付け加えておけば、千代の夫は昨年十月末の比島沖海戦で戦死した。

五郎は海軍兵学校時代、勉強はしなかったが、小柄な、体の締まったかれが剣道と器械体操をやってその見事さに教員を感服させ、下級生を魅了した。飛行機乗りになろうとは、かれが江田島時代から考えていたことであったにちがいない。
かれは飛行将校となり、はじめは艦攻、艦上攻撃機を操縦したが、中攻に転じた。中攻隊を拡充するために艦攻から移った飛行将校は多かったが、野中もそのひとりだったのである。

中攻について説明しよう。中型陸上攻撃機の略だ。陸攻とも呼ぶ。だから中攻隊とも呼ぶし、陸攻隊ともいってきている。

これまでの記述も、ときに陸攻となり、ときに中攻となった。このさきもときに中攻、中攻隊、ときに陸攻、陸攻隊と記すことになるだろう。

中攻、中型陸上攻撃機があるからには大型陸上攻撃機、大攻《だいこう》がある。呉の広《ひろ》工廠でつくった。全備重量十一トン、爆弾を搭載すると十三トンになった。九百馬力の二基の発動機にはあまりに重すぎた。時速はわずか百三十キロ、機上作業練習機の白菊《しらぎく》ですら時速百八十キロはでる。敵戦闘機の餌食になるだけだった。つくりだしてまもなく昭和九年には生産を中止した。

ついでに述べておこう。同じときにアメリカのボーイング社が開発したB17は自重十二トン、満載重量二十トンだ。千二百馬力の発動機四基を取り付けており、最高時速は四百六十キロがでた。

三菱、中島、双方ともが出力の大きい発動機をつくることができないことが、大攻から中攻の開発、生産に切り換えざるをえなくなった理由だった。

中攻は昭和十年に試作機ができた。全備重量七トン、とても爆弾二トンは積めなかった。八百キロの重さの魚雷を一本か、同じ重さの爆弾を搭載した。だが、航続距離は大攻と同じく二千八百キロ、七百九十馬力の発動機、金星三型が完成して、これに代えてからは、時速は三百七十キロとなった。

海軍航空の首脳たちが、是が否でも中攻を開発し、中攻隊をつくろうとしたのは、潜水艦隊にかけた期待と同じだった。

こういうことだった。アメリカとの戦いが起きれば、日本軍はアメリカ軍の前進基地となるフィリピンの港を占領しなければならなくなる。アメリカはフィリピンの奪還を図ろうとして、艦隊を西進させる。連合艦隊はこれを見つけ、激突し、艦隊同士の激しい砲撃戦となる。日本、アメリカ双方の作戦の担当官から兵科将校のすべてが考えたのがこのようにして起こる海戦だった。

ワシントン条約で定められた戦艦トン数比率は、アメリカが五に対して日本は三だった。戦いのときにおける相互の戦力は、戦いに加わる艦船の数の二乗に比例するという法則がある。これに則れば、決戦となったときの日本の戦力はアメリカの戦力のほぼ三分の一だ。そこで予想決戦場であるマーシャル群島の北西海面で艦隊決戦をはじめるまでに、潜水艦隊と陸上航空戦力の中攻隊が敵の艦隊を繰り返し襲撃し、その戦力を減殺してしまう必要があった。

海軍航空の司令から中攻の搭乗員まで、そして軍令部、連合艦隊司令部、海軍将兵のだれもが知り尽くした戦法だった。

そこで中攻隊はマーシャル群島の陸上基地から洋上はるかに飛び、敵の艦隊を捜索し、見つけだした敵の戦艦に魚雷を発射し、爆弾を投下する。八百キロの爆弾、あるいは魚雷一本を搭載した中攻はこのために訓練を重ねたのである。

中攻として最初につくられたのは九六式陸攻である。支那事変がはじまって、中攻は長距離を飛べる特性を生かして「渡洋爆撃」を敢行した。

つづいて中攻隊は漢口を基地にして戦った。つぎには華南の海口を基地にして、広西省に基地を置く敵空軍と戦い、中攻に搭乗するようになった野中五郎ははじめて前線にでて、戦いに参加した。隊長は入佐《いりさ》俊家《としいえ》だった。昭和十五年一月に内地帰還となり、入佐とともに野中は霞ヶ浦航空隊で飛行学生の指導をすることになった。

前に記したように、昭和十一年二月に反乱が起きたとき、野中は霞ヶ浦の飛行学生だった。入佐俊家はそのとき横空にいた。横須賀航空隊である。かれは大尉だった。海軍兵学校五十二期、野中の九期上だった。そのとき横空の全隊員に待機命令がでた。稼働機全機は爆弾投下器をつけることになり、機銃を取り付け、滑走路の雪を取り除いた。横須賀鎮守府司令長官の米内《よない》光政《みつまさ》の命令だった。[27]

同じ年の四月に木更津航空隊と鹿屋航空隊が同時に開隊し、海軍最初の中攻隊が誕生した。入佐は木更津空の中攻隊の中隊長となった。支那事変がはじまって、入佐は第一回の南京渡洋爆撃隊を指揮し、そのあと十四空、十五空の飛行隊長となった。そして、かれは生死をともにした部下たちから敬愛されるようになった。

海軍兵学校から航空に進み、中攻隊員となって現在三十代の士官であれば、入佐に仕えた者は少なくない。この戦争にかれらが生き残れば、いつかかれらのうちのだれかが自分たちの戦争の青春にもっとも大きな影響を与えた入佐俊家の思い出を書き記すことになるにちがいない。生き残れば金子義郎はそのひとりとなるだろう。

金子義郎は海軍兵学校で野中五郎の一期上である。野中がのちにマーシャル群島のタロア島で中部太平洋の哨戒任務に就いていたとき、金子が上官だった。

金子は頭がよく、勉強家だ。やる気もある。現在、かれは鹿屋基地で偵察第十一飛行隊の指揮官である。やがては軍令部第一部に引き上げられることになる能力の持ち主だが、そんなことはもはやありえない。かれはこの秋まで自分が生きていられるとは思っていまい。

昭和十二年七月に支那事変がはじまったときに、金子は空母加賀の九六艦攻隊の飛行士だった。出撃の合間には、艦橋下の作戦室で勤務をつづけた。かれは空母龍驤《りゅうじょう》、鳳翔《ほうしょう》の友軍の攻撃隊、木更津と鹿屋の中攻隊が合同した第一連合航空隊、一連空の戦闘概報と詳報に目を通し、敵情と友軍の活動を熟知するように努めた。

かれは電報綴りを毎日読んでいて、入佐俊家少佐の名前を最初に覚えた。木空、木更津航空隊の中攻隊は長崎県の大村基地から南京飛行場を強襲した。八月十五日だった。その日からほとんど連日にわたって出撃をつづけ、犠牲は少なくなかった。その中攻隊の隊長が入佐だった。金子はかれの敢闘ぶりに感じ入った。

そして空母加賀の作戦室でも、上官たちが入佐少佐をしばしば称賛することから、金子は戦闘機隊長の柴田武雄少佐に尋ねた。

柴田は同期の友について誇らしげに語った。入佐少佐は昭和九年に鳳翔の艦攻分隊長だったときすでに「艦隊の至宝」と称賛されていた。悪天候を冒して対抗演習の敵艦に雷撃の奇襲をかけ、相手方の主力艦の艦長や参謀たちから恐れられた猛者《もさ》だった。

金子の親類に参謀本部のロシア班にいたことのある陸軍軍人がいる。モスクワの武官室に勤務していたある日のこと、かれはソ連の情報官から、支那事変当初の海軍中攻の保有機数は二百機と推定するが、どうなのかと尋ねられた。かれはなにも知らなかったから、適当に答えておいた。金子はその話を聞いて、入佐隊長と部下たちの超人的な労苦、整備補給の人びとの昼夜兼行の努力をあらためて思った。ソ連の専門家は連日の中攻の出撃状況から計算して、二百機の手持ちがあると判断したのだが、その当時の中攻の保有機はその五分の一、四十機にも満たなかったのである。

金子は念願の中攻隊に加わることになり、昭和十三年五月に陸に上がり、木更津航空隊で大型機の講習を受け、翌年二月に華南の基地の十四空に転属となった。十四空の隊長が秘かに尊敬する入佐俊家であることがなによりもかれは嬉しかった。

金子は隊長を精悍な容貌の偉丈夫と想像していた。ところが、かれの予想に反して、隊長は痩せ気味の、なんのてらいもない、温和な風貌の、口数の少ない人物だった。真の勇者はこのような風格を持つものなのかと感服した。

そして、金子は入佐の下で戦うようになって、隊長の指揮運用に心服した。

戦闘機の護衛がなければ、中攻隊の戦い方はただひとつだ。ガッチリと編隊を組み、稠密《ちゅうみつ》な火網をつくり、わが機は僚機の死角を狙う敵機を射ち、僚機はわが機の死角に入り込もうとする敵機を射撃し、互いに助け合って敵戦闘機の攻撃を退けなければならない。

入佐が多くの犠牲者をだした戦いのなかで編みだした戦い方は、敵機との空戦が予想される奥地の爆撃のときには、つねに保有機全力で戦うことであった。入佐は常用九機と補用三機をもって編成された二個分隊を統率していた。入佐は二個分隊の補用機、六機を予備にとっておくことをせず、すべてを投入して二十四機で戦うようにした。密集編隊を組み、百挺以上の機銃の槍ぶすまによって死角をなくし、けっして不意を突かれないようにして敵戦闘機隊を寄せつけず、蹴散らすという戦法だった。

そこで、もっとも肝心なことがあった。隊長は先頭機に乗る。先頭機はオーバーホールをしたばかりの優速機が充てられるのがふつうである。目標の敵飛行場に近づいて敵の戦闘機の群れに迎撃されたときに、中攻隊の隊長がほんとうに部下思いなのか、勇気があるのか、あとに従う部下たちのだれもが知ることになる。

上昇してくる敵戦闘機、横を平行して飛び、間合いを狭《せば》めようとする敵機を見れば、主操縦席に位置する隊長はわれ知らず左手で握るスロットル・レバーを前に押し込み、エンジン出力を最大限にし、敵機の追跡を振り払おうとする。後続機のことを考える余裕を失う。そして編隊が乱れたまま、指揮官機が爆弾を投下し、後続機がそれに合わせて爆弾を落とせば、弾着散布はひろがってしまう。

宿舎では、後続機のことを考えずに戦場を夢中で駆け抜けようとする隊長を「森スロットル」「村山韋駄天」「橋本緊急」と呼んでいた。入佐は違った。

高橋勝作は思いだすことがある。入佐隊長機の後ろについたかれは、空戦のさなかに前のめりになったことが何回もあった。先頭機の入佐隊長がエンジンをしぼり、足の遅い後続機を待ち、全編隊の火網に隙間があかないように注意を払っているのだ。だからこそ、部下たちはこの隊長に自分の命を託そう、この隊長のもとに団結しようという気持ちになったのだと高橋は思ったのである。

野中五郎が戦死した部下たちの顔を思いだすことがあれば、頭に浮かぶのは、「惜しいやつほどさきに行った。残ったやつはその分だけやらにゃならん」と入佐隊長が語った言葉であろう。

そして、入佐隊長が語ったべつの言葉がかれの頭に浮かぶこともあったはずである。だれもが尊敬している入佐隊長であったが、部下たちが不満を持ったことがただひとつあった。攻撃帰隊直後の戦況報告で、隊長がかれらの報告をよしと認めてくれないことだった。

寡黙な入佐が繰り返し言ったことは、戦果の報告は正しくやれ、少なめに報告したつもりでも実数より多くなってしまうということだった。かれ自身、控えめの報告をした。背伸びをしない、はったりのない入佐の性格そのままの態度であった。過大な報告が司令部の判断を誤らせ、そのあとの作戦に支障をきたすことが多いと入佐は語ったのである。

だれもがのちに何回となくかれの言葉を嚙みしめることになる。一機が落ちるのを三人が見れば、撃墜機数は必ず複数になった。混戦中にはそれがとくにひどい。そして、味方に被害機があった場合、負傷者がでた場合、戦果の報告はいよいよ過大になる。報告を受ける側も、それでこそと満足した。戦果を少なめに報告すれば、上司は不満な顔をした。だからこそ、だれもが入佐隊長の偉さをあらためて痛感することになったのである。(28)

短かった中攻の最盛期

野中五郎が内地に戻り、霞空の分隊長になったあとのことになるが、漢口を基地にして、昭和十五年五月から八月まで、中攻九十機、予備機三十機を揃えて重慶爆撃をおこなったことは前に述べたことがあるが、もういちど語ろう。

その爆撃は百一号作戦と呼ばれた。その作戦が日露戦争の日本海海戦となるのだと説いたのは、そのときに支那方面艦隊参謀長の井上成美《しげよし》だった。支那事変を中攻によって解決してみせると意気込んだのである。

その作戦を開始しようとした五月十八日の一週間前、ドイツ軍は西部防衛線を突破した。たちまちのうちにベルギー、オランダ、フランスを席巻《せっけん》し、イギリスが残るだけとなった。イギリスは和平を求めるだろう。同様に、百一号作戦によって重慶の国民政府も和平を求めてくるにちがいないと井上は思ったのである。

だが、ドイツ空軍の爆撃機三百機によるロンドン爆撃によってもイギリスに戦いを断念させることができなかったように、百機の中攻による重慶爆撃も蔣介石に戦いを思いとどまらせることはできなかった。なによりも、ドイツ空軍もわが海軍航空も爆撃をさらにつづける余力がなかったのである。(29)

空しく百一号作戦を終えた一年あと、昭和十六年九月のことだった。東京目黒の海軍大学校で対米英作戦の図上演習がおこなわれた。

野中五郎のことに触れるなら、霞空から鹿屋の第一航空隊に分隊長として着任したのが、同じ九月のことだった。

図上演習が終わったあとのことか、中攻千機と戦闘機千機を準備してもらいたいと連合艦隊司令長官の山本五十六《いそろく》が主張し、とてもできないと答えた航空本部長の片桐英一に向かって、いまの返答はなにごとだと声を荒らげた。

中攻を増産しようにも、生産工場にスペースがなく、工作機械がなく、原材料がなかった。来年、再来年になっても、中攻一千機を揃えることができないことは、だれよりも山本がいちばんよく知っていた。山本の主張は、アメリカとの戦いなんかできはしないぞと、軍令部と海軍省幹部に告げた最後の警告だった。

そのときに中攻の生産は月に四十機だった。

説明するなら、中攻は九六式陸攻とその後継機の一式陸攻がある。一式陸攻の生産をはじめたのが昭和十六年四月だった。一式陸攻、九六式陸攻ともに月産は二十機ほどだった。

昭和十六年十二月、対フィリピン、マレー作戦をはじめたとき、台湾の高雄《たかお》、台南《たいなん》、台中《たいちゅう》、そして南部仏領インドシナのサイゴンに勢揃いした中攻の総計は二百四十機だった。マーシャル群島に配置した少数の中攻と北方海面の哨戒のために北海道の美幌《びほろ》に置いた十四機の中攻隊を加えて、総計二百八十八機、これが中攻戦力のすべてだった。一千機にはほど遠かった。

野中五郎が所属した航空隊の一空、第一航空隊は鹿屋から台南に前進した。九六式陸攻を四十八機揃えていた。アメリカとの戦いがはじまって、一空は台南からフィリピンのクラーク基地やキャビテ軍港を爆撃した。

十二月十六日、野中はコレヒドール要塞爆撃の指揮官を務めた。敵の高角砲の対空射撃はたいしたことはなく、いつもどおりだと思った。ところが、爆弾投下の直後、敵のすべての高角砲の対空射撃の砲弾が一斉に炸裂した。ものすごい音に包まれ、編隊を組んだ三十六機の九六式陸攻のすべての機体は大きく揺れ、無数の断片が機体に突き刺さる音を聞いて、これまでかと思った搭乗員が多かった。(30) 野中がこのさきの戦いがどういうことになるかを垣間見た瞬間だった。

戦いがはじまったときに、台湾と南部仏領インドシナを基地としていた中攻隊は、それから一カ月あとには、セレベスのメナドとケンダリー、フィリピンのクラーク基地とダバオ基地に扇状にひろがった。野中の一空はアンボンの基地に前進した。アンボンはモルッカ諸島の中心となる島であり、香料を求めてヨーロッパ諸国が奪い合いをした古い歴史のある島だ。

つづいてはジャワ沖でアメリカ、オランダの艦隊を爆撃し、オーストラリアのポートダーウィン爆撃をおこない、チモール島のクーパンに落下傘部隊を降下させた。

統帥部が第一段作戦と呼んでいた戦いは完勝のうちに終わり、野中の部隊はマーシャル群島のマロエラップ環礁内のタロア島の基地に進出した。はるかに遠く真珠湾と向き合う中部太平洋の最前線だった。マロエラップ環礁の後方に位置するのがクェゼリン環礁である。この環礁のルオット島に配備された千歳空、千歳海軍航空隊とタロア島の野中の一空はともに中部太平洋正面の哨戒を分け合うことになった。

北は大島島と名前を変えたウェーク島から南はギルバート諸島までが担当警備区域だった。海と雲だけが相手で哨戒は単調をきわめたが、神経をすり減らす仕事だった。哨戒機は飛行中、無線封鎖をしているので、基地に戻るまで推測航法をするほかはなく、偵察員に頼りっきりだった。八時間から九時間つづく哨戒に七人の乗員はひどく疲れた。そして、夕暮れどきに戻ってくれば、海上一面がちらちらと反射する光のなかに滑走路のある環礁は隠れてしまい、なにも見えなかったのである。

昭和十七年九月に野中は金子義郎のあとを継いで飛行隊長となった。そして、十一月から第一航空隊の名称が変わった。作戦航空隊は数字番号となった。三桁である。野中五郎の部隊は七五二空となった。百の単位の七は陸攻を表した。

その年十二月に七五二空は七五五空とマーシャルの守備を交代した。マーシャルは平穏であり、「マーシャル天国」と呼ばれていたが、ソロモン諸島の南端、ガダルカナルでは文字どおり死闘がつづいていた。

十二月二十八日に七五二空は木更津に戻った。鹿屋を出撃してから一年三カ月ぶりのことだった。七五二空の隊員にとって、木更津は懐かしの故郷だった。陸攻に搭乗する操縦、偵察、通信、射撃、搭乗整備員の教育はここでおこなわれたのである。

隊員たちはカネをだして物が買える店があるのが嬉しく、若い女性がどこにもいて、彼女たちがすべて美しいのにびっくりした。隊員たちはかつての下宿を訪ね、内儀や娘と語り合い、白いご飯にみそ汁、海苔、焼き魚、アサリの目刺し干しの昼飯に歓声を上げ、同じ下宿にいた隊員が戦死したことを語って皆で泣いた。

野中はすでに結婚していた。妻の力子は木更津に来た。

搭乗員の補充交代がおこなわれ、七五二空の乗用機は九六式陸攻から一式陸攻に代わった。取扱説明書と首っぴきで勉強をはじめ、講習を受け、離着陸の呼吸を覚えた。

一式陸攻は九六式陸攻のあとを継いだ、陸上基地から敵基地、敵艦船を爆撃できるもうひとつの重爆撃機である。葉巻型の胴体、双発の爆撃機が真上の空を飛ぶのを見上げ、あれが一式陸攻だと教えられれば、だれもが心強く思い、その印象的な機体を見守り、機影が消えるまでだれもが見送ったのである。

九六式陸攻から一式陸攻に乗り換えた最初の航空隊は高雄航空隊だった。昭和十六年五月、ほかの隊にさきがけて新しい中攻に乗ることになって、隊員たちのだれもがそのときには鼻高々だった。ところが、昭和十八年一月、九六式陸攻から新鋭機に乗機を換えることになった野中と部下たちは、だれも嬉しいとは思わなかった。

一式陸攻は恐ろしいとだれもが語っていた。燃料タンクに数発の焼夷弾が当たれば、たちどころに火達磨となることをかれらは承知していた。

一式陸攻は爆弾の搭載量は八百キロで、九六式陸攻と変わりないが、最大航続距離は四千八百キロ、最高時速は三百九十五キロを出せることで、海軍航空首脳はご満悦だった。

だが、首脳陣はごくごく単純なことに真剣な注意をむけなかった。爆撃機、戦闘機にとってもっとも重要なことは、多くの損傷を受けても無事帰還できるように、乗員の周囲と最重要部分はしっかりと防護しなければならないということだ。なによりも操縦士を保護する装甲と防弾燃料タンクが不可欠だった。

いまになれば、海軍航空の幹部のだれもが後悔しているが、アメリカとの戦いをはじめる前、そして戦いをはじめてからも、そうしたことにまったく注意を払わなかった。一式陸攻だけのことではなかった。一式陸攻の前の中攻の九六式陸攻も、その防御能力の弱さは搭乗員はもちろんのこと、海軍首脳、だれもが知っていた。支那事変初期の出撃で数多くの犠牲者をだしたのである。

九六式陸攻の燃料タンクは主翼の前縁と主桁と主桁のあいだにとりつけられ、防護板で囲んでいないため、容易に機銃弾で穴があく。外へこぼれでるガソリンは白い霧となって尾を曳き、後ろへ流れる。後部銃座で射撃をすれば、銃口からでる火花で引火爆発する。㉛翼内に流れたガソリンはガス状になって機内にひろがるから、無電の電鍵も叩けなくなる。

連続してタンクに命中した機銃弾の二発目、あるいは三発目が焼夷弾だったらどうなるか。運が悪ければ白煙に引火し、つづいてタンクが爆発する。口径七・七ミリ、重さ十数グラムの焼夷弾一発が、心身ともに優れた搭乗員、七人から八人を一挙に殺してしまい、七トンを超す重量の双発の爆撃機をアルミの塊にしてしまうのだ。

もし燃料タンクへの最初の一発が口径一三ミリの徹甲弾《てっこうだん》、つづいて二発目が焼夷弾だったらどうなるか。間違いなく九六式陸攻は火達磨となる。

九六式陸攻がつぎつぎと火を噴き、経験を積んだ優秀な搭乗員を数多く失って、海軍航空の幹部は慌てた。燃料タンクの防御を研究することになった。タンクのまわりに防弾ゴムを張りつけることにした。三百キロの増量となった。爆弾を減らすとなれば、二百五十キロの爆弾一発となる。それともガソリンの搭載量を減らさなければならなかった。

海軍航空の幹部は首を横に振った。爆弾を減らすことにも、ガソリンを減らすことにも反対した。昭和十二年九月、防弾装備をもっと軽量にせよと指示をだし、タンク防護の問題をうやむやにしてしまった。

　そこで同じとき、九六式陸攻の後継機となる一式陸攻の計画要求書に、海軍航空の首脳はタンクの防弾、防火装置についてはなにも加えなかった。つづいて零戦が登場した。九六式陸攻、一式陸攻にこの長距離戦闘機を護衛につけ、その損害が少なくなったことから、タンクの防弾、防火装置の研究、開発はそれっきりとなった。

　防御などどうでもよい、航続距離をできるだけ長くし、攻撃力をできるだけ強化することを望んだのは、一回の日本海海戦で戦いは決着がつくと海軍首脳陣が考えたからだし、いや、決着をつけなければならないという願いがあったからだ。

　陸攻だけのことではなかった。九七式艦攻、零戦、いずれも防御のことを無視した。飛行機だけのことではなかった。空母、潜水艦も防御のことを真剣に考えようとしなかった。

　ところで、九六式陸攻と一式陸攻のもっとも期待された任務である雷撃を見事に成功させたのは、昭和十六年十二月のマレー沖航空戦である。イギリスの東洋艦隊、虎の子の二隻の戦艦を沈めてしまった。その数日前、真珠湾では艦上攻撃機による雷撃にも成功していた。

　それから五カ月あと、昭和十七年五月八日に珊瑚海海戦が起きた。前年十二月八日に真珠湾にいなかったがために討ちもらした敵の空母を殲滅する機会だった。

的な対空砲火がなかったことが理由だった。

ところが、相討ちとなった。

そして、雷撃は容易に成功するものではないことが明らかとなった。真珠湾とマレー沖での雷撃の成功は敵戦闘機の上空掩護がなかったがためであり、稠密《ちゅうみつ》な、しかも一元的な対空砲火がなかったことが理由だった。

珊瑚海海戦に出撃した雷撃隊の小隊長、小関俊勝は戦いの数日あと、友人に語った。

「貴様は級友だから言うが、雷撃というものはほんとうに一生に一度でよいと思ったよ」(32)

小関はもちろんのこと、航空戦隊の司令、連合艦隊司令長官がそのとき知らなかったことがある。敵の来襲機をこちらの艦船が発見できるのは最大三キロというのがかれらの持つ常識だった。ところが、敵空母の電波探知機は百キロの遠距離でこちらの攻撃部隊を発見できた(33)。それゆえ敵空母は搭載戦闘機を前方に飛ばし、太陽を背に万全の用意をして待つことができたのである。

こちらの爆撃隊と雷撃隊は敵の戦闘機がすでに待ち構えているのに驚き、その数が多いのにびっくりした。

機動部隊の司令長官、連合艦隊司令長官がもうひとつ知らなかったこと、それどころか現在まで知らないことがあった。敵は一週間も前にわが方の空母二隻を含む機動部隊がいつ、どこへ向かうかを承知し、それに備えて空母の防御戦闘機の搭載数を増やし、その進路で待ち伏せができたのである。

そうしたことを小関俊勝が知るはずもなかった。かれがなによりも驚いたのは敵艦の対空砲火の激しさだった。

わが雷撃隊は低空水平飛行をして敵空母に肉薄した。敵空母に四千メートルの距離まで近づいたとき、敵の高角砲、主砲、副砲が砲撃を開始した。全艦砲が一斉に火を噴き、幅二百メートルの弾幕を張った。わが雷撃隊が千五百メートルの地点に近づくまでにこのような斉射を四回おこなった。

小関の分隊は一列横隊に散開して、海面から四十メートルの低い高度で飛んでいるから、弾幕の下をくぐることになるが、激しい炸裂の振動で機体が空中分解を起こすのではないかと思った。さらに敵の砲撃に大型機銃も加わった。敵艦に八百メートル、せめて一千メートルまで接近しなければならない。自分の飛行機か、横並びの僚機か、それともすべての飛行機が火の玉になることを覚悟し、発射を終えた。体《たい》をかわすときに艦上の敵兵が見えた。射弾が追ってくる気配がないので、はじめてほっとした。

かれの魚雷はその空母を沈めるか、大きな損傷を与えた。かれはそのことを当然、語ったのであろう。かれが言わなかったのは、かれの分隊九機のうち四機の搭乗員を失ったことを含め、三十機以上の艦上攻撃機とその搭乗員のすべてを失ったことであろう。

艦上攻撃機による雷撃が難しいことがわかった三カ月あと、陸上基地からの雷撃を意図した中攻隊がこれまた、「雷撃というものはほんとうに一生に一度でよいと思ったよ」

という目にあった。

昭和十七年八月八日のことだった。それより二カ月前、ミッドウェーの戦いに敗れてしまい、敵の空母すべてを沈め、太平洋の制海権を握ってみせるという夢は消えていた。だがその日、中攻隊員は意気盛んだった。ラバウルを基地とする四空、のちの七〇二空、そして三沢空、のちの七〇五空の中攻隊の雷撃機二十六機が零戦十五機とともにラバウルから一千キロを飛び、ガダルカナルに向かった。

その島に敵の戦闘部隊が上陸したばかりだった。かれらは占領した滑走路の周辺に鉄条網を張りめぐらし、上陸地点から通信線をはり、自分たちで掘った二、三人が入れるたこつぼ壕で最初の夜をすごした。海岸には七十隻を超す輸送船が停泊していた。敵はこの滑走路を拡充し、自分たちの空軍基地とするつもりだった。

こちら側の偵察が不充分であったため、敵軍が一万一千人もの海兵師団を上陸させたとは知らず、偵察上陸だろう、飛行場を破壊して引き揚げるつもりだろうとたかをくっていた。霞ヶ関も、市谷台も問題にしていなかった。

なんであれ、敵に決定的な打撃を与え、敵に反攻が実行不可能であることを思い知らせてやると四空、三沢空の中攻隊全員は思っていた。

ところが、思いもよらぬ結果に終わった。中攻十八機とその搭乗員全員を失い、中隊長はすべて戦死した。満身創痍の八機が戻ることができただけだった[34]。大敗北だった。

敵の迎撃戦闘機はわずかだった。敵巡洋艦と駆逐艦の艦砲と高角砲、機関銃にやられたのである。

報告された戦果は大きかったが、これが中攻隊員の大きな錯誤による過大な戦果発表のはじまりともなった㉟。

記しておかねばならないのは、そのとき隊員たちはだれひとり嘘をついたわけではなかったということだ。かつて見たことのない敵艦上を覆う火焔は、艦からの対空砲火と認識することができず、火の玉と化した敵艦の断末魔と判断したのである。

ところで、その夜の三《み》川《かわ》軍一《ぐんいち》提督の率いる第八艦隊の夜襲が大きな成功を収め、日本海軍がどれだけ夜戦に長じているかを実証したことから、中攻隊の攻撃が失敗に終わったことは真剣に論議されなかった。だが、八月八日のその雷撃戦はそのあとにつづく中攻隊による雷撃戦の悪戦苦闘のはじまりだった。それから十一月中旬までの三カ月のあいだに、六つの中攻隊を繰り出したが、百機以上の中攻を失い、指揮官から爆撃手まで七百人以上を戦死させてしまった。

大きすぎる痛手だった。同じ三カ月のあいだに三菱の一式陸攻の生産が百十機ほど、中島飛行機に移した九六式陸攻の生産が六十機だった㊱。補充分をやっと前線に送ることができるだけだった。三カ月のあいだに失った七百人の陸攻搭乗員の補充はさらに大変だった。操縦練習生が陸攻の副操縦員になるまでには十三カ月かかった。七百人の補充は一年かかってもできなかった。

すでに見てきたとおり、こうした惨劇がつづくことになるのは昭和十二年の夏にわかっていたことだった。

九六式陸攻は五千リットルのガソリンを搭載する。一式陸攻のタンクはさらに大きい。四発の大型機並みの長大な航続距離を要求されて、四千八百キロの航続距離を確保するため、六千リットルのガソリンをすべて翼のなかに収容するようにしている。主翼構造の一部を水密《すいみつ》とし、構造をそのまま燃料タンクとしているのだ。翼の内側に二百リットル入りのドラム缶三十本分の燃料を積むことになる。

口径一三ミリの焼夷弾が連続してタンクに命中すれば、一式陸攻はわけもなく火に包まれ、大爆発して終わる。

七百人以上を失ってしまった昭和十七年十一月、タンクの防御のためには重量の増加もやむなし、速力の低減もいたしかたないということになった。一式陸攻を開発、生産していた三菱は燃料タンクの防弾装置の開発を命じられた。翼の下側に厚さ三十ミリの防弾ゴムを張りつけることにした。

だが、これはたいした効果がなく、さらに研究がつづき、はじめからゴム被覆をした防弾タンクをつくることにしたのは、昨年の一月になってのことである。

昭和十八年一月、野中の部隊の乗機が一式陸攻に代わったときには、タンクの防護はできていなかった。だれもが新型機に乗り換えることになって嬉しいどころか、不安が大きかったのはこうした理由からだった。

野中は部下たちとともに木更津から瀬戸内海西部まで飛び、停泊する戦艦戦隊に向かって雷撃の訓練をした。七五二空にとってはじめての雷撃訓練だった。つづいては薄暮、あるいは月明かりのなかでの訓練となった。

昼のあいだであれば、敵の艦船の上空を守る戦闘機隊がいる。艦船の電波探知機のスクリーンを睨んでいる戦闘機隊の隊長は上空を旋回している部下の戦闘機のパイロットに、接近してくる日本機の方向、速度を知らせ、来襲する日本機をその上空で待ち構えさせる。

だが、日没ともなれば、敵の艦船を上空掩護する戦闘機隊は母艦に戻るか、基地に帰る。そこで薄暮、あるいは月明かりの雷撃訓練をおこなうことになったのである。

野中五郎の七五二空がマーシャル水域の哨戒から木更津に戻ったときに同じ基地にいたのが、ラバウルから戻っていた満身創痍の七〇二空だった。八月八日にガダルカナル水域で全滅しかかった雷撃隊が七〇二空の所属であったことは前に記した。

七〇二空の再建が終わり、昭和十八年五月はじめに再びラバウルに進出した。七五二空もそのあとを追ってラバウルに向かうことになっていた。

ところが、熱田島、アッツ島にアメリカ軍が来攻した。五月十三日、七五二空は幌筵《ほろむしり》基地に進出を命じられた。千島列島のいちばん北の占守島《しゅむしゅ》に片岡基地があり、つぎが幌筵島だ。昼夜兼行で耐寒艤装がおこなわれ、司令の園山斎、飛行隊長の野中、二人の分隊長、二分隊、二十四機が飛んだ。翌五月十四日には攻撃の準備ができた。中攻隊の機動力の素晴らしさを見せたのはそこまでだった。アッツの敵艦にたいして昼間攻撃をやるぞと言ったのだが、霧雨がつづいて海は霧に覆われ、攻撃隊は飛び立つことができなかった。天候偵察機を一機飛ばしても、基地に戻ってくるときにはぐるぐると旋回をつづけ、手さぐりで下りてこなければならなかった。分隊長の伊藤福三郎は二十メートルの高さから三百メートルまでは霧の世界だと言い、一面に糊を流したようだと形容した。

北隣の占守島には二百メートルの高さの山もないのだが、幌筵には一千メートル級の火山が三十近くも連なっている。だが、その美しい山容を野中と部下たちが見ることができる日はなかった。

整備員はいつでも攻撃ができるように炭火をおこして陸攻の冷えきったエンジンを温め、兵器員は発着のたびに魚雷の調整をおこない、七五二空の最初の雷撃の成功のために頑張った。だが、どうにもならなかった。霧のない日には今日こそと意気込んだが、雪となった。雪の合間をねらって出撃したが、密雲に阻まれた。

司令の園山は野中と協議し、五月十六日に第二十四航空戦隊司令官と第五艦隊司令長官に宛てて意見上申の電報を打った。「速ヤカニ別ニ有力ナル第二段ノ作戦方針ヲ決定セラルルヲ急務ト認ム[37]」

東京では軍令部と参謀本部の部課長が会議を重ねていた。陸攻十数機で落下傘降下部隊を送り込む。十万トンの輸送船を動員し、第七師団の主力を強襲上陸させる。大発《だいはつ》の呼び名で知られる揚陸艇と潜水艦を使い、奇襲上陸作戦をおこなう。上陸作戦は断念するが、第五艦隊に殴り込みをかけさせ、そのあと撤収作戦をおこなう。いくつもの案が検討されたが、どれも成功の目算がたたなかった。五月十八日にはすべての作戦を断念し、アッツ島より敵の側に近いところにある鳴神《なるかみ》島、キスカ島の守備隊の撤収の研究に変わった。

十倍の兵力と火力を持つ敵上陸軍を相手に死闘をつづけるアッツ島の守備隊をせめて励ますことのできるのは、七五二空だけとなった。

五月二十三日になってやっと天気が回復した。幌筵に進出して十九日目だった。野中が指揮をとり、陸攻十九機が出撃した。天測航法で飛んだ。アッツ島までは千百キロ、それこそラバウルからガダルカナルまでの距離がある。雲の上に顔をだしているアッツの山を見つけた。武者震いした。山沿いに雲の下をくぐり、海に下りた。西浦港である。しかし、敵艦にたいする雷撃は失敗した。

その翌日の攻撃もうまくいかなかった。それどころか、敵はすでに飛行場をつくってしまっていて、飛び立ったＰ38に二機の中攻が撃墜され、野中は部下を失ってしまった。

結局、アッツ島の守備隊が五月二十九日に玉砕するまでに、どのような支援攻撃もできずに終わった。

アッツの守備隊は全滅した。キスカの守備隊は無事に撤収が終わった。敵は北千島を狙う気配はなかった。七五二空は北海道の千歳に下がった。七月、七五二空の二分隊はラバウル行きを命じられた。夜間雷撃のできる二十組だった。野中が隊長だった。ラバウルでは七〇二空司令の指揮下に入った。前に述べたとおり、七〇二空は木更津でしばらく同居した仲間だった。

野中は千島の北の基地に飛んだときには、アッツに上陸した敵地上軍の兵站線を断ち切ってやると意気盛んだった。だが、主戦場の作戦基地、ラバウル行きを命じられたときには、生きては帰れないという思いを隠して妻と別れたにちがいない。

ガダルカナル島に増援軍を送ることも、食糧、弾薬を送ることもできなくなって、その島からの撤収に運よく成功したのが昭和十八年二月だった。つづいての戦場はガダルカナル島とブーゲンビル島のあいだの中部ソロモン諸島となった。こちらはこれらの島に一万五千人の陸軍部隊を送り込んだ。敵はガダルカナルを前進基地にして、まずは隣の五十キロほど離れたラッセル諸島に地上部隊を上陸させた。つぎにその北にあるニュージョージア島を奪おうとした。

戦いを決するのは航空戦だった。航空機は洋上哨戒をおこない、最前線の島に増援部隊、弾薬、食糧を運ぶ輸送船の上空を掩護した。そして、敵の攻略部隊の輸送船団を爆撃した。さらに敵の基地を攻撃し、滑走路、在地機を破壊し、空中で敵機と戦った。

この航空戦が思うに任せなくなっていた。なんといっても爆撃機の彼我の力の差が大きかった。野中の中攻隊がラバウルに行く一年近く前、昭和十七年八月八日、中攻隊がガダルカナル水域の敵の輸送船団を攻撃しようとして全滅に近い目にあったこと、そのあとも中攻隊の犠牲がつづいたことは前に記した。

一式陸攻と九六式陸攻が無装甲なのにひきかえ、敵の爆撃機、B17、B24、B25の防御は完璧だった。燃料タンクは外側を牛皮で囲み、内側にゴムを張っていた。そして、攻撃力も中攻とは段違いだった。

爆撃機ははじめからアメリカのほうがずっと優れていたが、もうひとつ重大なことは、零戦が空中戦で敵の戦闘機に勝てないようになったことだった。最初は零戦は王者だった。戦いがはじまって、それぞれ六機から九機の零戦の一隊はたちどころにフィリピンからオーストラリアを望むスンダ列島までを制圧してしまった。フィリピンでは一機の零戦がP40十機を恐れなかった。ミッドウェー海戦では零戦はバッファロー戦闘機をそのあだ名どおり「空飛ぶビヤ樽」としてあしらい、まともに戦おうとしたバッファロー戦闘機を片端から撃墜した。

だが、工業力に十二分の余力を持つアメリカは対応策をとるのが早かった。バッファロー戦闘機をただちに訓練用に格下げし、搭乗員の練度の向上を図り、零戦にたいする戦い方を研究演練した。零戦とはけっして格闘戦をやってはならないと教示し、多数機で戦うようにさせた。

そして、アメリカ海軍は零戦に勝つことのできる新戦闘機を開発した。千六百馬力の新戦闘機をつくる計画だったが、一千馬力のワイルドキャットが同じ一千馬力の零戦に勝てないと知って、二千馬力の発動機に代えることにした。これがヘルキャットである。日本でグラマンと呼んできたのは、グラマン社の製造だからである。このさき、ヘルキャットと書き、グラマンと記すことにもなろう。ヘルキャットは馬力が大きいことから、一二・七ミリの機銃六挺を備えることができ、パイロットのまわりには二十ミリの防御装甲板を張りめぐらせることができた。

そして小回りのきく零戦とけっして格闘戦をせず、スピードと攻撃力、十二分の防御力を生かし、一撃離脱の戦いを鉄則として、零戦との戦いに勝つようになった。零戦の優れた格闘戦の性能を時代遅れなものとしてしまったのである。

さきのことを書いてしまえば、このヘルキャットが米空母の戦闘機隊の中核となった。昭和十八年の十月、ろ号作戦を仕掛けたときに空母飛行隊の艦爆、艦攻が直面したのがヘルキャットだった。それ以来、ヘルキャットは太平洋の戦いの主役となった。制空権、制海権を握って、新しく陸上基地をつくってしまえば、あとを引き受けるのがコルセア戦闘機だった。コルセアの登場は昭和十八年二月からだった。

そして、数がものを言うのは航空戦も同じだった。ガダルカナルを中心とする敵空軍力は爆撃機と戦闘機を合わせて二百機が五百機となり、一千機となった。ところが、こちらは多くても三百五十機どまり、稼働機はそのうち三分の二だった。陸攻は数十機だった。

雷撃を昼間おこなえなくなっていたことは前に述べた。敵の海空基地の昼間爆撃もできなかった。夜間の少数機による爆撃となった。敵が制空権を握ってしまえば、わが方は堂々と輸送船団を組んでの兵力の増強、兵站補給ができなくなり、駆逐艦、潜水艦、揚陸艇の大発を輸送船代わりに使うことになった。

野中がラバウルに向かう三カ月前、昭和十八年四月はじめのことだった。山本五十六は空母艦上機、二百機をラバウルに投入した。い号作戦である。前にも述べたことだし、このさきでもういちど検討しなければならないだろうが、大戦力を投入して、敵の海空戦力を一時的にでも制圧して、中部ソロモンの防衛を固める時間的余裕をつくろうという考えだった。

戦いは二週間で切り上げた。犠牲が大きかった。五十機を失った。こちらははっきりつかんでいなかったが、アメリカ側の倍の損耗となった。しかも、その作戦を終えたあとのことになるが、山本までを失ってしまった。かれの乗機が一式陸攻だった。

六月下旬、アメリカ地上軍の攻勢がはじまった。東部ニューギニアの沖にある三つの島を占領した。さらに中部ソロモン諸島のニュージョージア島に陸軍部隊を上陸させた。敵はその島のムンダ岬にあるこちらの海空軍基地を攻略しようとした。ガダルカナル撤収のあとの日本軍の最前線基地だった。ジャングル内の戦いでアメリカ軍は多くの死傷者をだし、士気は低下し、戦争神経症に罹った数百人の兵士を後送しなければならず、臆病風にとりつかれた師団長を更迭する羽目になった。最初に上陸させたのは六千人だったが、これではどうにもならず、新たに三万二千人を投入した。

ムンダからこちらの守備隊が撤退したのは八月五日だった。こちらの数倍の兵力と火砲、さらに爆撃機と戦闘機、沖合から艦砲の支援がある敵と一カ月あまり戦って、わが方の戦死者は二千五百人、敵の戦死者は一千人だった。守備隊は善戦のあと、ニュージョージア島の北に隣接するコロンバンガラ島へ水路伝いに後退した。

野中五郎と夜間雷撃のできる二分隊、二十組の隊員がラバウルを基地とするようになったのは、このようなときだった。

ムンダ守備隊の撤収から十日あと、八月十五日の朝だった。ニュージョージア島の西南方向にあるガッカイ島の沖で敵の輸送船団とその外側を固めた巡洋艦、駆逐艦の部隊を発見したと索敵機の報告が入った。

敵の船団と護衛部隊はコロンバンガラを攻略しようとせず、その沖合を進み、その島から二十キロ北にあるベララベラ島に向かおうとしていた。その島のこちらの守備隊はわずか二百五十人だった。

これが敵の常套手段となる迂回作戦、蛙飛び進攻作戦のはじまりだった。戦域の制空権を握ってしまえば、それこそ容易にできる戦術だった。

その夜、八月十五日の晩は満月だった。野中が率いる七五二空の一個中隊と七〇二空の一個中隊が発進した。予想戦場に到達したが、敵艦の影はなかった。探しはじめてから三十分がたったとき、一小隊第三番機からの電話で、「テキラシキカンミユ　ミギホウコウ」、つづいて「針路一三〇度トサレタシ」と入ってきた。

大きく旋回して、一三〇度に定針した。月光の輝く海面に敵艦を見つけた。軽巡洋艦を先頭に巡洋艦、駆逐艦に取り囲まれた大船団である。その数三十二隻、一万メートルさきだ。実戦の雷撃はアッツ島以来二回目だった。いまこそと思った。

攻撃の一番手は伊藤福三郎が乗っている隊長機である。かれは海軍兵学校六十六期、野中の五期後輩、三十三期飛行学生だ。伊藤は指揮官席に座っている野中に向かって、「突撃します」と座席のあいだをつなぐ伝声管に口をあてて怒鳴った。「突撃」と野中隊長のいつもと変わらぬ声が返ってきた。

目標は船団中央の大型輸送船だ。射程距離八百メートル、高度百メートル、よしと発射した。そのとき曳光弾が束になってこちらに向かってきた。ものすごい光芒だ。敵の砲火に囲まれたと知った。操縦席の火災警報灯に灯がついている。伊藤が「火災」と怒鳴る。畔上《あぜがみ》飛曹長の声が戻ってくる。「搭整員が処理しています」

つづいて後方の二〇ミリ機銃席にいる橋本一飛曹からブザーの信号が届いた。「メ」信号だ。同時に主電信員の安宅上飛曹の大声が入った。「魚雷命中」

野中の中攻隊が魚雷を命中させた最初の戦いだった。敵艦四隻を沈めた。わが方の損害は軽傷者二名、被弾四機、そのうち一機はブイン基地に不時着陸した。㊳

九月になって、野中は七五二空に復帰を命じられ、斬り死にせずに終わった。だが、かれの部下の夜間攻撃のできる十六組の搭乗員はもうしばらくラバウルにとどまることになった。

二人の分隊長と分隊長搭乗機、二機の搭乗員だけを連れ、野中は千歳経由で幌筵に向かった。越冬組を幌筵に残し、野中は千歳で分隊の再編成に取り組むことになった。副操を主操に、電信員を偵察員にし、新たに転入してきた搭乗員の訓練に励んだ。

十月半ばにラバウルに残した七五二空の隊員が千歳に戻ってきた。野中がいなくなってからの一カ月のあいだに六組の搭乗員が戦死した。それでも十組の懐かしい顔ぶれが並んだ。

野中は飛行場に酒とスルメを用意させていた。嬉しさを形にしたかった。こうするものですかと部下が尋ねた。「戦人《いくさにん》の仁義」だとぽつりと下世話な言い方をした。かれが残念だったのは、戦国時代からの帰陣の祝いのしきたりどおり、薄くのばしたアワビの干物とかち栗、そして昆布を揃えることができなかったことであったにちがいない。

昭和十八年十一月はじめまでに、七五二空は四十組の一式陸攻の搭乗員を養成することができた。そのうち夜間の作戦行動に堪えられるものは二十六組だった。

昭和十八年十一月、二つの航空戦

「二つの航空戦」と見出しに記したが、まず、つぎのことを最初に言わねばならない。昭和十八年十一月、誇大と言ったのではすまない、幻の大戦果を大本営海軍部が発表した。大本営海軍部は軍令部第一部と同じである。

味方の損害を少なく、戦果を大きく発表するのは、大本営海軍部だけではない。大本営陸軍部もやってきたことだ。

日本だけではない。アメリカにしても同じだ。真珠湾の攻撃を国民にこれは騙し討ちだと大々的に宣伝した。ところが、その損害は旧式の戦艦一隻と駆逐艦一隻が撃沈されたと発表しただけだった。一年あと、一九四二年、昭和十七年十二月になって、もう少し損害を増やした。沈むか損傷を受けた戦艦は五隻だと言った[39]。こんな具合だから、アメリカ国民は真珠湾で沈んだのは戦艦アリゾナ一隻だという嘘をこれまで信じてきたし、これからさきも信じつづけることになる。

もちろん、真珠湾の太平洋艦隊司令長官が政府と軍の幹部たちを騙し、国民を騙したのではない。嘘をつくようにと命じたのは軍の最高首脳である。

昭和十八年十一月の戦果のことに戻る。軍令部第一課長、第一部長は雷撃隊の隊長が報告した幻の戦果に騙されたのか、それとも軍令部次長、第一課長、第一部長の主導で幻の戦果がつくりあげられたのか。そのとき軍令部総長だった永野修身がこの戦争のあとまで生き延びることができたとして、かれがこうしたことに触れることはまずあるまい。かれの部下たちにしても同様であろう。(40)

高名なフランスの将軍が説いたとおり、「戦闘に勝つということは、けっして負けたと信じないことを言う」のが軍人の信条である。そこで指揮官は部下たちの士気を高めようとして、戦果を実際より大きなものにしたいと望むことになる。

ところで、軍指導者がある政治的問題を解決しようとしてひとつの作戦を計画することになれば、これがかれらをして戦果を過大なものにせざるをえなくなるもうひとつの大きな理由となる。

ひとつの作戦は戦略的、戦術的見地からだけで計画がたてられ、決行されるものではない。軍令部、連合艦隊司令部が作戦を作成する場合、戦いのパートナーである陸軍がなにを言っているか、つぎになにをしようとしているのかを検討し、陸軍首脳がどのような海軍の陰口、非難を大元帥である天皇に内奏しているかを吟味し、それへの対処を加えて作戦を計画しなければならない。

前にも語ったことだが、もういちど述べよう。昭和十七年はじめ、オランダ領東インドを制圧し、ビルマを占領し、初期作戦を終えて、陸軍と第二段作戦を策定することになって、軍令部と連合艦隊の幹部はインド、セイロンを攻略すべきだ、オーストラリア進攻作戦を敢行すべしと主張した。市谷台の首脳陣は呆れたという顔をしてみせ、海軍の連中には補給、兵站線の維持という戦いのイロハがわかっていないと口を歪めた。海軍の幹部たちがそのような進攻作戦に執着したのは、陸軍がドイツの求めに応じて対ソ戦を六月に開始するのではないか、秘かにその作戦の準備をはじめているのではないかという不安があってのことだった。軍令部総長や連合艦隊司令長官が考えたことは、南方に展開した陸軍戦闘部隊を満洲に戻させないことが第一義のねらいであり、そのために五万人、十万人の陸軍部隊を投入しなければならない作戦案を提案し、陸軍へ押しつけようとしたのである。

昭和十八年四月五日から十日間にわたって実施したい号作戦も、政治的な考慮にもとづいておこなわれた戦いだった。連合艦隊司令長官の山本五十六がその作戦を決行せざるをえなくなったのは、ラバウルから東ニューギニアのラエに送る第五十一師団を輸送する船団がダンピール海峡で敵の爆撃機隊に襲われ、壊滅するという大惨事がこの年の三月三日に起きてのことだった(41)。海軍の護衛の不備に全責任がある、連合艦隊はなにをしていたのか、大和ホテルで昼寝をしていたのかという批判と非難に山本は応えなければならなかったのであり、なによりも、ニューギニアへの軍隊の増派は天皇のお声がかりでおこなわれた作戦であったことが㊷、山本をして決戦戦力の空母飛行隊をラバウルの地上基地に下ろして、ソロモンで戦わせることになった理由だった。

い号作戦の六カ月あと、これもラバウルの地上基地に空母飛行隊を送り込み、ブーゲンビル空域でおこなわせたろ号作戦も、これまた政治的考慮を優先させた作戦だった。司令長官の古賀峯一《みねいち》と参謀長の福留繁がどのような協議をしたかは明らかにされていないが㊸、充分に想像できる。

昭和十八年十月はじめから、マーシャル群島に敵の空母艦載機が来襲するようになった。通信情報から真珠湾の動きが活発になっていることも認められた。古賀峯一と福留繁は、新たに就役した敵の空母、戦艦、巡洋艦の大艦隊が間違いなく一カ月さきにはギルバート諸島かマーシャル群島に攻撃を仕掛けてくるものと覚悟をした。そのときにこそ、Z作戦として定められていた決戦をしなければならなかった。

「マーシャル、ギルバート方面は海軍としてはきわめて有利なる決戦場と考えます」と軍令部総長の永野修身は天皇に言上していたし、陸軍首脳は海軍がその水域で決戦するものと決めていた。一般国民もまた、マーシャル群島の水域でこそ第二の日本海海戦がおこなわれるのだとずっと信じていた。

じつは古賀峯一と福留繁は第二の日本海海戦らしきことをやってみせようとした。十月六日にウェーク島を空襲した敵艦隊を追い、決戦をするのだと言い、連合艦隊の主力はトラック島を出撃し、ウェーク島水域に向かった。十月十七日のことだった。敵艦隊を捉えることができず、十月二十六日にトラック島に帰投した。低速な戦艦群を伴い、マーシャル群島北部の広大な水域を闇雲に航行して、敵艦隊を捕捉できると古賀と福留が本気で考えていたはずはない。「連合艦隊に後退思想なし」と大見得を切った古賀は、Z作戦を決行しようとしたのだが敵の逃げ足が速くて追いきれなかったのだと陸軍、そして天皇に示すだけの試みだったのである。

トラック島に戻って二日あとの十月二十八日、連合艦隊参謀長の福留繁は軍令部第一部長に空母飛行隊をラバウルに投入すると告げた。

ダンビール海峡確保のための航空戦をおこなわせるというのだ。ところが、ブーゲンビル島に敵軍が侵攻しようとするのを知って、作戦を切り換え、この上陸軍を叩く戦いをすることにした。

連合艦隊司令部が空母飛行隊をラバウルに地上転用してしまって、軍令部は大慌てだった。明日にも真珠湾から敵の艦隊が出撃してくるというときになにをやっているのだと怒った。十一月五日には次長の伊藤整一、第一課長の山本親雄《ちかお》、航空主務の作戦課員の源田実がトラック島に向かった(44)。

空母飛行隊をラバウルに送り込んでしまって、Ｚ作戦はどうなるのかと伊藤整一は問うた。やむをえないのだ、ブーゲンビルに敵が空軍基地をつくってしまえば、ラバウルの維持は難しくなる、放っておくわけにはいかないのだと古賀峯一と福留繁は言った。伊藤整一や山本親雄は古賀と福留がラバウルに送り込んだ空母飛行隊の大きな犠牲を覚悟していることを聞き、Ｚ作戦は事実上できなくなることを知り、はじめからかれらはＺ作戦をやるつもりはなかったのだと気づいた。

たしかに古賀と福留はＺ作戦をやりたくなかった。やりたくなくて当然だった。ただちに決戦に踏みだして勝ち目はまったくなかったからである。

空母飛行隊をラバウルに投入する前の連合艦隊の戦力になるが、古賀が決戦に投入できるのは、トラック島の泊地に置いた正規空母二隻と軽空母一隻、これら三隻が組み、母艦飛行隊は第一航空戦隊、一航戦がすべてであり、総計百七十機だった。

ところが、敵は正規空母六隻と軽空母六隻、合わせて十二隻、さらに護衛空母が八隻あると見られていた。護衛空母は決戦には参加しないから、これは勘定に入れないとして、正規空母はそれぞれ九十機編成の航空団を搭載し、軽空母はいずれも三十五機編成の航空団を搭載していた。総計七百五十機である。

百七十機対七百五十機だ。わが方は基地航空隊の陸攻の支援があるが、それでもあまりにも劣勢だった。

決戦を挑めば、空母飛行隊の一航戦はたちどころに全滅したうえに、三隻の空母までを失うことになりかねなかった。いまただちにZ作戦をやろうというのは、最高指揮官として無能にすぎ、なによりも無責任にすぎた。

古賀と福留が秘かに決めたのは、昭南《シンガポール》の第二航空戦隊、二航戦の搭乗員の技量が上がり、新鋭の艦爆、「戦闘機より速い」彗星《すいせい》、「九七艦攻の二倍の力を持つ」天山《てんざん》が揃うようになるのを待って、一航戦と二航戦を合わせて決戦を敢行したいということであったはずだ。

一航戦と二航戦を合わせて戦ったのが真珠湾作戦でありミッドウェー作戦であった。ミッドウェーの戦いで一航戦、二航戦ともに損耗した。とくに二航戦の損傷は大きかった。そして、艦上機の生産が遅れていたことから、二航戦の再建は進んでいなかったのである。

だが、古賀と福留は決戦をさきに延ばしたいと軍令部の首脳に切りだすことができなかった。軍令部の次長、第一部長も古賀と福留に決戦はもう少し待ったらどうかと勧告できなかった。軍令部総長が陸軍に決戦を延期したいと正直に語ることができなかったからである。

なぜだったのか。ガダルカナルの二万人の戦死、東部ニューギニアのラエへ送ろうとした陸軍部隊三千六百人の海没、アッツ島の二千五百人の玉砕、中部ソロモンと東ニューギニアでの死闘と全滅の繰り返し、すべては連合艦隊が戦いを回避しているせいにされていた。市谷台の陸軍幹部は内閣閣員、議員、新聞記者たちに向かって、連合艦隊が出てこないのだ、決戦をする気もなければ、兵站線の確保もしないのだと嘆いてみせ、なによりも参謀総長が天皇に言上して、なにせ陸軍は海を渡る足を持ちませぬと言って、苦戦のすべてを海軍のせいにしていた。こうした連合艦隊批判が海軍幹部の耳に入り、「馬糞がなにを言うか」とだれもが怒り、古賀や福留も腹を立てたが、反駁はできなかった。

こうしたわけで、軍令部、連合艦隊はギルバート、マーシャルの水域で決戦をおこなわないことにしたとはとても言えなかった。そこで古賀と福留が考えたのは、空母飛行隊をラバウルに「一時期注入」し、「南東方面」で戦わせることだった。地上から発進させるのなら、空母三隻は安全だ。一航戦を陸上基地から出撃させるのであれば、しっかり脈拍を数えながら今日、明日の戦いをすることができるから、損耗が全体の三割、四割となる以前に戦いを中断できる。こういうことだった。

古賀と福留は伊藤整一と山本親雄に向かって、ブーゲンビルの戦いで損耗が大きくなればギルバート、マーシャルの将兵に申し訳ないことになると言って、Z作戦ができないと語ったのである。

だが、ブーゲンビルで戦ったからZ作戦ができないという言い訳だけでは駄目だった。

華々しく発表のできる大戦果、久しぶりの大戦果が必要だった。

その望むとおりの大戦果となった。ラジオは軍艦マーチつきの発表をおこない、ブーゲンビル諸島沖航空戦と名づけ、大勝利を伝え、新聞は連日の大見出しで勝利を謳った。空母二隻、戦艦三隻、巡洋艦五隻を沈め、さらに空母二隻、戦艦一隻、巡洋艦六隻を撃破した。

これが事実ではなかった。ほとんど戦果はなかったのである㊺。

どういうことだったのか。福留はラバウルに向かう第三艦隊の首席参謀を秘かに呼び、昭南の二航戦が戦えるようになるまでの向こう数カ月のあいだZ作戦はおこなわない、連合艦隊を非難する雑音を抑えるためには一航戦による大戦果が是が非でも必要なのだとほのめかしたのではなかったか。

前に記したとおり、ひとつの作戦を計画するにあたって、純軍事的な計算だけで決めることができず、政治的な考慮に従うことになれば、そのことが誇大な戦果の造出につながることになるのである。

大戦果が事実であれ幻であれ、古賀と福留の企図どおりに事は運んだかのように見えたが、そうはいかなかった。二人は地団駄を踏むことになった。空母飛行隊の攻撃の切り上げどきを誤ってしまった。十一月十一日に白昼攻撃をおこない、しかも掩護の戦闘機が少なかったがために、大きな犠牲を払うことになってしまった。艦攻十四機のすべてを失い、艦爆二十機のうちの十七機が戻らなかった。空母翔鶴《しょうかく》の飛行隊長、小井手護之をも失うことになった。

全体の三割、四割までに損耗(46)を抑えるという大目標が崩れてしまった。

このろ号作戦の結果、攻撃隊の指揮官クラスの優秀な幹部搭乗員がすべて戦死してしまい、全搭乗員の四七パーセントを失い、艦上爆撃機、艦上攻撃機はそれぞれ数機が残るだけ、戦闘機の零戦も四十機が残るだけとなってしまった。

ろ号作戦の生き残りの飛行隊員と基地隊員は十一月十五日までにトラック島に戻った。そのときには敵のギルバート諸島のマキン、タラワの攻略作戦がはじまっていた。

見てきたとおり、マキン、タラワの戦いに一航戦をださないことを古賀と福留は決め、軍令部も曖昧な態度ながらこれを追認することになった。ところが、一航戦が壊滅してしまって、一航戦と二航戦をともに投入してZ作戦を敢行するという計画日程はさらにさきに延ばさざるをえなくなった。

だが、古賀は部下の参謀たちを前にしてはつねに平然とした顔をしていた。その年の十二月、情報参謀(47)となったばかりの中島親孝《ちかたか》は長官が「来年三月、来年三月」と言うのを何回も聞いた。昭和十九年三月までは我慢、我慢ということだった。

ところで、「来年三月」になれば戦力を集中して決戦できると古賀は思っていたのか。そんなはずはない。一航戦は壊滅状態となってしまい、二航戦は三月に戦いにだせる力を持つようにはならなかった。古賀が「来年三月、来年三月」と言っていたのは、来年一月、あるいは二月に起きるであろうマーシャル群島への敵の侵攻になにもしない、なにもできないと新入りの部下に教えることだったのである。

しかし、古賀は配下の中島にはそんな具合に喋っても、陸軍と国民、そして天皇にたいしては、「来年三月、来年三月」と唱えるだけでギルバート諸島につづいてマーシャル群島を失うのを見過ごすというわけにはいかなかった。決戦はいつするのだ、連合艦隊はなにをしているのだとだれもが抱いている疑念を晴らし、かれらの不安、怒りを抑えるためには、なんらかの戦果が必要だった。ブーゲンビルと同じような、いや、それ以上の大戦果が必要だった。

軍令部総長の永野修身、次長の伊藤整一、第一部長の中沢佑《たすく》、第一課長の山本親雄も、ブーゲンビル水域での一航戦の全滅を知って頭を抱えた。一航戦と二航戦がZ作戦をおこなうことができるようになるまで、さらに時間がかかることが明らかとなった。陸軍、天皇、国民にどのように弁解したらよいのかという思いで頭はいっぱいだった。必要なのは陸攻隊の大戦果だった。

そして、戦果が欲しい理由がもうひとつあった。軍令部と海軍省の幹部はこの戦争の運勢を変えるためには根本的な変革が必要だと考え、陸海軍のアルミニウムの均等配分を、海軍二、陸軍一の割合にしてしまい、海軍を事実上、空軍に変えてしまおうと計画した。この重要性と緊急性を陸軍に納得させ、天皇の理解を得るために、これまた海軍航空の中核とならねばならない陸攻隊による大きな戦果を必要としていた。

頼りはマーシャル群島に派遣されている陸攻隊だった。連合艦隊の空母飛行隊がブーゲンビルで壊滅してしまったとき、その陸攻隊はどうしていたのか。

昭和十八年十一月十九日、ギルバート諸島のタラワに敵の空母艦載機、四波、四百数十機が襲ってきた。マーシャル群島のタロアからタラワに派遣されていた七五五空の陸攻は全力をあげて戦い、たちまち全滅した。七五五空は昭和十七年末、野中の七五二空と交代してマーシャルの防衛任務に就いたことは前に記した。

さらに、B24がギルバート諸島のタラワ、マキン、そしてマーシャル群島のこちらの基地を襲ってきた。

つづいてタラワに敵軍が上陸した。マキンにも上陸した。十一月二十二日には、マキンからの通信は途絶え、タラワからの通信も途絶した。

前に何回か記したが、敵は新たに竣工した空母、戦艦、これまた新たにつくった上陸作戦用の輸送船、戦車揚陸艇を揃え、最初の作戦を開始したのが、このタラワ、マキンにたいする攻撃だった。

マーシャル群島に配備した陸攻隊、七五五空を主体とする第二十二航空戦隊がまもなく戦力を失うことは目に見えていた。

どこからか陸攻隊を持ってこなければならなかった。木更津に司令部を置く第二十四航空戦隊をマーシャル群島に送り込むことにした。艦爆隊、戦闘機隊は役に立たなかったが、陸攻隊の七五二空はすぐに戦えた。

野中五郎の七五二空の陸攻三十六機は千歳を出発し、木更津、サイパン、トラックを経て、十一月二十四日から二十七日までにマーシャル群島のルオット島に到着した。二十八日には陸攻三機に分乗した第二十四航空戦隊司令部の司令官と幕僚たちも着いた。

ルオットはクェゼリン環礁内の島だ。クサイ、ヤルート、ウォッゼ、マロエラップといった三十二の環礁、八百六十二の珊瑚礁があるマーシャル群島の中軸となる基地がルオットだった。

野中と部下たちはこのルオットの飛行場に前に何回も降りたことがあった。タロア島を基地に哨戒任務をしていた昭和十七年後半のことだった。タロア島とルオット島は遠く離れているが、隣の島であることは前に語った。

付け加えておかねばならないが、タロアは昭和十八年から環礁の名前を採り、マロエラップと呼ぶようになっていた。ギルバート諸島のタラワと音が似ていたからである。

野中は中部太平洋をずっと飛んできたから、さまざまな形の環礁を俯瞰《ふかん》してきた。タラワ環礁が三角形なら、クェゼリンの礁湖は弦を張った弓を横に置いた形をしている。ルオット島は弓の握りの部分にあたる。隣接してナムール島があり、洲《す》でつながっている。クェゼリン環礁の名がついたクェゼリン島は弓の端にある。クェゼリン島からルオット島までは横須賀から船橋までの距離がある。まさしく世界最大の礁湖なのである。野中の第一陣がルオット島に着いた十一月二十四日にマキンの守備隊が全滅してしまい、翌二十五日にはタラワの守備隊が全滅してしまった。

だが、敵の空母部隊はまだマキン、タラワの水域にいた。

現在、敵の空母部隊は四群に分かれて戦っているが、十九カ月前、はじめて中部太平洋で進攻作戦を開始したときにも、四群に分かれていた。これら四群の空母部隊は日本の空母部隊の来襲を警戒し、攻略したマキン、タラワの飛行場を基地飛行隊がしっかり利用できるようになるまで、その水域にとどまっていたのである。

七五二空の司令、飛行長、分隊長、そして隊員、だれもが今度は生きては帰れないと覚悟を決めていた。六カ月前にかれらはアッツ島の守備隊を救えなかった。そして今回はマキン、タラワの守備隊を助けるのに間に合わなかった。仇を討たねばならなかった。七五二空がルオットに到着する数日前、同じルオットから出撃した七五五空がタラワ水域で敵空母二隻を沈めていた。同じ雷撃隊の見事な殊勲に感嘆するのと同時に、その犠牲が大きかったことも承知していた。だれもが刺しちがえの覚悟はできていた。

野中の隊は偵察機を持たなかった。七五二空の陸攻を索敵隊と雷撃隊に分け、索敵隊は敵の空母群を探すことになった。

ルオットからタラワ水域までは東南方向に千百キロの距離がある。索敵隊がふつうの高度を飛べば、敵空母群の電探に百十キロ、百三十キロ先から見つけられてしまう。

そこでルオット基地をでた偵察任務の陸攻は、タラワ、マキンの百マイル、百六十キロの手前に至ってからは海面から十メートル上を飛び、少し頭を上げて敵の空母、戦艦を探し、再び海面すれすれの高度に戻ることを繰り返しながら前進しなければならなかった。

昼間の雷撃はすでにおこなわれなくなっていた。

雷撃隊を護衛する戦闘機もなかった。月明かりの夜か、薄暮の攻撃となる。だが、このときは月の光に頼ることができなかった。十一月二十六日は月齢二十八、夜明け前に細い月が東の空にでるだけだった。十一月末には月は見えなくなる。新月だ。

いきおい攻撃は薄暮となる。攻撃時間は限られていた。日没から十五分までのあいだだ。しかも晴天の日でなければならなかった。オレンジ色に映える残照のなかの水平線に敵空母のシルエットを捉えねばならず、そのためには東から西へ向かう進路のなかで敵を見いださなければならなかった⑱。

索敵隊が数時間前に見つけた予想戦場に近づくと、雷撃隊は散開して分進し、網を張るように索敵進撃した。日没時間は午後五時五十分前後だった。午後六時から六時五分までに会敵地点に到達し、うまく西の方向に敵艦を見つけださねばならなかった。

しかし、進撃の途中に触接機から敵の状況を得て航路と時間を調整するのはこれまた難しかった。

雷撃隊の到着が遅れて夜になってしまえば、敵艦を発見した索敵隊は吊光弾《ちょうこうだん》を落とすか、着水照明炉を落とすことになる。だが、敵艦隊に触接した索敵隊が吊光弾を投下するために雷撃隊の到着を旋回しながら待とうとすれば、敵艦の電波に捕捉され、無線で誘導された敵艦隊の直衛戦闘機の一隊に追われることになり、撃墜されてしまう。

索敵隊が敵機に捉えられることなく、索敵隊と雷撃隊の呼吸がぴたりとあい、雷撃隊が攻撃をおこなうことはまことに難しかった。日没前の強襲とならざるをえなかった。

その強襲が成功した。十一月二十六日、野中の攻撃隊、十六機のうちの四機が敵の空母群を発見、攻撃した。日没前だった。のちの発表では、空母二隻を雷撃し、撃沈したということだった。未帰還は一機だった。

翌二十七日、再び野中の率いる十五機が発進した。夜になってしまった。ところが、二機の触接機が敵空母群の近くで六発の吊光弾と着水照明炉を投下するのに成功した[49]。これものちに空母二隻を撃沈したと発表した。未帰還は三機だった。

二十九日、野中の率いる十機は再び空母群を発見した。空母二隻を沈めた。未帰還は四機だった。

二十六日、二十七日、二十九日の三日間に空母六隻、ほかに何隻かの巡洋艦を沈めた。

それより前、十一月二十一日に同じルオットから七五五空の陸攻十四機が飛び立ち、空母二隻を沈めていたから、総計八隻の空母の撃沈だった。

軍令部は十二月一日、十一月二十一日の「第一次ギルバート諸島沖航空戦」から十一月二十七日の「第三次ギルバート諸島沖航空戦」までの名称を付け、その戦果を発表した。その日の朝、ルオット島の士官宿舎の前の広場に「総員集合」が命じられた。滅多にないことだった。軍令部総長の電報の示達だった。

「本職十一月三十日、軍状奏上ニ及ビタルトコロ、陛下ニハシバシ本職ニ椅子ヲ賜イ、累次ニワタル連合艦隊航空部隊勇戦ノ状況ヲ聴シ召サレ、深クゴ嘉賞アラセラレタリ」(50)

だれひとり身動きひとつしなかった。感動は大きかった。だが、ともに喜びを分かちあう者が少なすぎた。分隊長の夏目平八郎と平野寅次郎の二人、歴戦の勇士の芳谷飛曹長を亡くした。索敵隊の未帰還を含めて十三組、八十九人が戦死した。だれもが胸に鉛の玉が入っているかのようなときだっただけに、ありがたいという思いが身にしみたのである。

翌十二月二日、大本営は前月二十九日の戦いを「第四次ギルバート諸島沖航空戦」と呼び、戦果を発表した。空母二隻の撃沈を発表した。

ところが、第一次から第四次ギルバート諸島沖航空戦まで、十一月二十一日から二十九日のあいだに撃沈した敵艦はなかった。損傷を与えたものもなかった。どういうことだったのであろう。

連合艦隊司令部の福留繁は第二十四航空戦隊司令部にどのような指示をしていたのであろう。二十四航戦司令部の幕僚と七五二空司令はどのような言葉を交わしたのであろう。

そこで野中五郎のことになるが、かれは敵空母が沈むのを目認したのか。真っ赤な曳光弾が無数に夜空を飛んでいくさなか、炎と煙に包まれた敵艦を瞬間見たのか。部下がそう言ったのか。オレンジ色の曳光弾が縦横に飛び交い、こちらも機銃を撃ちまくり、機内に無煙火薬の匂いがたちこめる戦いのなかで、火炎のあがる敵艦を見たのか。ルオットに戻ることなく、マロエラップ、ミレに帰着した部下たちはそれぞれ本隊に戦果を報告してきた。野中はどう判断したのか。二十四航戦司令部の参謀、七五二空の司令と野中はどのようにして戦果を判定したのか。戦果の見積もりに手加減をしたのか。

連合艦隊司令部の参謀たち、軍令部第一部の部員たちは報告電報にさらに手を入れたのか。軍令部第一部長、次長は収めた戦果の一覧表を見てどう言ったのか。

ルオット島を出撃基地とした七五二空の司令、飛行長、分隊長、そして隊員たちが戦いを前にして、われわれがやらねばならぬと決意していたであろうとは前に述べた。だが、大きな戦果をという願いは七五二空よりも二十四航戦の参謀たちのほうが大きく、連合艦隊司令部のその願いはさらに大きかった。そして、軍令部のその期待は連合艦隊司令部よりももっと大きかった。誇大ではすまない、架空の戦果が生まれたのは、野中隊から軍令部までの期待と願望の総和だった。

タラワの飛行場を敵の飛行隊が使用するようになって、ルオット島への敵爆撃機の夜間空襲がはじまった。野中がアメーバ赤痢にかかったのはそのときだった。横須賀海軍病院に送られることになった。十二月二十日、野中は飛行艇の大艇《たいてい》に乗った。二人のアメリカ人捕虜も乗せられた。撃墜されたB24の搭乗員で、大船にある捕虜収容所、大船俘虜仮収容所に送られることになっていた。

付け加えるなら、東京ではこの日の午後三時十五分、大本営の発表があり、タラワとマキンを守備する海軍陸戦隊が十一月二十五日までに全員玉砕したことを伝えた。

タラワ、マキンの守備隊が全滅して六十六日あと、野中がルオットを去って四十日あとの昨年、昭和十九年二月一日、敵侵攻軍がルオット、ナムール、クェゼリンを襲った。正規空母六隻、軽空母六隻、戦艦八隻、空母搭載機七百機の攻撃部隊がクェゼリンを囲んだ。上陸部隊を運ぶ三百七十五隻を伴っていた。

敵は、タラワの上陸直前の砲爆撃には三時間しかかけなかったのにたいして、クェゼリン、ナムールにたいしては三日間つづけた。平坦な珊瑚礁の小さな島の防塞は貧弱だった。それぞれ二万人の侵攻部隊が二つの島に上陸するより前に、守備隊員の大多数は戦死してしまった。それでもクェゼリン島の戦闘は四日間つづいた。

ナムール、ルオットで二千五百人、クェゼリンで六千人が戦死した。二十四航戦司令官の山田道行、七五二空司令の園山斎、すべて戦死した。ほかの島に残っている索敵隊と攻撃隊の隊員たちを救出するために、トラック島の陸攻二機と飛行艇が夜間作戦をおこない、七十二人を運んだ。

そして昨年二月の末までに、百万平方キロの水域にひろがるマーシャル群島は敵に占領された。いくつかの環礁は敵艦隊の泊地となり、敵航空隊の基地となった。こちらの守備隊が現在もなお残る環礁はマーシャル群島の水域にいくつもあるが、飛行場に飛行機はなく、礁湖に軍艦はない。

野中五郎は昨年一月には健康を回復して、豊橋海軍航空隊、豊橋空の飛行隊長となった。機材、搭乗員の大半を失った多くの航空隊は解隊となっていたが、歴史のある七五二空は残ることになった。千歳にいた基地員が豊橋に来た。この七十人を基幹にして、三月、豊橋基地で七五二空の再建がはじまった。空地分離方式が実施されることになって、七五二空は攻撃七〇三飛行隊となった。

野中は眠られない夜があり、闇に向かって、「入佐隊長」と呼びかけることがあったのではないか。野中は申し訳ありませんと言ったにちがいない。言葉を継ぎ、入佐隊長、おわかりいただけますか、しかたがなかったのですと語ったのではなかろうか。

「飛行機の体当たり以外にない」と岡村基春は言った

ギルバート諸島が敵の手に渡って七カ月がたち、マーシャル群島がこれまた敵の手に渡って四カ月がたった昨十九年六月十九日の夕刻だった。館山の海軍航空隊司令部の一室に岡村基春《もとはる》と福留繁と杉山丑衛《うしえ》がいた。

福留繁は現在、五十四歳になる。海軍のエリートのなかのエリートであり、とんとん拍子に出世してきた。いわゆる赤煉瓦組の筆頭である。かれのために用意された椅子は、軍令部の第一部一課長、そして連合艦隊旗艦、長門《ながと》の艦長、軍令部の第一部長、つぎは連合艦隊の参謀長といった具合である。

説明を加えれば、海軍には軍令部第一部長のつぎのポストを連合艦隊参謀長にする、軍令部第一課長をつぎには連合艦隊先任参謀にするという慣行がある。いずれも海軍の最重要のポストである。

福留が連合艦隊参謀長だったときにやったこと、どのような狙いを隠してろ号作戦を敢行したのか、ギルバート諸島沖の航空戦にかれが遮二無二臨んだことは前に述べたばかりだ。かれはそのあと第二航空艦隊、二航艦の司令長官だったが、二航艦の戦力が尽き、今年の一月八日に解隊した。一月十二日、かれは数人の部下とともに水上偵察機でマニラ市の南にあるキャビテ軍港から昭南に脱出した。名前だけの存在、「仏印、馬来《マレー》、東印度方面」の第十三航空艦隊の司令長官である。

福留は昨年の六月には、そのとき新設されたばかりの第二航空艦隊の司令長官であり、杉山丑衛は参謀長だった。岡村基春は館山を基地とする三四一空司令だった。

その六月十九日の午後、福留は館山の基地を巡視した。三四一空が福留麾下の二航艦に編入されることになってのことだった。

福留、岡村、杉山はその日、朝から何回も頭に浮かぶことがあった。空母から発艦する艦爆が編隊を組み、轟々たる爆音を響かせ、大海原のかなたに向かう光景だった。マリアナ諸島西方海上の敵艦隊を探しだし、「トツレ」の電報を送る。「突撃準備体形作レ」の電信符号である。そして「全軍突撃セヨ」の「ト」連送の電信を送ってくるはずだった。(51)

第三艦隊の飛行隊が敵の空母群を襲う。沈めなくてもよい、敵空母の発着機能を奪いさえすればよい。その直後に第三艦隊の後ろに控えた第二艦隊の大和《やまと》、武蔵《むさし》の戦艦部隊が殺到して、敵空母と護衛艦にとどめを刺す。さらにサイパン東方の海域に退避しているであろう敵の輸送船団と支援艦艇を片端から沈める。あ号作戦の発展がそのようになることを願い、軍令部、海軍省のすべての人びとは祈るような気持ちで待ちつづけた。

福留、岡村、杉山の三人が夕刻になってなお司令部にいたのも、戦況を知らせてくる電話を待ってのことだった。

出撃した空母飛行隊は暗くなる前に空母に戻っていなければならなかった。なにひとつ捷報《しょうほう》を知らせてこないのは、容易ならざる事態になっているとしか考えられなかった。第三艦隊の飛行隊が大きな損害を受けたと考えるしかなかった。

福留がひとり思ったことは、一航戦と二航戦を合わせて戦っても駄目だったかという落胆だったはずだ。かれの頭に浮かんだまたべつのことは、決戦を先延ばしにしようとして、前年、昭和十八年十一月に敢行したブーゲンビル島沖航空戦のことであったにちがいない。送りだした百七十機のうち四十機が残るだけとなってしまった。なによりも大きな痛手は、名実ともに海軍航空のエースである飛行隊長七名のうち四名が戦死し、分隊長十一人のうち六人が戦死してしまったことだった。かれらが健在で、今日戦っていたらという悔恨が福留の瞬間の胸の痛みとなったのかもしれない。

そして、かれが杉山、岡村と語ることになったのは、わが方は護衛戦闘機の数が少ないこと、もちろん攻撃機の数もわずかなこと、そして搭乗員の練度が低いことであったにちがいない。

福留は杉山、岡村と語りながら、さらにもうひとつ、ある不快な記憶が浮かぶのを、急いで頭の中から追い払おうとしたはずであった。かれの頭になにが浮かんだのか。

語らねばならない桜花の主題とは関係ないが、脇道にそれることにしよう。これもいささか長い脇道となる。

戦いがつづくさなか、それも負け戦がつづくのであればなおさらのこと、地位が高ければ高いほど、そして実力者であればあるほど、かれがひとりで抱える秘密の数は多くなる。

福留繁もいくつもの秘密を胸のなかに収めてきた。ろ号作戦決行の背後に潜む秘密もそのひとつだ。かれの頭に浮かんだのは、またべつの容易ならざる秘密だったはずだ。敵の手に奪われたZ作戦要領のことだ。

福留が岡村と語り合ったのは昨年、昭和十九年の六月十九日だったから、それより四カ月前の二月十日、連合艦隊参謀長だった福留、司令長官だった古賀が座乗する武蔵はトラック島を去った。環礁水道を離れるとき、武蔵の司令部艦橋に立った福留はなにを考えたことであろう。武蔵が旗艦となったのは昭和十八年二月十一日だった。あと一日で丸一年を迎えようというそのとき、武蔵は敵の潜水艦に怯え、礁湖のなかでずっと過ごし、ただのいちども戦うことがなく、あげくの果てに撤退することになったのである。二千五百人のすべての乗員を座らせ、映画を見せることができる広い前甲板には梱包した荷物があふれていた。その姿は撤収する憐れな貨物船だった。

どうにもならなかった。前に見たとおり、空母飛行隊はその前年、昭和十八年十一月にブーゲンビル水域で壊滅し、トラック島の基地航空隊はわずかなのだから、トラック島に踏みとどまって敵空母飛行隊の七百機と戦うことは不可能だったのである。

武蔵の移るさきはパラオだったが、横須賀に寄り道をした。古賀と福留は軍令部総長、次長、第一部長に向かって退却の弁解をし、数限りない「要望」を並べたてた。そのさなか、二月十七日と十八日、トラック島は敵の空母機部隊に粉砕された。

二月二十四日に古賀と福留を乗せた武蔵は横須賀沖を出航、二十九日にパラオに着いた。コロール島沖に投錨した武蔵艦内で、福留は部下を督励して、連合艦隊のつぎの作戦のための計画を作成した。これが新Z作戦要領である。

じつはZ作戦要領はすでに前年、昭和十八年八月につくられたものがあった。敵艦隊がマーシャル群島に侵攻してきたら、全艦隊はトラック島から出撃して決戦するという内容だった。だが、すでに記したとおり、古賀と福留は決戦をする考えを捨てていた。ギルバート諸島を奪われ、連合艦隊司令部がトラック島から引き下がろうとするさなか、マーシャル群島が敵の手に奪われてしまったことから、新たにマリアナ諸島、カロリン諸島の水域を決戦場としなければならなくなり、新Z作戦要領をつくったのである。三月八日に発令された。

それから二週間ほどあとの三月二十五日、武蔵に東京から軍令部第一課長の山本親雄と部員の源田実が来た。かれらは連合艦隊司令部の幕僚たちに向かって、メジュロか、クェゼリンを奇襲攻撃する作戦構想を説いた。

クェゼリン環礁はこの年、昭和十九年二月はじめに失陥したことは前に記した。武蔵がトラック島を去ろうとする九日前のことだった。

メジュロ環礁もマーシャル群島内にある。メジュロにはわが方の守備隊は駐留していなかった。アメリカ側は通信情報によってこれを承知していた。クェゼリンほどではないが、ここの礁湖も広い。それを囲む島は飛行場をつくることのできる広さがある。アメリカ軍はクェゼリンを攻撃する前日にそこを無血占領した。

軍令部は敵の大艦隊はもはや真珠湾に戻ることなく、メジュロを補給基地、クェゼリンを進攻基地にしているのではないかと判断していた。そのとおりだった。敵の第五艦隊はギルバート諸島のマキン、タラワを攻略しようとしたときには真珠湾から出撃した。クェゼリンを攻撃しようとしたときにはタラワの環礁を前進基地とした。そして、クェゼリンを占領し、マーシャル群島全域を制圧してからは、敵艦隊はメジュロを泊地兼補給基地とするようになっていた。

メジュロ急襲のことになるが、翌三月二十六日も、武蔵の作戦室で軍令部と連合艦隊司令部の幕僚たちはこの作戦案を検討した。古賀峯一は会議に顔をださなかったが、非常に不快だった。マリアナ線で戦うとZ作戦要領をつくったばかりだというのに、軍令部がマーシャル群島に殴り込みをかけようと言いだしたのは、連合艦隊は弱気だ、逃げ腰だと批判してのことだと怒った。古賀は会議に出席した首席参謀の柳沢蔵之助に「消極的というのと堅実というのとは違う」と言わせた。[52] 福留も軍令部の連合艦隊へのいらざる干渉だと機嫌が悪かった。

ところで、源田実が柳沢蔵之助に向かって、敵艦隊の新しい基地メジュロに奇襲をかけるのだ、第二の真珠湾攻撃をおこなうのだと説いていたとき、メジュロはもぬけの殻となっていた。

こういうことだった。軍令部第一課の源田や山本が「乾坤一擲の大作戦」をやろう、敵の艦隊に大打撃を与えよう、「真珠湾の成功」を再現しようと説き、攻撃計画を協議していたとき、メジュロ泊地の敵艦隊旗艦ニュージャージーでは司令部の幕僚たちが、パラオに後退した日本艦隊を撃滅し、パラオの陸上施設を攻撃し、泊地の入口に空母搭載機によるはじめての機雷投下を試みようという攻勢計画を論議していた。

軍令部三階の作戦室で、それは難しい、こうしよう、それも駄目だと歯ぎしりをしての議論がつづき、向こう二カ月のあいだにそれらの問題点を解決しよう、そして六月の満月の夜に決行しようとまとまったとき、メジュロのニュージャージー艦内での議論は至極簡単に決まった。

当然だった。ブーゲンビル、ギルバート、マーシャルで空母を先頭に立てて戦ってきて、かれらは空母飛行隊による攻撃、空母を守っての戦いに十二分の自信を持つようになっていた。計画が決まると、ただちに各艦は燃料タンクに給油をおこない、食糧や弾薬をそれぞれの貯蔵庫に詰め込んだ。

三月二十三日、空母十一隻、戦艦六隻を中核とする七十八隻の大部隊、第五十八機動部隊がメジュロを出航した。

三月二十八日の朝、メレヨン島からの哨戒任務の陸攻が西に進んでいる敵の大部隊を発見した。パラオの東、七百五十マイル、千二百キロの海上だった。

パラオの連合艦隊司令部は色めきたった。すでに山本と源田は東京に帰っていた。福留が慌てるなと叱り、「空襲は三十日以降になる」と言った。

敵の司令長官のスプルーアンスは奇襲に失敗したと知った。攻撃開始の時刻を二十四時間早め、三十日の明け方とした。各艦艇にあとを追ってきた油槽船隊から給油をさせ、速力十六ノットだったのを、全艦全力燃焼、最大戦速度で突進させることにした。

翌三月二十九日の昼近く、ペリリューを発進した索敵機が再び敵機動部隊を発見した。パラオの連合艦隊司令部は敵艦隊の接近が意外に早いのにびっくりした。間違いなく、明日三十日の朝には敵機の襲来がある。午後二時に古賀と司令部要員は武蔵から内火艇に乗り移り、食器や椅子までを積み込み、陸上に移った。

そして、パラオ港内の第二艦隊、武蔵と五隻の巡洋艦と七隻の駆逐艦に空襲圏外に退避するように命じた。ところが、武蔵は水道をでたところで、待ち構えていた敵潜水艦の雷撃を受けた。敵の常套手段であり、こちらは百も承知していたが、敵味方の電探、水中聴音機の差がどれほど大きいかを如実に示すことになったのである。艦首に大穴があき、艦首の揚錨機関室にいた八人の機関兵が戦死した。戦ったことのない武蔵の最初の戦死者となった。武蔵は呉に回航されることになった。

泊地内の残りの艦艇も退避させるべきであった。パラオ根拠地隊が強引に港外に出させた輸送船五隻以外、輸送船が二十一隻、タンカーが七隻、工作艦一隻が泊地内に残っていた。古賀と福留にとって大切なのは、相変わらず軍艦のようであった[53]。まさか礁湖に爆撃目標がなければ、攻撃は陸上に集中するとでも思ったわけではあるまい。

敵の空襲は翌三月三十日の午前五時三十分にはじまり、午後五時三十分までつづき、延べ四百数十機が襲った。この間、司令部は無線の送信ができず、作戦指導はできなかった。激しい空襲が終わった。古賀と福留は相談して、司令部をミンダナオ島南部のダバオに移転すると決め、飛行機の手配をした。三十一日には午前六時三十分から午後二時まで百五十機の敵機が襲ってきた。

午後六時、古賀は退避した艦艇にダバオに向かうように命じた。午後八時、サイパンから二式大艇三機がパラオに到着した。司令部人員が乗り、午後十時に出発した。大層な慌てぶりだった。翌朝には敵の上陸があると古賀と福留は思っていたのである。

司令部の暗号人員を乗せた三番機は四月一日午前四時三十分にダバオに到着した。だが、一番機と二番機は到着しなかった。司令長官の古賀峯一とほか七人の司令部人員が搭乗した大艇はそれっきり消息を絶った。参謀長の福留が乗った大艇はセブ沖に不時着し、八人が死亡したが、九人は助かった。そのなかに福留がいた。ところが、かれらはその島のゲリラに捕らえられた。遭難したその日、四月一日のことだった。

ゲリラ隊は討伐に来た陸軍部隊に向かって、包囲を解くのと引き換えに九人を引き渡した。四月十一日だった。

四月十八日、福留と先任参謀だった山本祐二は羽田に到着した。付け加えるなら、連合艦隊の指揮権はスラバヤにいる次席指揮官の南西方面艦隊長官の高須四郎の手に移っていた。豊田副武が連合艦隊司令長官となるのは五月三日である。

福留は軍令部と海軍省の最高幹部に向かって、捕虜の扱いは受けなかったのだと嘘を押し通した。軍令部の幹部は福留が捕虜となっていたことを承知していたが、かれのごまかしを問いたださなかった。かれは機密書類についても、すべては飛行機とともに燃えてしまったのだと言い、機密書類が入っている鞄をゲリラに奪われたことを明かさなかった(54)。

かれはセブ島のゲリラ隊がアメリカの潜水艦と常時連絡をとっていることを知らなかったのか。連合艦隊司令長官の署名のある機密書類はマッカーサー、あるいはニミッツの司令部に渡ることになるのではないかと考えなかったのか。

昨年六月十九日、あ号作戦が敢行された夜のことに戻るが、館山の海軍航空隊司令部にいた福留、杉山、岡村の三人のところには、夕方になっても、どこからも戦いの模様を知らせてこなかった。そして前に述べたことだが、杉山、岡村には想像もできないことが福留の頭に浮かび、かれが急いで打ち消したのは、ニミッツ司令部はマリアナ攻略の前にZ作戦要領を仔細に検討したのではないかということのはずであった。

ニミッツはマッカーサー司令部から送られてきたZ作戦要領を翻訳、印刷し、五月末にはメジュロ基地の将官たちに飛行機で送った[55]。敵は空母搭載の戦闘機の数を増やしていた。母艦搭載機は七百機ではなく、九百機としていた。そのうちの半分以上、四百七十五機を戦闘機とした。こちらの艦隊編成を知り、作戦計画を承知していたからである。

なんであれ、あ号作戦が失敗に終わったのであれば、もはやマリアナ諸島を救うすべはなかった。敵のつぎの侵攻作戦はルソンか、南西諸島か、台湾か、どこになるかわからないが、はっきりしていることは三カ月、四カ月の余裕しかないということだった。十月までには作戦準備を終えなければならず、さらにそのあとの戦いの準備を進めなければならなかった。

このさきは内地に残っている第二航空艦隊にすべてを依存しなければならなかった。

第二航空艦隊の司令長官となった福留は各航空隊の視察をはじめて、あらためて失望を深めたにちがいない。第一航空艦隊、一航艦が昨年のはじめにマリアナに進出したとき、練度の低い部隊を内地に残した。これらをもとに第二航空艦隊、二航艦をつくった。サイパン、テニアン、グアム、ロタに配置した一航艦はあ号作戦がはじまる直前に敵の空母飛行隊に叩かれ、壊滅してしまった。二航艦をつぎの戦場となる台湾、フィリピンにできるだけ早く送らねばならなかった。

だが、岡村基春の三四一空にしても思うにまかせない状況にあった。三四一空は局地戦闘機の雷電《らいでん》の整備と訓練にあたっていたが、機数はわずかであり、改修型の新雷電の供給は遅れ、燃料も不足し、存分に訓練をおこなえなかった。

第二航空艦隊の保有機総数はわずか百二十機、実働機はその三分の二にも満たなかった。八月には保有機を二百機に、鹿屋、宮崎、都城《みやこのじょう》、そして台湾の新竹《しんちく》、高雄に進出するまでには五百機、七百機とし、それに見合う搭乗員、整備員を養成する予定であったが、計画どおりにいく見込みはなかった。

少しのあいだ、だれもが黙っていた。岡村が口を切った。ずっと考えてきたことだと言い、語りはじめた。あとで杉山丑衛がまとめたのであろう。つぎのように記した。

「戦勢今日にいたっては、戦局を打破する方策は飛行機の体当たり以外にないと信ずる。体当たり志願者は、兵学校出身者でも学徒出身者でも飛行予科練習生でも、いくらでもいる。隊長は自分がやる。三百機を与えられれば、必ず戦勢を転換させてみせる[56]」

岡村基春は現在、四十五歳になる。戦闘機乗りだ。横須賀海軍航空隊の戦闘機隊の分隊長だったときには、部下たちと編隊を組んで曲技飛行をやり、岡村サーカスと言われたこともある。海軍兵学校を出て飛行学生となり、戦闘機乗りとなった者たちのなかにはかれの弟子が数多くいる。

　昭和九年、空母赤城の分隊長だったときのこと。岡村は大尉だった。事故を起こした前歴のある試作機のテストをおこなった。はたして錐揉《きりも》み状態となった。脱出し、落下傘で降下した。(57)現在、左手に黒革の手袋をしているのは、そのときプロペラで指四本を失ったからである。

　かれの兄の岡村徳長も海軍兵学校出身の飛行将校だった。海軍兵学校四十五期である。弟の基春は五十期だ。兄は攻撃機のパイロットとして歩みだした。大将、まちがいなく中将までは昇進すると、だれもが口を揃えた。有能、そして熱情家で、(58)強烈な意志の持ち主だった。だが、型にはまることができず、昭和十年に現役を逐われた。

　岡村徳長のことにもう少し触れておこう。かれは召集されて昭和十七年五月に第十三設営隊の隊長となった。飛行場が完成しようという矢先、一万一千の敵軍がいきなり上陸してきた。軽武装の警備隊二百人は蹴散らされた。武器を持たない設営隊員は持てるかぎりの食糧、通信器械を背負い、ジャングル内に逃げた。これがガダルカナルでの出来事だった。ここで岡村は本領を発揮した。飛行場を一望にできる丘の大木に監視哨をつくり、飛行場の建設の状況、増えていく飛行機の種類と数を無電でラバウルの航空艦隊司令部に報告しつづけた。

　ラバウルから単身、監視任務を負ってガダルカナルに派遣されてきたのがラバウルの陸攻隊、四空の飛行長の三井謙二だった。かれが監視哨に上り、手に汗を握って見つめることになったのが、二隻の巡洋戦艦の金剛《こんごう》と榛名《はるな》が夜間、飛行場を砲撃し、飛行場全域を火の海にしていく光景だった。(59)

だが、この砲撃を、つぎの夜、さらにその翌日とつづけることができなかった。ついでに言うなら、サイパンの敵橋頭堡に大和と武蔵が巨弾をたたき込むことができず、レイテ島沖合で大和、武蔵は敵輸送船団と陸上部隊に一トン半の重量の砲弾を撃ち込むことができず、沖縄の嘉手納沖に大和は近接することができなかった。敵の上陸地点にたいする戦艦戦隊の砲撃は昭和十七年十月十三日夜のガダルカナル砲撃が最初で最後となったのである。

岡村徳長は現在は岩国海軍航空隊、岩国空の司令だ。

かれの弟、岡村基春のことに戻る。基春も兄と同じように熱情家であったが、いつか温和となり、角がとれ、新しい部下にはその気性の激しさをうかがわせることはなくなっている。だが、かれの胸中の激情は消えていなかった。ずっと体当たり機の部隊をつくることを考えていたのである。

福留繁は岡村が語る計画をうなずきながら聞いた。はじめて聞く話ではなかった。その二カ月前、昭和十九年の四月のはじめに軍令部第二部長の黒島亀人《かめと》が第一部長の中沢佑に「急速実現ヲ要望スル」兵器として、局地用の潜航艇、船首に爆弾を仕掛けた小型舟艇、一名を搭乗させた魚雷を挙げ、「これだけあれば態勢を挽回できる」と言い、検討を求めた。艦政本部が命令を受け、これらの兵器の研究、試作に取り組むことになった。

黒島が要望する兵器のなかには、「体当タリ戦闘機」もあった[60]。これは艦政本部の管轄ではないから、航空本部にまわされたのであろうが、軍令部、航空本部は困惑したにちがいない。セブ島から戻り、ポストが決まらないまま、そのとき軍令部にいた福留繁もそれに目を通したのではないか。

雷撃の訓練は思うようにまかせず、爆撃訓練もできない。そして攻撃機の数は少なく、護衛戦闘機の数も少ない。練度の低い搭乗員にできるのは、体当たり以外になかった。体当たり機がさみだれ状に攻撃をつづける以外に敵艦を沈めることはできないと福留も思ったのであろう。だが、かれはこの難しい問題で先頭に立ち、みなを動かすつもりはなかった。

必死隊の編成を認める決断をくだすのは、軍令部総長にとっても難しいことだった。二月に人間魚雷の試作命令がでていたのは、命中の直前に搭乗員が海中に放出されることになっていたからだった。救命用のゴムボートが用意されるわけでなく、救援の潜水艦が浮上するわけでもなく、まったくのごまかしだったが、体当たり機にはそのごまかしをほどこす余地すらなかった。

福留は岡村に向かって、次長に伝えて研究するように進言すると言うにとどめた。昭和十九年六月十九日の夜、あ号作戦の勝敗を告げる電話はついになかった。

陸軍はこの飛行機による体当たり攻撃の問題をどう考えていたのか。首相兼陸相、参謀総長をも兼任していた東条英機はどのように考えたのか。

岡村が福留に向かって、体当たり機の部隊をつくりたいと説いた翌日の六月二十日の夜、首相官邸での夕食に東条と秘書官たちが顔を揃えた。東条は部下たちに気落ちしていると思われないように努めていたのであろう。あ号作戦の挫折についてはなにも触れず、サイパンの守備隊の奮戦ぶりを語り、ドイツの新兵器を話題にした。そして、かれは体当たり機について語りはじめた。切羽詰まってやむをえないといったところをみせず、悲壮感などおくびにもださず、ごく自然に喋った。秘書官のひとりが日誌に東条が語ったことをつぎのように記した。

「敵が戦艦を一隻造ればわれも亦《また》一艦と言うように物量だけで対抗するだけでは敗けである。どこまでもわが長所を生かし、わが飛行機一機で敵一艦をほふる、わが特殊艇で敵艦一艦をほふるという決死隊によって敵をたたきつけることができる。……

自分も爆弾を懐いて飛び込むことができれば、……これが日本の強みである。これを生かして勝ち抜かねばならない[61]」

首相の話を聞いていた秘書官のなかには陸軍の出身で、東条の右腕の赤松貞雄がいた。

ほかの秘書官たちはともかく、赤松であれば、それより三カ月前の昭和十九年三月末に、東条首相がもっとも信頼している後宮《うしろく》淳《じゅん》大将を参謀次長に在職のまま航空総監としたこと、あるいは、五月四日の午前五時前、これまた東条首相が埼玉県豊岡町にある航空士官学校を予告なしに突然視察し、集合させた候補生全員に厳しい訓示をおこなったこと、こうしたことがいずれも体当たり攻撃のための準備なのだということを承知していたにちがいない。(62)

東条が首相秘書官たちに体当たり攻撃をしなければならないと話してから五日あと、六月二十五日のことだった。元帥会議が開かれた。天皇はサイパン奪回作戦の中止を陸海軍の総長が上奏したことに不満だった。木戸幸一の提言を容れ、元帥会議への諮問を命じたのである。天皇が臨席し、梨本宮《なしもとのみや》、伏見宮《ふしみのみや》、杉山元、永野修身の四人の元帥と軍令部総長の嶋田繁太郎、参謀総長の東条英機が参列した。元帥たちはサイパンの奪回は不可能だと奉答して会議は終わった。天皇が席を立ったあと、軍令部総長と参謀総長に向かって伏見宮が「なんとかして急いで特殊の軍艦、特殊の兵器をつくらねばならない」と説いた。

伏見宮はドイツの空飛ぶ爆弾のロンドン攻撃に大きな期待を抱き、そのような新兵器が日本でも開発できないものかと言ったのであろうか。

海軍の大長老の提言であり、しかもかれの信頼が厚い嶋田にしてみれば、「特殊の軍艦、特殊の兵器」をぜひともつくらねばならなかった。だが、高性能爆薬一トンの弾頭をつけ、時速六百キロの速さの空飛ぶ爆弾をつくる技術は日本にはなかった。そんな技術があったとして、ロンドンのような大きな町を所定の目標とするような爆弾をつくってもしようがなかった。

嶋田は伏見宮が語ったところの「特殊」という言葉からべつのことを思いだしたのではないか。このさきで述べるが、前に侍従武官だったことがある海軍大佐が説いた「特殊航空隊」のことが頭に浮かび、伏見宮が語ったのはその計画のことであろうかと考えたにちがいなかった。

嶋田はまた次長の伊藤整一から岡村基春の提案を聞いていた。それこそが「特殊航空隊」の建設案にほかならなかった。

その元帥会議から二日あと、六月二十七日だった。岡村基春は軍需省に行った。三年町の旧会計検査院のビル(63)を訪ねる前、かれは軍令部に行ったのであろう。八日前の六月十九日のあ号作戦の戦いのあらましを聞いたことは間違いない。

二隻の空母大鳳《たいほう》と翔鶴は敵の潜水艦にやられた。大鳳の飛行長、中攻隊のエースだった入佐俊家も艦と運命をともにした。四十二歳だった。

そして、わが方の空母飛行隊は敵戦闘機の待ち伏せにあった。四百三十機が発進し、帰投したのは数十機だった。なにもかもすべてが悔しいかぎりだったが、もっとも悔しかったのは、敵の空母群を見つけだすことができず、爆弾や魚雷を抱いたまま、グアム島の第一飛行場と第二飛行場に着陸しようとした艦爆と艦攻が片端から撃墜されたという話だったにちがいない。

敵の正規空母群はマーシャル群島のタウイタウイの泊地から出撃した日本の艦隊をグアム島の西側の水域で待ち構えていた。敵側が恐れていたのは、日本の空母群がグアム島から一千キロ以内にまで前進してきて、日本の艦上爆撃機が攻撃を終えたあと、グアムの陸上基地に着陸し、燃料と爆弾の補給を受け、再び攻撃を仕掛けてくることだった。

そこで敵は十九日の朝からすでに無力となっているグアム島の二つの飛行場を空中封鎖した。敵戦闘機が飛行場の高空を旋回し、こちらの爆撃機が来るのをいまかいまかと待っていた。

こちらの攻撃隊の一部の艦爆と艦攻は敵艦を攻撃するチャンスがないまま、グアムの飛行場に降りようとした。すでに飛行機が一機もない基地の指揮官は近づく飛行機に向かって、着陸するな、基地は敵の監視管制下にある、視界内の敵艦船を攻撃せよとの指示を繰り返した。水平線上には敵の護衛空母と駆逐艦が何隻もいた。無線電話が故障しているのか、正規空母を狙うのだときめてかかっているからか、上空から急降下で襲いかかってくる敵機に気がつかないのか、いずれも滑走路に向かおうとして高度をさらに下げ、速度を落とし、脚とフラップを下ろしたところを狙い撃ちされ、無事に着陸した艦攻は滑走路にあいた爆弾の穴に突っ込んで大破したのである。

六百キロの遠距離から空母は攻撃隊を発進させた。敵艦を見つけだし、しっかり攻撃できたのは、真珠湾以来の佐官クラスの歴戦機だけだった。訓練不充分のため、航法誤差が大きく、敵部隊を発見できないまま、数百人、一千人を超す青年たちは犬死にしてしまったのだ。岡村はそう考えて、腸がねじれる思いだったにちがいなかった。

ところで、そのとき軍令部に重苦しい雰囲気が漂っていたのは、一週間前の大敗北に気落ちしていたからではなく、またべつの理由からだった。三日前から硫黄島にたいする敵艦隊の艦砲射撃と空母機による爆撃がつづいていた。敵はとっくに飛行機のないグアム島とテニアン島をそのまま放置して、一挙に硫黄島を制圧、攻略するのではないかとだれもが恐れたからだった。

硫黄島は東京から一千キロ、サイパンからは千四百キロのところにある。数日前まで、サイパンを奪回するぞと陸海軍の幹部が叫んでいたのは、負け犬の遠吠えにすぎず、硫黄島を助けることすらできはしなかった。硫黄島の飛行場の戦闘機と爆撃機は空襲と艦砲射撃によってすべてやられていた。そのとき小笠原兵団長の栗林忠道は硫黄島に着任していたが、陸軍部隊は四個大隊、露天の陣地がわずかにあるだけだった。敵が上陸作戦をおこなえば、一方的な血戦死闘はせいぜい三日か四日で終わってしまうのは目に見えていた。岡村は察していたのであろうが、軍令部のだれもが押し黙っていたのはこの危惧があってのことだった。

岡村が軍令部をでて軍需省に行き、そこで会ったのは、航空兵器総局総務局長の大西滝治郎だった。大西は海軍航空の先輩であり、海軍航空で大きな力を持つ実力者である。真珠湾空襲作戦を策定したのが大西だ。現在は軍令部次長であり、五十四歳になる。

岡村は大西に向かって、体当たり攻撃の計画を語りはじめた。ちょっと待ってくれと大西が言った。

大西にとって、はじめて聞く話ではなかった。「特殊航空隊」を編成し、「爆弾携行の体当たり」をするという計画を一年前に聞いていた。大西はまだその時機ではないとそのとき答えたのだった。

前にわずかに触れたが、その話をしよう。昭和十八年六月と七月、城英一郎が二度にわたって大西を訪ねてきた。大西は航空本部総務部長、城は侍従武官だった。個人の資格で来たことを城は最初に強調したはずである。

城は体当たり攻撃を敢行する特殊航空隊をつくりたいと語り、これは上部機関の命令に従って実行に移すつもりはない、黙認さえしてもらえればいい、機材と操縦者が与えられればいいと言い、私が転出することになってこれを実行する機会が与えられるのを待つ、と言ったのだった。(64)

城が転勤になったのは昨年、昭和十九年二月だった。大西は軍令部、海軍省の幹部にかれの願いを告げたのか、告げなかったのか。城は基地航空隊の指揮官に配置されなかった。空母千代田の艦長に任命されたのである。

大西と岡村の話し合いに戻る。大西は岡村に待てと言った。情勢は一年前とちがう、二カ月前とも大きくちがうと大西は思っていた。かれは総務長官の遠藤三郎を呼んだ。遠藤三郎は陸軍軍人だから、岡村は初対面だったにちがいない。岡村は大西と遠藤に向かって、軍令部にも上申したことだと言い、体当たり攻撃を敢行するしかいまや手段はないと説き、体当たりのための航空機の早急な開発を求めた。

岡村が去ったあと、遠藤は大西に向かい、これしかないと言った。その日の日記に遠藤はつぎのように記した。

「午前、大西中将と国を救うものは神兵の出現にあり、即ち若人等の身命を捨て敵航空母艦と刺し違えることに依り敵機動部隊を撃滅し勝利に導くの外なかるべきを語り居りしに偶《たまたま》に午後二時頃、館山航空隊司令、岡村基春大佐及び舟木中佐、これに任ぜんことを申し込み来る。嗚呼、神兵現る。胸の迫る思いをなし自重を望み石上神宮及び神崎神社のお守り及び葉巻一箱を餞《はなむけ》として武運を祈り別る」(65)

軍令部と参謀本部が恐れていた硫黄島への敵の侵攻はなかった。七月七日になって、敵艦隊は硫黄島の水域から引き揚げたことが明らかとなった。

野中五郎のことにも触れておこう。

敵軍がサイパンに上陸したあと、七五二空は硫黄島に進出した。野中はサイパンに夜間攻撃をおこなった。敵高角砲弾の破片がいくつも当たり、やっとのことで硫黄島に戻った。そのあと、さらに手荒い反撃を受けた。七月四日の朝、敵の艦隊が来襲し、艦載機、数百機が押し寄せた。午後には敵の巡洋艦が近づき、飛行場に艦砲射撃をおこなった。敵軍の硫黄島上陸があると海軍首脳は青くなったことは前に記した。七月四日はアメリカの独立記念日だ。アメリカでは一日遅れとなるから、七月五日の朝、敵軍は硫黄島に上陸作戦をおこなうのではないかと軍令部と海軍省ではだれもがひそひそ話し合っていた。硫黄島でも同じだった。野中は防空壕のなかで、ここで斬り死にと覚悟を決め、ルオット島で戦死した七五二空の上官、部下たちのことを思い浮かべ、五カ月遅れでみんなに会えるのかと思ったにちがいない。

ところが敵の上陸はなかった。野中と部下の飛行員は救援機で内地に戻ることができたのである。

陸海軍首脳たちはほっと息をつく余裕はなかった。不振をつづける戦いにたいする不満と怒りの声は国会議員、重臣から宮廷にまでひろがり、政府と統帥部の首脳陣が交代する羽目となった。

そのさなか軍令部作戦部の部課長は決意を固めた。マリアナ諸島の孤立した地上戦はまもなく終息しよう。つぎに予定される比島、台湾、本土方面における決戦準備、捷号《しょうごう》作戦までに数百機の体当たり機の特殊飛行隊を編成する。このように決意した。

あ号作戦に参加した空母千代田が改修工事のために呉に入港し、艦長の城英一郎は連合艦隊司令部と大本営海軍部に宛てて懸案の特殊航空部隊の早急な建設を求める上申書を提出したのが、同じ七月のことだった。

付け加えておこう。その三カ月後、昭和十九年十月、艦載機を搭載していない千代田は敵艦隊をレイテ沖からおびき出そうとする囮《おとり》部隊の役を演じ、ほかの三隻の空母とともに敵空母部隊を引き出し、戦没した。城も戦死した。四十五歳だった。

ところで、特殊航空部隊をつくるにあたっての最大の問題は、前に見たとおり、それがごまかしではあっても搭乗員は脱出できるのだと言えないことだった。

そのことには目をつぶるしかなかった。問題はもうひとつあった。人間魚雷、回天《かいてん》の試作を昨年、昭和十九年二月に海軍首脳が認めたのは、脱出できることを条件としたことのほかに、その必死兵器の開発を進言、請願した黒木博司《ひろし》、仁科関夫《せきお》という年若い士官の強い熱意があったことだ。黒木は単独で試験潜航を繰り返し、昨年九月に徳山湾で操縦訓練の指導中に殉職した。二十二歳だった。

ごまかしようがない体当たり機の着想と開発には、ぜひとも黒木や仁科のような行動力のある、年若い熱血漢が必要だった。これは赤煉瓦エリートのアイディアであってはならなかったし、やがては将官に昇進するような航空隊の司令や軍艦の艦長の提案であってもならなかった。

霞ヶ関首脳部は軍令部の航空幕僚に号令をかけることをさせず、岡村基春や城英一郎に音頭をとらせることなく、その計画を実施に移すにあたって、べつの人物を使うことにした。

大田正一という下級士官がロケット体当たり機を考え、提案していた。

昭和三年に呉海兵団に入団した水兵上がりのその特務少尉は厚木基地の輸送部隊、一〇八一空の輸送機の偵察員だった。かれは隊司令官の菅原英雄に「人間爆弾」の計画を上申していた。

南太平洋の戦場で多くの戦友を失った叩き上げの下級士官が、内地の基地に戻って、知恵を絞り、同僚や上司と相談し、各機関を尋ねてまわり、体当たり兵器の青写真をつくったのだとすることは、それこそ万金に値した。

指揮統制系統におかまいなく、一介の分隊長を自由に動きまわらせ、三菱の名古屋発動機製作所から東京帝大工学部付属の航空研究所、さらには航空技術廠に行かせ、この体当たり兵器の開発に協力を依頼させることにした。かれが手にした隊司令の紹介状がかれに門戸を開いたのではなかったのであろう。それぞれの機関の最高幹部に前もって電話を入れ、その異様な提案にびっくりしないようにと告げ、その下級士官に十二分の協力をするようにと要請した軍令部の幕僚がいたのである。

さて、昨年七月から八月、この体当たり航空機の性能について思案をめぐらし、その生産から要員の養成、その用兵までを検討したのは源田実である(66)。現在、愛媛県松山基地の三四三空の司令であり、四十歳になる。

昭和十七年十二月から今年一月まで軍令部第一部第一課の航空を代表するただひとりの幕僚だった。戦闘機パイロットとしての腕は伝説的だったが、それにもまして戦術家だった。本来なら一課を牛耳っているのは砲術専攻の「鉄砲屋」出身の幕僚たちであったはずが、アメリカとの戦いがはじまって、たちまち空軍が主役となってしまったことから、すべての作戦、戦術はかれが中心になって企画、研究することになっていた。

真珠湾攻撃の作戦計画をたてたのがかれなら、昨年三月、メジュロ奇襲の計画をたてたのもかれだった。敵に先手を打たれ、パラオを急襲され、連合艦隊司令部が壊滅となったことは前に述べたばかりだ。昨年十月の幻の大戦果を報じることになった台湾沖航空戦の原計画をつくったのもかれだった。

だが、源田は体当たり機の開発を推進するにあたって、原案者にしたてあげた大田正一の背後に隠れた。東京帝大航空研究所の木村秀政が大田のプランを設計図にまとめた。大田はこれを航空本部に提出した。そして、この体当たり兵器は「マル大」、「マル大兵器」と呼ばれることになった。大は大田正一の名字の一字をとったのである。

必死兵器「桜花」への夢と期待

そして、軍令部が空技廠飛行機部に「マル大」の設計図を手直しするように求め、試作するようにと命じたのが昨年の八月のはじめであり、つづけていくつもの命令をだした。

空技廠の正式名は海軍航空技術廠である。昭和十四年につくられた。航空機、発動機の研究と実験をしてきた。横須賀市追浜《おっぱま》にある。この二月に航空第一技術廠、一技廠と改称された。航空第二技術廠を新たに設け、電波、音響の実験研究機関を傘下に加え、海軍電波本部を解消したのである。

空技廠は十一月下旬までにマル大の訓練機を五十機、さらに実用機を百機つくらねばならないことになった。空技廠飛行機部の幹部たちは突貫作業でつくるのが体当たり機だと知り、それこそ木村秀政と同様、だれもが顔色を変えた。しかも突貫作業というよりは超突貫作業であることに驚き、十二月までには作戦に使いたいという話に、大きく息を吐いた。

そのとき空技廠飛行機部がこれまた急げ急げと言われて取り組んでいた重大な仕事があった。前に何回か記した「マルロ計画」である。ドイツから潜水艦で持ち帰ったロケット戦闘機の簡単な図面と資料からこのロケット機の基礎データを復元するという作業だった。

このロケット機を一千機、二千機とつくり、やがてはマリアナ諸島を基地として本土を空襲しようとするB29を撃ち落とそうとする計画であり、三菱の大江工場で生産することになっていた[67]。

空技廠の幹部たちが思ったことはだれも同じだったにちがいない。上空に飛来するB29を阻止、撃墜するロケットの開発、生産は当然ながら必要だが、突進してくる敵の空母部隊に徹底的な打撃を与えることができる兵器の開発、製造はいっそう重要だ。その製作を三菱や中島に任せるのではなく、空技廠飛行機部でやるのだ。泣き言なんかこぼしていられるか。だれもがこう思った。

つくらねばならないのは、操縦員ひとりが乗ることのできる大型爆弾である。もちろん、翼をつける。そして噴進器、ロケットをつける。速度を増すためだ。二トンの重量のうち一・二トンが徹甲弾《てっこうだん》だ。炸薬量が多いから、目標に命中すればその威力は間違いなく大きい。

この体当たり機を目的地まで運ぶために大型機が必要となる。一式陸攻を使うことにした。一式陸攻の胴体の下にこの体当たり機を吊り下げるとなれば、陸攻の主脚の間隔と、地上にあるときの地面との間隔に体当たり機の形は制限される。飛行中に母機の一式陸攻からの乗込口、ロケットの噴射管も、母機の制約を受ける。

速度計、高度計、前後傾斜計と計器は最小限にする。空襲に備えなければならないから、狭い地下壕のなかにこのマル大を多数収納できるように、組み立て、分解は容易にしなければならない。

この体当たり機開発の最高責任者、飛行機部長の佐波次郎は八月十日から十一月十日までの九十二日間のカレンダーをつくり、こまかな日程をたて、各担当の主務者を定め、つぎに空技廠内でやることと外部の工場に任せる部分とを決めた。

設計、構造、性能、製作の各部門の責任者が陣頭指揮をとり、八月十六日から泊まり込みの作業をはじめた。支援を求められた呉海軍工廠やほかの工廠、企業、研究所でも研究と作業がはじまった。空技廠と隣り合う横須賀航空隊も全面的な協力態勢をとった。

航空本部はこの体当たり機のすべてを強化木材でつくるようにと指示していた。ボーキサイトの輸送は思うにまかせず、アルミニウムの生産は減りつづけていた。だが、強化木材でつくるとはいっても、高熱をともなうロケットを装着することから、胴体と尾翼は軽合金板としなければならなかった。

そこで主翼を木製にすることにした。茅ヶ崎に工場のある茅ヶ崎製作所に依頼した。茅ヶ崎製作所は木造船をつくっていたが、フェノール樹脂を使った強化材をつくり、木製プロペラの素材をつくってきていた。技師の石橋実は空技廠の一室に籠城して主翼の設計に取り組むことになった。

取り付けられるロケットは、だれもが秋水《しゅうすい》に使われる予定の推進薬をと考えた。濃縮過酸化水素と水化ヒドラジンを使う。だが、その液体燃料の貯蔵が面倒なこと、しかもロケット自体の試作が終わっていなかったことから断念した。すぐに利用できるのは、意に満たないが火薬ロケットだった。

艦上攻撃機の天山が空母上の滑走距離を短縮するために取り付けた噴進器を利用することにした。使うことのなかった噴進器が倉庫にあった。まず、これを利用することにした。これを三本、操縦員の座席のすぐ後ろにとりつける。噴射管は尾翼の下にでる。この噴進器の始動用の電装、母機との交信用の伝声管を取り付け、胴体上面に懸吊金具を付ける。

九月十二日、できあがった一号機のまわりに廠長の和田操、部長の佐波次郎、技師の西本本造と米倉冬彦、ほかに多くの人が輪をつくった。よかった、よかったと喜びあった。そして、この翼長五メートル、全長六メートルの小型飛行機に人が乗り、瑞鶴《ずいかく》と同じ大きさの敵の大型空母に突っ込んでいくのだと想像したとき、人びとの口が重くなった。

軍令部はよしということで、マル大に「桜花」の制式名称を与えた。体当たり機部隊を自分が率いると上申していた岡村基春を横須賀海軍航空隊付とした。準備委員長である。九月十五日のことだ。岡村は自分の右腕に岩城邦広を選んだ。岩城は同僚たちに

「頑徹《がんてつ》」と呼ばれた頑固一徹の航空将校であり、そのとき三四一空の飛行長だった(68)。もうひとり、長野一敏を指名した。飛行兵曹長である。飛行機操縦の名人だ。複数の動く目標を瞬間で捉える視力と即座に決断を下す沈着さを持っている。三人はただちに新航空隊建設の準備を開始した。

追浜の空技廠では、時間がないから桜花の飛行実験は抜きにしよう、空中性能は風洞実験の結果を信じることにしようということになった。ただちに量産の準備に入った。大船にある富士飛行機、横浜市にある日本飛行機の富岡工場で製造された主要部品がつぎつぎと到着しはじめ、総組み立て治具《ジグ》の整備もできあがった。主翼と尾翼をつくる茅ヶ崎製作所は工場の拡張が求められ、新工場の突貫工事が平塚ではじまった(69)。

噴進器用の推進薬の装填と炸填《さくてん》は横須賀海軍工廠の田浦の山間にある火工工場でおこなうことになった。

九月二十八日、空技廠飛行機部の桜花製造工場では、明日から二十四時間三交代で生産組み立てを開始するということで、各部門の責任者は久しぶりにわが家へ帰った。

その夜、その工場が焼け落ちてしまった。夜勤の工員が苛性ソーダを盗みだし、食堂の職員に白絞油《しらしめゆ》を持ちださせ、ヤミで売ろうと考えてのことであろうが、コークス炉で石鹼をつくろうとして燃えだし、慌てて水をかけて爆発し、窓の暗幕に火がついたのだ。

佐波次郎はなんということだとがっくりした。そこへ米内海軍大臣からの伝言が入った。一言の叱責もなく、ほかの工場への延焼をくい止めたのは見事だった、いっそう奮起して重大任務に邁進することを期待しているとの激励だった。だれもが感激した。ほかの工場を使うことにし、焼損した治具を手直しすることからはじめた(70)。

岡村基春は茨城県にある艦爆訓練基地の百里ヶ原基地にしばらく居候していたが、神之池に移ることになった。神之池基地は茨城県鹿島郡にある。鹿島神宮の南にあり、鹿島灘に面している。松林が点在する広大な砂丘に土盛りをした飛行場で、二本の交差する滑走路がある。戦争がはじまってからつくられたから、建物はいずれも粗末だ。砂原のなかに木造の本部建物があり、木造兵舎がつづく。

前には練習航空隊の訓練基地だったから、実施部隊の基地とはちがってのんびりした雰囲気があった。空をゆっくりと飛ぶ赤トンボを村の人びとは仰いだ。この練習航空隊は同じ茨城県内にある谷田部《やたべ》基地に移った。昭和十四年につくられた。土浦航空隊の西南十五キロのところにある。

昨年十月一日にいよいよ桜花特攻部隊がつくられ、神之池を基地として七二一空が編成された。司令は岡村基春、飛行長が岩城邦広、飛行隊長に選ばれたのが野中五郎である。

ところで、そのとき軍令部総長、次長、第一部長の頭のなかには、やらねばならない最重要事項を書き並べた勝利のための予定表があった。予定表の第一項目、桜花の開発と生産は順調に進み、体当たり要員は各地の航空隊から集まり、桜花特攻部隊は形をとりはじめていた。

かれらの予定表には、敵軍のフィリピン侵攻、それに先立って敵の空母機部隊が台湾、沖縄、九州の航空基地を攻撃する、これにたいして基地航空隊の雷撃隊が反撃することも書かれていた。

だが、決戦を決行すれば、雷撃隊は二日か三日のあいだに全滅してしまうことを覚悟しなければならなかった。雷撃隊がなくなってしまったそのあと、フィリピンにたいする敵の侵攻作戦にたいして、爆装した零戦、彗星、銀河、九九艦爆の出撃となり、体当たり攻撃を敢行しなければならなかった。

そこで及川とかれの部下たちの予定表には大西滝治郎の文字があった。

軍令部総長の及川は体当たり攻撃の号令を自分がかけるつもりはなかった。かれは大西滝治郎にすべてを任せる考えだった。体当たり攻撃をいちばん最初に部下に命令できる勇気と覚悟を持っているのは大西であり、海軍航空の棟梁といった存在の大西以上に適切な人物はいなかった。

桜花部隊が発足して六日あとの十月七日、大西を第一航空艦隊司令長官に任命した。かれが赴任地のマニラに赴くことになって、東京を出発するに先立ち、かれは総長の及川古志郎、軍令部作戦部の幹部たちに向かって体当たり攻撃の決意を述べた。

及川と次長、第一部長の頭のなかの予定表に記載されているとおりとなった。

マニラに向かう途中、大西は台湾の新竹に寄った。連合艦隊司令長官の豊田副武がこの海軍航空基地に来ていた。豊田副武は、山本五十六の戦死、古賀峯一の殉職のあとにつづく、この戦争がはじまってから三代目の連合艦隊司令長官であり、現在は軍令部総長である。

豊田と大西はここで敵の第三十八機動部隊に襲われた。敵空母機部隊は十月十日に沖縄を空襲し、十一日にルソン島の飛行場を襲い、十二日から十四日まで台湾を攻撃したのである。

大西は防空壕の入口に立ち、空いっぱいにひろがる戦いを見上げた。敵味方の編隊は崩れ、空中戦がつづいた。黒煙に包まれ、火達磨となったのは、いずれもこちらの戦闘機だった。航空戦闘の基礎技術をしっかり習得していないうえに、実戦の経験がないのだから、どうにもならなかった。そんな戦いが何回か繰り返されるのを仰ぎ見、台湾南部の岡山、高雄の基地が爆撃されていると聞きながら、大西はずっと沈黙を守っていた。(71)

航空戦は三日間つづいた。鹿屋の航空基地から飛び立った基地航空隊は敵の空母機部隊と戦い、多くの搭乗員が戻らなかった。大西が仰いだ新竹基地上空の空中戦だけではなく、全体の戦いが負け戦だった。ところが、これまた、ブーゲンビル島沖航空戦、ギルバート諸島沖航空戦のときと同じように、誇大なというより、幻の大戦果をつぎつぎと発表することになった。

じつをいえば、軍令部総長、次長、第一部長の予定表には大戦果の文字も最初からあったのである。

鹿屋から高雄に司令部を移した第二航空艦隊司令長官の福留繁、鹿屋に残った第二航艦司令部の参謀たち、敵空母機部隊の台湾への来襲で新竹に足止めされた連合艦隊司令長官の豊田副武、東京の軍令部総長の及川古志郎、次長の伊藤整一、第一部長の中沢佑のだれもが大きな戦果を必要としていた。

もちろん、及川であれ中沢であれ、だれもがつねに大きな戦果を心待ちし、つぎの戦いにはぜひとも勝利したいと願ってきた。だが、これも前に述べたことだが、政治的問題、さらに微妙な問題を解決しようとして、ひとつの作戦を計画、決行することになれば、軍首脳の大きな戦果への切望はさらに強いものになった。

どうあっても華々しい戦果を必要としたのは、つぎのような理由からだった。体当たり攻撃をすることになる最初の隊員たちに向かって、一式陸攻や銀河、天山の初陣の雷撃隊員たちはいずれも花と散ったが、見事に戦い、敵の巨艦を沈めたのだと告げることだけが、かれらの士気を高め、かれらを勇気づけるただひとつの方法だということだった。

そして、かれらのあとに登場する、より大きな期待がかかっている桜花特攻隊の隊員たちのためにも、この雷撃隊の大戦果は是が非でも必要だった(72)。

鹿屋基地司令部の幕僚たちが戦果をつくった。この誇大な戦果を飾りたてたのが軍令部第一部だった。大本営は毎日、大戦果を発表し、十月二十一日には天皇の御嘉尚《ごかしょう》の勅語の発表となった。

大西は台湾からフィリピンに飛び、十月二十日、第一航空艦隊司令長官となった。そしてその日、ルソン島のマバラカット基地で零戦二十六機の神風特別攻撃隊が編成された。

その朝の十時、二〇一空本部の前庭に関行雄大尉以下二十数人を集め、大西が訓示した。

「日本はまさに危機である。この危機を救い得るものは、大臣でも、大将でも軍令部総長でもない。それは、若い君たちのような純真で気力に満ちた人である。皆はもう、命を捨てた神であるから、なんの欲望もないであろう。ただ自分の体当たりの戦果を知ることができないのが心残りであるにちがいない。自分は必ずその戦果が上聞《じょうぶん》に達するようにはからう。全国民に代わって頼む、しっかりやってくれ」

副官の門司親徳《ちかのり》は大西の脇に立っていた。大西中将の体が小刻みに震え、その顔が蒼白にひきつったようになっているのが目に入った(73)。

十月二十五日の朝、関行雄の爆装零戦が敵の護衛空母セント・ローレンスを沈めた。

それよりほんの少し前、ほかの四機のうちの一機が護衛空母キトカン・ベイに体当たりした。艦橋を狙いそこね、左舷にぶつかり、滑って海へ落ちた。またほかの二機は護衛空母ファンショウ・ベイを目標にしたが、体当たりの前に撃墜された。さらにべつの一機は護衛空母ホワイト・プレーンズに突っ込んだが、わずかの差で当たらなかった。

同じ朝のこと、べつの爆装零戦六機がこれもほかの護衛空母四隻を襲った。一機は護衛空母サンティに体当たりしたが、沈めることはできなかった。一機は護衛空母スワニーに損傷を与えたが、残念ながらこれも沈めそこねた。

十一機の体当たり機のうち、敵の護衛空母を沈めたのは一機、一隻だけだった。べつの二隻を沈めそこねた。

そして、その翌日というよりも、その日の深夜、十月二十六日の午前二時、福留繁は二航艦の残余部隊に体当たり攻撃を命じることになり、ただちに攻撃隊の編成を下令した(74)。

関行男の特攻隊が出撃するより二日前の十月二十三日、桜花のはじめての実験がおこなわれた。

無人実験機を母機から解き放し、どのように落ちていくかを調べる実験である。ロケットは装着せず、代わりに砂嚢を積んだ。木更津基地から飛んだ母機の一式陸攻には、桜花の設計責任者の三木忠直が同乗した。相模湾上空で主操縦者の大平吉助がスイッチを押した。三木は床にあけられた観測用の孔から下を覗いた。黄色の小型飛行機は朝日に照り映えてまぶしい。左右にぶれることがないまま、滑るように下りていく機体をじっと見つめた。放物線を描いて落ちていく桜花は最後に垂直に海面に突入し、白い水煙をあげた[75]。

つぎは操縦者が乗っての実験だ。十月三十一日、茨城県の百里ヶ原飛行場でおこなわれた。桜花が必死兵器となるかどうか、これで決まることから、軍令部、海軍省、航空本部、空技廠、第一空廠の幹部たちが集まった。

台湾沖航空戦の興奮はとっくに冷め、そのあとの比島沖海戦は十月二十五日には哀れな結末を迎えていた。発表されたわが方の被害はわずかであり、敵に与えた損害は相変わらず大きかった。もちろん、百里ヶ原に集まった高級軍人たちは大海軍が文字どおり壊滅し、総計三十万トン、武蔵、瑞鶴、愛宕《あたご》、摩耶《まや》、鳥海《ちょうかい》をはじめ、二十隻に近い軍艦を失ってしまったことを承知し、生き残ったわずかな損傷艦がブルネイに逃れ、瀬戸内海に戻りつつあることを聞き知っていた。

かれらは壮絶な艦隊運動を旗艦の艦橋で一望した二十年昔のことを思いだし、艦長交代時の喇叭《らつぱ》吹奏がつづくあいだ、挙手注目の敬礼をした八年前のことを思いだし、すべての艦が沈んでしまったのだと思い、艦と運命をともにした同期の友人やかつての部下たちのことを思い浮かべ、だれもが胸を締めつけられ、苦しくなるほどだった。そして、頼みの綱は桜花なのだとだれもが考えたのである。

横須賀から飛んできた二機の一式陸攻がかれらの頭上を通りすぎた。一機は桜花の実験機を吊るし、もう一機は観測機である。大きく旋回した二機が再び頭上に来た。母機の一式陸攻から小さな物体が離れた。

桜花である。実機と同じ重さにするために、爆弾の代わりに同じ重さの水を積んでいる。だが、そのままではものすごい速度で地面に衝突する。操縦性と安定性を確認したあと、この水を捨てねばならない。そのあと滑走して着陸する。

陸攻から離れた桜花のロケットが火を噴く。桜花はぐんぐん大きくなって落ちてくる。白い煙をふきだした。バラストの水を捨て、桜花が水平飛行に移ったとき、指をぎゅっと握りしめて見上げていた人びとは一斉に歓声を上げ、隣に座る者同士が顔を見合わせた。桜花は飛行場の上空で二旋回したあと、胴体の下の橇《そり》を使って滑走路のさきに見事に着地した[76]。風防を開いて外へでた操縦士の長野一敏はあとを追ってきたトラックに乗り移り、観閲席の幹部たちの前まで戻ってきた。車から降り立った長野がかれらに向かって敬礼をしたとき、みなは手を叩き、その成功を祝った。だれもがつぎに思ったことは、これがほんとうに成功したときには、操縦士の命はないのだということだったはずである。だが、なににもまして嬉しい成功であり、よみがえった希望の灯であった。

呉海軍工廠でつくった実用弾頭を装着した桜花の投下実験も成功した。桜花の生産もいよいよ軌道に乗った。

Ｂ29を撃墜するロケット機、秋水のほうはどうなっていたのか。それこそ国全体を動員してロケット燃料の生産がはじまっていた。ところで、このロケット機は高度一万メートルまで上昇するのに三分という短時間だから、搭乗員は気圧の大きな変化を受ける。空技廠にある低圧タンクで搭乗予定員の慣熟訓練をおこなわなければならない。いつから開始するかという論議がはじまっていた。

秋水部隊の操縦訓練用のグライダーをつくることにもなった。木製、羽布張りの滑空機だが、空技廠の飛行機部は桜花の製造で手一杯ということで、空技廠の科学部で製造することになった。だが、本物のロケット機はまだできていなかった。

さて、桜花は霞ヶ浦にある第一航空廠でもつくることになった。

第一航空廠はそれまで練習機をつくるだけだった。飛行機をつくっている航空廠は、ほかに呉市広の第十一、長崎県大村の第二十一、もうひとつ神奈川の高座《こうざ》工廠がある。前に述べたように高座では局地戦闘機の雷電をつくり、広は艦上爆撃機の彗星をつくり、大村は局地戦闘機の紫電改《しでんかい》をつくってきた。いずれも生産機数はとるに足りなかったが、航空廠の草分けである第一空廠に勤務する者にとって、自分たちのところで細々とつくってきたのが赤トンボであったことは、いささか肩身が狭い思いだった。

それだけに桜花の生産をはじめるのは、意気の上がることだった。幹部たちは来年三月までに六百基をつくると意気込んだ。生産を開始する日の朝、軍艦旗掲揚のあと、当番の士官は各部署で指揮台に立ち、女子挺身隊員たちを前にして、「これが一機よく一艦を屠《ほふ》る特攻兵器だ。これでこの戦争に勝つ」と大声で叫んで、目を輝かせる若い女性たちに丸く巻いた図面を高くかざしてみせた。[77]

宮垣喜代治は昨年九月からこの二月まで第一航空廠会計部に勤務していた。配属は材料課だった。桜花の胴体の材料となる耐熱特殊鋼とジュラルミンの入荷が遅れ、かれは泊まりがけで特殊鋼メーカーをまわって歩くことになった。原料と燃料の不足がもはや解決できない問題であることを知り、暗い気持ちとなった。[78]だが、道はひとつある、この桜花が日本を救うかもしれない、必ずや救うにちがいない。かれはこう考えようとした。

工場では、フィリピンの戦いに間に合わせるのだと言われ、女子挺身隊員も昼夜兼行で頑張りつづけた。彼女たちは自分たちがつくった桜花が貨車に積まれて出発するのを見送った。

何人かが「明日《あす》はフィリピン群島を」と思わず歌いだせば、「月にかざせば散る桜」とみんなの合唱になって、砲弾のような形の桜花の頭部につけた桃色の五つの花びらのマークを思い浮かべ、年若い隊員があの花びらと一緒に散るのだと思ったとき、彼女たちの頬から涙が伝って落ちたのである。

桜花の実験は好調だった。生産も支障がなく、軍令部、海軍省の部課長たちがこの必死兵器にかけた期待は膨らむばかりだった。だれもが聞き知っていたのは、敵はこの十月にはじまったフィリピンにおけるわが方の特攻攻撃をまったく口にすることなく、アメリカのラジオ、新聞はなにひとつ報道していないということだった。

搭載している爆弾が炸裂するばかりか、体当たり機の燃料タンクのガソリンが炎上して軍艦を火達磨にする。体当たり攻撃は大きな戦果をあげているのだ。敵が報道を禁止したのは、軍艦の士官、水兵はもちろんのこと、国民のあいだにひろがる不安、動揺を恐れてのことなのだ。この桜花であれば、敵艦を損傷するだけでは済まない、必ず撃沈する。この必死兵器が敵艦隊のすべての将兵の士気をどん底に落とすことになるにちがいない。

神之池基地では七二一空の訓練がつづいた。岡村は七二一空を神雷部隊と名づけた。十一月七日に「海軍神雷部隊」の大きな門札を掲げた。

十一月十三日、航空本部長の戸塚道太郎[79]が神之池に視察に来た。隊員はこれまで零戦を使って三千メートルの上空からエンジンをとめての滑空訓練をおこなっていた。いよいよ桜花練習機を使って訓練をはじめることになり、投下訓練の初日だった。降下といわず、投下と言った。

三千メートルの高度で親機の一式陸攻から投下された桜花練習機が次第に降下してく

る。バラストの水を放出したことを示す白煙が尾をひいた。ところが、滑空に失敗した。桜花は頭部を上にして、そのまま落下した。搭乗員に外傷はなかったが、全身を打撲していた。医務室にかつぎこまれ、二時間後に死んだ[80]。戸塚道太郎は泣いて、泣きやまなかった。死亡した搭乗員は分隊長の刈谷勉、海軍兵学校七十期生だった。水バラストの放水弁の操作の順序を誤ったのだった。

十一月二十日には元帥の永野修身が視察に来た。隊員たちに激励の訓示をしていて、最後になって涙をこぼした。この若者たちの全員を殺すことになるのかと思えば、冷静ではいられなかったのであろう。この戦争をやらないと、どうして三年前の同じ十一月に言えなかったのか。真珠湾作戦は危険すぎるという声があるようだがと天皇の下問があった十一月三十日、そのとおりでありますと奉答することで戦いを先延ばしにしてしまえば、アメリカとの戦いを無期延期にできたのだという悔恨が元軍令部総長の頭をよぎることはなかったのであろうか。

その三日あとの二十三日には軍令部総長の及川古志郎が神之池に来た。

その翌日の十一月二十四日、マリアナを基地にしたB29部隊の最初の空襲があった。中島飛行機の武蔵製作所が狙われた。二十七日、再び武蔵が狙われた。だが、B29を迎撃するはずの秋水はいまだ一機もつくることができていなかった。レイテ島の地上の戦いもはや見込みはなかった。つぎに敵はルソン島か台湾に来攻してこようと軍令部、参謀本部の作戦担当官は語るようになっていた。いよいよ桜花、桜花しかなかった。

十二月一日には連合艦隊司令長官の豊田副武が神之池に来た。神雷の文字の入った鉢巻きと署名入りの短刀を桜花隊員に与えた。

軍令部と海軍省の幹部たちが桜花に大きな期待を寄せた理由はいまひとつあった。つくってきたほかの特攻兵器がどれも役には立たないと戸塚道太郎、永野修身、及川古志郎、豊田副武、かれらの部下たちのだれもが承知していたからである。

生産が進んでいたのは震洋《しんよう》だった。舳先に爆装した舟艇である。陸軍も「マルレ」の名称をつけ、同じ特攻艇をつくってきていた。

最初は昼間に敵艦に強襲させるのだと説いていた。だが、そんなことはできっこないとだれかれが言った。停泊している艦船にたいして夜間攻撃をするのだということに変わった。

だが、震洋を三千隻、五千隻とつくり、岬という岬、島という島に配置したところで、自走能力がほとんどない特攻艇は、あらかたが無駄になることを覚悟しなければならなかった。高速ボートと称していたが、震洋の速力はあまりにも遅かった。二十ノット、波があれば十五ノット、時速二十五キロに落ちる。魚雷の速さと比べれば、その遅さは歴然とする。魚雷の時速は四十二ノットから四十五ノット、時速七十キロ以上の速さだ。

それでも突進してくる魚雷は肉眼で追うことができるから、発見すれば、舵を急転させて回避するという行動がとられた。魚雷よりはるかに速力の遅い震洋にたいしては、敵艦は回避することなく四〇ミリ機銃、二〇ミリ機銃で狙い撃ちすることができる。震洋にとりつけられているのはトヨタや日産でつくったガソリン・エンジン、フォードやシボレーの中古エンジンだから、たちまち炎上する。

震洋に寄せた期待は、ベニヤを貼り合わせてつくるため、その建造が容易であるということにつきた。大湊《おおみなと》海軍工作部で月産三十八隻、真鶴海軍工廠で月産四十一隻、横須賀海軍工廠で月産七十七隻、日本造船鶴見工場で月産六十隻といった生産数字を見て、震洋を主力兵器とする特攻部隊を編成して各地に配置できるというのが、幹部たちにとっていくらかの慰めとなっていただけのことだ。

水中特攻兵器、回天《かいてん》、蛟龍《こうりゅう》、海龍《かいりゅう》はどうだったか。

その用法をしっかり考えて、計画、開発しなかったのは回天も震洋と同じだった。回天も自走能力に欠ける。敵を追いかけることはできないから、回天は敵の基地のごく近くまで潜水艦で運んでもらうことになる。礁湖内に入ることは難しい。哨戒機、哨戒艇の見張りがあり、水道の入口には防潜網が張ってある。曳船が網を開くチャンスを待たなければならない。潜望鏡を唯一の頼りに敵の泊地に忍びこみ、体当たり攻撃をするのは容易なことではなかった。

防潜網のワイヤをアセチレンガスで焼き切るという研究をおこなうことになっている

が、早急にできる見込みはない。

回天による最初の攻撃は昨十九年十一月二十日におこなわれた。三隻の潜水艦がそれぞれ四基の回天を積み、敵の新たな前進基地となっているウルシーとパラオのコッソル水道の敵艦船を狙った。このうちの一隻、パラオに向かった伊《い》三七《さんなな》はその前日に敵駆逐艦に探知され、爆雷攻撃を受け、全乗組員と回天の指揮官、上別府《かみべっぷ》宣紀《よしのり》ほか三人も戦死した。ウルシーに接近した伊《い》三六《さんろく》に積まれた回天は一基だけしか発進できなかった。伊《い》四七《よんなな》の四基の回天はすべて発進できた。

その戦果だが、攻撃の三日前に偵察機が在泊艦船を調べ、攻撃の三日あとに偵察機が再び調べ、空母の数が減少していることを頼りに撃沈の数を算出するという苦しい方法をとった。「敵正規空母二隻、戦艦三隻を泊地に覆滅」[81]と発表した。出撃した五基の回天によって五隻を沈めたとしたのである。回天の基地、周《す》防灘《おうなだ》に面した大津島、光《ひかり》、平《ひら》生《お》で訓練に励む隊員たちの士気を維持するために必要な戦果の作成だった。

実際には給油艦一隻を撃沈したにとどまった。それにしたところで、泊地内に入ることができたこと自体が僥倖《ぎょうこう》によるものであったし、それ以上に搭乗員の沈着さによるものだった。

蛟龍は甲標的の丁型である。このさきで説明する機会があろう。十二月に試作艇ができようとしていたが、これに期待をかける者は少なかった。海龍についてはこれもこのさきで述べることにしよう。

桜花だけが信頼できた。桜花であれば親飛行機がどこまでも運んでくれるから、配備してもあらかたが無駄になる震洋や敵基地入口の防潜網に手も足もでない回天とはわけがちがった。

しかも、五メートルの木製の翼の桜花は、残り少ない零戦や彗星をずるずると犠牲にしていくのとちがい、このさき三百基、五百基と増産が見込めた。そして、なによりも肝心なことは、頭部にとりつけた爆薬の威力だった。八百キロの爆薬が敵の正規空母の甲板を貫いて爆発すれば、必ずや沈めることができるはずだった。

宮垣喜代治が第一空廠に勤務していたことは前に述べた。昨年十一月三十日のことだった。事務室に入って、かれに声をかける者がなく、だれの顔色も冴えないのに、なにごとが起きたのだろうと胸騒ぎがした。竣工したばかりの空母信濃が敵の潜水艦に沈められたと知った。

前日、十一月二十九日午前三時、敵潜水艦の魚雷を受けた。午前十一時近く信濃は潮《しおの》岬《みさき》の沖で沈没した(82)。第一空廠と空技廠でつくられた最初の五十基の桜花が信濃に積み込まれていたのだと教えられ、かれもまた目の前が暗くなる思いだった。この事実は、最初の桜花の出陣を見送った挺身隊員たち、「明日はフィリピン群島を」と涙ながらに歌った彼女たちに告げられることはなかった。

十二月中には神雷部隊をフィリピンに進出させるのだと意気込んでいた軍令部第一部の部員の失望は大きかった。それでも桜花の生産はつづいていたから、だれもが気を取り直した。桜花訓練基地の神之池には相変わらず軍令部、航空本部、連合艦隊からの見学者たちが来た。交通の便が悪いから、見学者のなかには神之池に泊まる者もいた。夜になると佐藤忠義の部屋に電話がかかってきた。佐藤は七二一空の主計長である。電話は司令の岡村からだった。「ブリッジの賞品を用意せよ」

七二一空の食料倉庫にはなんでもあった。虎屋の羊羹か、十二年もののサントリーの角瓶を佐藤はだしてきたのであろう。

ロケット器内に推薬を入れるのは、横須賀海軍工廠の田浦の火工工場でやっていたが、逗子町にある久木分工場でもおこなわれることになった。宮城第一高女の生徒たちにこの作業が割り当てられた。

宮城第一高女の百人の四年生が勤労動員で仙台から逗子に来たことは前に述べた。(83) 彼女たちは昨年の十一月二日の夕刻に仙台駅を出発した。同じように横須賀海軍工廠で働くことになった県下の女学校生徒、さらに福島県の女学校生徒たち、八百人近くを乗せた団体列車だった。彼女たちは逗子の沼間《ぬまま》の谷間《たにあい》にある寮に寝泊まりし、横須賀線で二駅を、横須賀海軍工廠の鋳造工場、組立工場まで通った。第一高女、第二高女、第三高女の二百五十人の生徒たちは同じ逗子町の久木分工場で働くことになった。歩いて三十分ほどだ。門を入ってから山間にある作業所まで、火薬庫から火薬を運ぶトロッコの線路の横の道をまたしばらく歩かねばならない。

第一高女の生徒たちは装塡場、さらに山間の道を上がったところにある炸塡場で働いてきた。ふつうは弾庫と呼ばれる炸塡場では大柄な娘たちが働いている。

炸塡場は、ほかの作業場とも同じで、家内工場そのものだ。天井からぶら下がるチェーンブロックがただひとつの機械だ。作業はすべて手作業である。高角砲の弾頭部にフエルトで包んだ炸薬を入れる。鉛板の鉛座を入れ、底ネジをまわし入れて締める。溝に銅のリングを入れ、真鍮のハンマーで平らに叩く。最後に胴体の下部に製造月日をペンキで記入する。

作業場の娘たちの作業服には火薬の匂いがしみつき、胸と腕の部分は油で汚れ、真っ黒になっている。

作業場は狭い谷間にあり、高いところにある明かりとりの窓から日が差し込むことはなかった。火気厳禁のうえに、冬になってからは砲弾は氷のように冷たく、手に吸いついた。

当番がお湯を運んでくる。二人一組の当番がブリキの一斗缶を運んだ。この当番がまわってくるのを彼女たちは楽しみにしていた。烹炊場との往復のあいだに、真っ白の作業服に黄色の腕章の大和田部員に逢えるかもしれなかった。もしかしたら短いマント姿で短剣を吊っているかもしれない。みんなが火工工場検査官、大和田悦郎大尉にお熱だったのは、かれとは偶然にしか逢うことができなかったからである。

お湯が運ばれてくる。手をお湯のなかに入れ、指の感覚が戻ってくるまでのあいだ、ひびと霜焼けで荒れはじめ、赤くはれた指と手の甲をじっと見つめた。

砲弾とは形のちがう、彼女たちの背丈に近い金属製のものが運びこまれたのは、久木で働きはじめて一カ月ほどあとの十二月に入ってからだった。彼女たちの働く作業場の裏の崖の常緑樹の林に赤い色がぽつりぽつりと見え、ヤブツバキが咲きはじめたのねと言い合い、仙台では三月の末に咲くのにと語った日だった。

その朝、炸塡場で働く娘たちは石垣伝大尉から説明を受けた。石垣部員は久木分工場の装塡場と炸塡場と陸戦部門を統括し、かれの上に火工工場主任、そして造兵部長がいる。

石垣は前には池子《いけご》の火工工場に勤務し、特攻兵器の爆装を受け持っていた。池子は久木、仙台の女学生の宿舎のある沼間と同じく、逗子町にある。石垣は震洋の頭部に収納する爆薬の充塡、回天の頭部爆薬の充塡の作業の指揮をした。十一月には硫黄島に出張し、海軍部隊に特攻兵器の操作と設置の指導をした。戻ってきて久木に転任となったのである。第一高女の生徒たちはかれに「ミスター・パクリ」とあだ名をつけた。全工員と女生徒が集まっての朝礼のとき、かれは訓示を終えると決まって口を開き気味にする癖があるのを若い娘たちは見ていたのである。

いつになく緊張した顔の石垣は娘たちに向かって、これは親子飛行機の子供飛行機に取り付けるロケットだ、子供飛行機は敵の空母に体当たりするのだと説明した。彼女たちの顔から血の気がひいた。寮に帰っても、ほかの人たちにこの作業のことを喋ってはいけないと念を押され、彼女たちはこんな大事な仕事ができることを誇らしく思ったのだった。

ロケット推進火薬は黄褐色をした長い棒だが、中央に細い孔が貫通している。なかなか重い。この管状火薬を三本ひとまとめにして、絹のテープで二重に巻いて結ぶ。もう一カ所同じように結ぶ。これを二組、噴進器のなかに入れる。この棒状火薬は池子の工場でつくられるようになるのだが、そのときには宮城県船岡の海軍第一火薬廠から送られてきた。なぜか曲がっていたり寸法が合わないことが多く、仕事が進まず、だれもが悔しい思いをした。

この棒状火薬が推薬だ。つぎに伝火薬を入れる。これは黒色の粒火薬を絹の袋に入れたものだ。この袋づくりも女生徒たちの仕事だ。薬嚢《やくのう》と呼んだ。袋づくりの仕事があるときには何人かが縫製工場に行き、動力ミシンで縫った。

電気でつぎつぎとこの伝火薬を点火させる。つづいて推進薬の棒状火薬が噴進器のなかで燃焼する。これが体当たり機のスピードを速める。敵の空母を守る戦闘機の追跡を振り払う。彼女たちはこんな具合に教えられた。

噴進器への火薬の装塡が終わって、彼女たちは天井から吊り下がっているチェーンブロックで噴進器を引っ張りあげ、注意深く木箱のなかにおろす。この噴進器の重さが七十五キロ、それに加えて推薬の重さが四十四キロもある。木箱に蓋をして、釘を打つ。繰り返しやっているうちに安住敬子は打ち損じることも釘を曲げることもなくなった。釘を打ちながら、頑張ってね、お願いしますと星沢たい子は祈った。箱書きをして終わりだ。

兵士たちが木箱をトラックに積み上げ、池子の弾薬庫まで運んでいく。[84]

「久しぶりの戦略攻勢の計画である」と及川古志郎は言った

昨年の十二月十五日、敵攻略部隊がフィリピンのミンドロ島に上陸した。

及川古志郎と梅津美治郎の言上を聞いた天皇はどう考えたのであろう。

ミッドウェー海戦以来の仇を討ったという台湾沖航空戦の大勝利ははかない夢で終わった。比島沖海戦は完敗だった。レイテ島の地上戦も思うようにはならなかった。そして、敵はミンドロ島に上陸した。

天皇が侍従武官の差しだす地図を覗き、ミンドロ島の位置を確かめたことがあったなら、レイテよりぐんとマニラ湾、マニラに近い島に敵が上陸したのだと知ったであろう。

レイテで敵に出血を強要している、大きな痛手を負わせているのだという毎回の戦況説明にもかかわらず、敵は着実に前進をつづけているのだと天皇はあらためて思ったにちがいない。

霞ヶ関の失望も大きかった。敵の艦船は空母から輸送船まで百六十隻、上陸用舟艇百十隻の大部隊だ。レイテ湾を出航したはるかに長い隊列はスリガオ海峡、ミンダナオ海を西進し、スールー海を北上してきた。特攻隊が攻撃する絶好の機会だった。ところが、敵の輸送部隊を掩護する敵の空母機部隊が三日間にわたってルソン島の数多くあるこちらの飛行基地を襲い、飛行場上空の制圧をつづけ、こちらの特攻機の発進を阻止し、ミンドロへ向かう輸送部隊の被害を最小に食い止めてしまった。

そこで軍令部が願ったのは、敵がつぎにルソン島に上陸作戦をおこなう前に、どうにかして桜花部隊をその島に送り込み、レイテ湾を泊地としている敵艦隊を打ちのめしたいということだった。

ミンドロ島に敵軍が上陸してから四日あとの十二月十九日、軍令部総長の及川古志郎は天皇に向かって、桜花がまもなく戦場にでると奏上した。

「第七二一海軍航空隊は陸攻二個飛行隊、戦闘機一個飛行隊の編成略《ほぼ》成り、桜花隊の錬成も順当に進みまして近く作戦地に進出可能の見込みでございますが、これらの航空隊は本土近くに敵を見ます場合はただちに邀撃《ようげき》戦に転ずる予定でございます(85)」

及川はさらに説明し、空母二隻が桜花をフィリピンに輸送していることを言上した。それより二日前、十二月十七日、空母雲龍《うんりゅう》が桜花三十基と震洋を搭載し、佐世保からフィリピンに向かった。

空母は桜花の運搬船となっていた。呉まで桜花を輸送する途中の信濃が十一月二十九日に雷撃を受けて沈没したことは記したばかりだ。信濃は竣工してわずか十日がたつだけだった。雲龍はそれより三カ月早く、これも横須賀海軍工廠で竣工した。飛行機五十七機を搭載でき、三十四ノットをだせる空母だが、これも桜花の運搬がはじめての任務となった。

翌十二月十八日には空母龍鳳《りゅうほう》が桜花五十八基を積んで呉を出港し、ルソンに向かうことになった。ところが、敵機動部隊が沖縄水域に来襲しているという情報が入り、龍鳳はしばらく瀬戸内海にとどまることになった。龍鳳についても触れておけば、もともとは潜水母艦だったのを空母に改造し、昭和十七年末に完成した。もっぱら飛行機運搬が仕事だった。

佐世保を出港した雲龍のことになるが、及川が天皇に桜花のフィリピン進出を言上した十九日の夜、宮古島の沖で敵潜水艦の雷撃を受けた。駆逐艦三隻の護衛はなんの役にも立たなかった。

信濃につづいて雲龍が沈められ、桜花をルソンに送り込むという計画は挫折した。龍鳳は台湾行きを命じられた。

十二月二十三日、連合艦隊参謀長の草鹿《くさか》龍之介がルソンのクラーク基地に行った。同行した軍令部一課の岡田貞外茂《さだとも》[86]が軍令部でつくった作戦計画をクラーク基地航空隊の幹部に説いた。台湾から発進する神雷部隊とルソンを基地とする戦闘機部隊をルソン上空で合同させ、敵の補給基地となっているレイテの泊地に総攻撃をかけたらどうかと説いたのである。現地参謀の猪口力平《いのくちりきへい》が首を横に振った。敵がすでにルソンの制空権を握ってしまっている状況下で、ルソン上空での編隊合同は不可能だと反対した[87]。神雷部隊をフィリピンで使うことは沙汰止みとなった。

だが、海軍幹部の桜花への期待はふくらむばかりだった。レイテ、ミンドロ、つぎにはルソンと敵の前進を食い止めることができないことへの焦りがあった。もうひとつ、前にも記したことだが、マルロ、秋水計画に希望を持つことができなくなっていたことがある。

昨年八月、九月、陸海軍の幹部はマルロこそが信頼できるB29の対抗兵器だと口を揃えて語っていた。参謀総長と軍令部総長はそれぞれ天皇に向かって、マルロ計画のこと、その開発の状況、その燃料の問題、燃料の生産に必要な白金《はっきん》の大々的な献納運動の成果、つぎつぎと操業を開始した燃料生産工場の目ざましい進展を言上し、説明書を提出していたことは間違いない。

ところが、昨年十一月二十四日にB29の空襲がはじまり、中島の武蔵製作所と三菱の名古屋発動機製作所、名古屋航空機製作所が何回も爆撃されるようになってしまって、おそらく天皇は統帥部総長からマルロ計画についてほとんど聞くことがなくなったのであろう。

ここで説明すれば、天皇が統帥部総長と面談するのは、よほどの重大事が起きないかぎり隔日である。これも大体がということになるが、軍令部総長の参内は午後三時が決まりで、奏上時間はふつう二十分である。ほかに毎日の戦況説明書が軍令部から海軍の侍従武官宛てに届けられる。

昨年十一月に入ってから、天皇は及川古志郎との二十分の面談時間のあいだに桜花計画の奏上を受けたことが、それこそ毎回といっていいほどあったにちがいない。及川にしてみれば、台湾沖航空戦で大勝利をしたにもかかわらず、なぜそのあとも敵は進撃をつづけているのか、納得できる説明を天皇にすることができず、B29の空襲がはじまったにもかかわらず、マルロ計画が行き詰まっている実態を繰り返し言上するわけにもいかず、天皇とともに希望を分かち合うことができるような軍事計画や戦況の見通しを奏上することもできなかったことから、開発、生産が順調に進んでいる桜花のことを胸を張って言上していたことは間違いない。そして、天皇に提出する説明資料には、桜花のことを国を興す兵器、「興国兵器」と記していたのである。

今年一月四日の朝、横浜市金沢の空技廠では、貨車引込線のプラットホームで「興国兵器」二百五十基目を送りだした。隣接する横須賀航空隊の広大な整備格納庫内は、組み立て中の桜花ではじからはじまで一杯であり、今日明日の心配はなかった。佐波次郎は、今日こそ正月だ、今日はこのあとゆっくり休んでくれ、明日からまた頑張ろうと皆に言ったのだった。(88)

一月二十日、神之池基地の七二一空はいよいよ前線に進出することになった。昨年の九月、十月には、訓練が終わったらマバラカットに進出するのだと航空隊主計長の佐藤忠義は聞かされていた。だが、ルソン島中部平地にある航空基地群、マバラカット東飛行場、マバラカット西飛行場、クラーク中飛行場は、一月二十日には陥落を待つばかりとなっていた。クラーク全基地に海軍部隊は一万五千人ほどいた。機関銃はあったが、ほかに兵器はなく、なによりも航空機の整備員たちは陸戦の経験がなかった。なんの準備もしていなければ、食料の備えもなかったが、背後の山岳地帯に撤退するしかなかった。

神之池基地から一式陸攻が飛び立った。四十数機が編隊を組み、晴れわたった本州の冬の青空を飛んだ。桜花の本体は貨車で運んだ。七二一空の行く先は南九州だった。鹿児島、宮崎がすでに前線だった。

佐藤忠義は六番機に搭乗した。高度四千メートルの高さを飛び、借り物の飛行服、飛行帽を身につけ、手袋をしていたが、寒さに震えた。かれが感服したのは、搭乗員が厚い手袋をはめたままの手で、精密な機器を操作できることだった。四時間後に出水《いずみ》に着陸した。後続部隊も鹿児島から宮崎、大分各地の飛行場に着陸した。

さて、七二一空が神之池から鹿児島、宮崎、大分の基地に移って一週間足らずあとの一月二十六日のことだった。軍令部総長の及川古志郎は高木惣吉を呼んだ。

戦局は急変していた。敵は昨年十月二十日にレイテ島、つづいて十二月十五日にはミンドロ島、今年一月九日にはルソン島のリンガエン湾に上陸し、及川古志郎が高木惣吉を呼んだ一月二十六日には、敵戦車部隊は早くもマバラカット、クラークの海軍航空基地に突入していた。

ところが、及川は落ち着いていた。つぎにおこなう予定の作戦計画を洩らした。

「二月下旬には敢行する。久しぶりの戦略攻勢の計画である。特攻兵器桜花が二百五十ある。これを台湾に出して邀撃すれば、敵機動部隊を相当『なめる』ことができる。戦勢を逆転して、マリアナぐらいまで取り戻したい(89)」

及川はさらにつづけて、鹿屋に連合艦隊司令長官が行き、軍令部からは第一部長が行き、向こう六日間、七二一空を中心にして総合訓練をおこない、研究会を開くことになっていると高木に明かした。

高木はすでに学生のいない海軍大学校に籍を置いているだけで、和平の動きに注意を払い、和平の道を探し求めるのが任務で、海軍以外の人に会うのが仕事だ。その高木に「戦略攻勢の計画」を語ったのは、それを皆に喋ってもらいたいと及川は考えてのことだったのである。

ところで、「戦略攻勢の計画」の主柱となる七二一空の本部は鹿屋基地に置かれた。桜花隊は鹿屋、宇佐、富高《とみたか》の基地に、一式陸攻の攻撃七〇八は宇佐に、攻撃七一一は鹿屋に、直接掩護の戦闘機隊、戦闘三〇六は富高に、戦闘三〇五は鹿屋に分散配置された。桜花隊員は総員四百人、桜花の編成定数は百六十二基だった。一式陸攻隊は二隊、五十四機、戦闘機隊は三隊、零戦百機ほどだった。搭乗員と整備員を合わせて七千人の大所帯だった。

七二一空の本部のある鹿屋は九州では大村、大分の基地と並んで歴史が古く、海軍最大の飛行場である。宇佐の飛行場は大分県にある。日豊《にっぽう》線の豊前長洲駅から木炭バスで一時間ほどかかる。練習航空隊の基地であり、格納庫には九七艦攻、九九艦爆の練習機が置かれ、急降下爆撃の訓練をしていたのだが、七二一空の前進基地となって一変した。富高の基地は宮崎県東臼杵郡にあり、日豊線の富高駅で下りる。

主計長の佐藤忠義は鹿屋を根拠地にして各基地をまわり、いちばん北の宇佐基地まで行かねばならず、零戦、練習機に何回も乗った。耐用年限をとうに過ぎた練習機はよく故障した。着陸態勢に入ってプロペラが止まってしまったことがある。練習機は滑走路に着く前に田の畦《あぜ》にひっかかった。かれは機内で宙づりとなり、逆さになった。機体は燃えはじめ、バンドが外れず、夢中でもがき、煙を吸って咳こんでいるとき、さきに脱出した操縦員の予備学生出身の少尉が機体に這い上がり、かれのバンドを外してくれた。

二月十日に第五航空艦隊、五航艦が新たに編成されて、七二一空はその指揮下に入った。司令長官は宇垣纏《まとめ》である。鹿屋に司令部を置いた。

宇垣纏について述べておこう。

宇垣は明治二十三年の生まれ、現在、五十五歳になる。戦略、戦術の大家であるとの自負にあふれ、自己の主張を曲げない自信家である。そこで、かれを嫌う者からは傲岸不遜、独善的といわれてきた。

余計な話をしよう。

宇垣は昭和十六年八月に連合艦隊参謀長になった。じつはその年の四月に軍令部第一部長だった宇垣纏と連合艦隊参謀長だった福留繁を入れ換えることになった。ところが、山本五十六が宇垣は嫌だと言い、伊藤整一にしてほしいと言った。こうして伊藤が参謀長になった。だが、軍令部総長の永野修身が次長の近藤信竹とうまくいかず、伊藤を求めた。伊藤は次長になり、結局は山本はかれ自身が嫌った宇垣を自分の下に置かざるをえなくなったのだった[90]。

ところで、連合艦隊参謀長になった宇垣は傲岸不遜ぶりを発揮できなかった。山本と衝突したのではなく、山本のお気に入りの先任参謀の黒島亀人が気ままに振る舞うのに口出しできなかったのである。もし、宇垣が腕をふるうことになったとしたら、真珠湾作戦計画とミッドウェー作戦計画はどう変わっていたであろう。

部隊を分割し、一部の部隊に欺瞞行動をおこなわせ、つづいて主力部隊に側面から攻撃をおこなわせるというのが黒島のお決まりの戦術だった。宇垣であれば、どうしたであろう。だが、肝心なことは、宇垣、黒島はともに鉄砲屋と呼ばれる砲術科の出身だったことだ。宇垣は空母中心の軍備案を批判し、大和、武蔵の建造を主張した中心人物だった。海軍航空隊の任務は艦砲の補助、敵艦隊の捜索だと割り切っていた。

昭和十六年一月、軍令部第一部長の宇垣は航空本部長となった井上成美が書いた航空部隊の充実を求める「新軍備計画論」を鼻で嗤い、ページをめくることもしなかったにちがいない。もちろん、宇垣もいまとなれば戦いのすべては制空権の獲得と維持にかかっているという単純な原則を認めるようになっている。ホテル、旅館の代用にしかならなかった大和と武蔵、合わせての建造費が三億円、そのときに零戦一機は六万五千円(91)だったとかれも苦い気持ちで思いだすことがあったにちがいない。

さらに付け加えよう。かれの海軍兵学校の同期には秀才が輩出した。かれの卒業年次は四十期だ。航空畑を歩んだのは山口多聞《たもん》と大西滝治郎だ。山口はミッドウェー海戦で空母飛龍と運命をともにした。大西滝治郎は一航艦司令長官としてフィリピンで特攻を開始した。いまは軍令部次長だ。そして航空出身ではない提督たち、福留繁は現在、第十三航艦司令長官として昭南にいるし、寺岡謹平は関東地域に配備した第三航艦司令長官、そして宇垣は第五航艦司令長官である。

もうひとつ、宇垣の日記の一節を掲げよう。「陸軍との協定日取も八乃至十日と決定の通知に接す。万事オーケー、皆死ね、みな死ね、国の為俺も死ぬ」(92)

第五航艦司令長官となった宇垣がその覚悟を綴ったものかと思えるが、じつは昭和十六年十一月三日の日記である。

さて、今年二月十二日に天皇が第五航艦の司令長官に宇垣纏を任命するための親補式をおこなってから二日あとの二月十四日のことになる。天皇は近衛文麿から、このさきどうしたらよいかとかれの考えを聞いたことは前に何回も記した。近衛は敗北が間近だと言上し、陸軍首脳陣の総入れ替えの必要なことを婉曲に奏上した。ところが、天皇は近衛に向かって、梅津は日本がいま和を乞えば敵は皇室抹殺論をゆるめないだろう、徹底抗戦すべきだと言っている、海軍は敵を台湾に誘い込めばつぎには叩くことができると語っている、と述べたのである。(93)

天皇は軍令部総長の及川古志郎から、開発、生産が順調に進んでいる桜花のことを何回も説明を受けていたであろうことは前に記した。「興国兵器」を使って戦略攻勢を敢行する日が近づいていると天皇は及川から聞き、第五航艦が編成されたことを承知し、いよいよ決戦が間近だと期待を強めていたのである。

翌二月十五日の夜のことだった。七二一空麾下の陸攻隊の二十四機が夜間飛行訓練のため、鹿屋から古巣の神之池に飛来した。神之池には空襲の警告がでていた。敵の空母を中心とする全艦隊が硫黄島に接近する気配だった。硫黄島を攻略しようとするのであれば、それに合わせて関東地域の空軍基地を叩こうとするはずだった。敵接近の警報がでたら、退避して三沢基地か松島基地に向かおうということで、陸攻隊の全機が滑走路の端に駐機していた。

警告はでていたが、翌日早朝の敵機の襲来はまったくの奇襲だった。鹿島灘からまっすぐ突っ込んできた戦闘機の編隊が地上の陸攻にロケット弾を撃ち、つぎの一隊も陸攻を狙った。野中五郎は爆音とそれに連続する爆発音に近くの窓に走った。宿舎の高松国民学校作法室の窓から鉛色の空を飛び去っていくヘルキャットの四機編隊、さらにそのあとにつづく編隊を見て、地団駄を踏んだ。神之池に飛んできた陸攻隊、突撃七一一飛行隊長がかれだった。

陸攻十三機が火を噴き、残る十一機も被弾した。陸攻の生産はわずかであるから、七二一空にとって容易ならぬ損失であり、なによりも幸先悪い出来事だった。

「神雷作戦に自信はない」と野中五郎は洩らした

それから一週間あと、二月二十二日のことだった。最高戦争指導会議が開かれ、首相の小磯国昭、外相重光葵、陸海軍両大臣、統帥部の陸海軍総長が顔を並べた。陸海軍の次長も出席した。最高戦争指導会議に次長が出席しないことになるのは四月からである。

首相と外相は統帥部の責任者に戦いはどうなるのだと詰問したかったにちがいない。陸軍が公約してきた決戦はレイテでできなかったし、ルソンでもできなかった。大反撃をおこなうことはおろか、敵の攻撃をしっかり食い止めることもできず、後退をつづけ、日々戦力を消耗していく戦いとなっていた。三日前に硫黄島に敵が上陸したが、陸海軍ともになんの反撃もできなかった。

そのときの参謀次長は秦彦三郎だった。秦は首相の小磯と外相の重光をおびやかすことを言った。硫黄島の抵抗がつづくのは二週間と判断すると語り、その一カ月あとには、東京が戦場化すると述べた。B29だけでなく、P51戦闘機が本土に頻繁に来襲することになると言ったのである。

ところが、敵の本土侵攻の問題となって、秦は突如として威勢のいい話をはじめた。本土決戦には勝つと言った。そして、軍令部次長の小沢治三郎は戦略攻勢をするのだと説き、サイパン奪回の決行を研究していると語った。

会議のあと、参謀本部戦争指導班の種村佐孝《すけたか》は日誌にその要点を記した。

「総理より　本土作戦に於いて上陸敵軍撃滅後の処置如何
右に対し
a、秦次長より　敵を撃破せば『ゆっくり』考える
b、軍令部次長より　サイパン奪回作戦を研究中なり
c、重光外相より　サイパン奪回が可能ならば外交も考え直す要あり
d、軍令部次長より　戦は水物なり　必ず可能とは考えられず[94]」

外務大臣の重光葵はどのように考えたのであろう。海軍統帥部が「サイパン奪回作戦」をおこなうのだと言うのを聞いて、念を押そうとした。だが、小沢が「戦《いくさ》は水物《みずもの》である」と言い直すのを耳にして、なんだとがっかりしたにちがいない。

重光はその二日あとにノートに自分の考えを記したが、海軍の戦略的反攻への期待を記すことはなかったし、本土決戦に勝利を収めてみせるという統帥部の主張も書きとめなかった。前途への深刻な心痛を綴っただけだった[95]。

小沢治三郎は小磯国昭と重光葵、そして陸軍の杉山元と梅津美治郎に向かって、桜花によっておこなう戦略的反撃をなぜはっきり説かなかったのであろうか。なぜ「興国兵器」がまもなく登場するのだと語らなかったのか。サイパン奪回の研究をしているのだと言いながら、戦は水物だと情けない弁解を口にしなければならなかったのはなぜだっ

たのか。

いよいよ桜花を戦いにだすときが差し迫って、大きな不安が小沢の胸にわだかまるようになっていたのである。同じ最高会議に出席していた及川古志郎の胸中も同じだった。総長と次長だけでなく、第一部長、第一課長、航空主務の参謀、第二航艦、神雷部隊の幹部まで、だれもが桜花の戦いに大きな不安を抱くようになっていた。これについてはこのさきで述べねばならない。

神之池に戻る。二月二十五日の夕刻だった。台湾の台中から鹿屋経由で神之池の七二二空に堀口智一が赴任した。台湾と同様、内地もまた戦場なのだとかれは驚いた。雪が降りしきるなか、東京下町の爆撃がいまさっき終わったばかりだった。午後二時から四時までB29の空襲だった。

前に記したが、市街地焼き討ちの試験台として、神田を焼き払ったのがその日の空襲だった。

そして、その日は午前中に敵の空母機部隊が鹿島灘と房総から来襲した。二月十六日につづいて、神之池は再び襲われた。

雪で真っ白な滑走路の脇には前回の陸攻の残骸がそのまま残り、なかには新たに煙を上げている陸攻もあった。誘導路のさきに隠されていた戦闘機は主翼が胴体からもげていた。

朝一番に来襲する敵の写真偵察機は飛行場周辺の写真を撮った。この航空写真を調べ、その後にやって来る敵機は隠蔽された飛行機のある場所をしっかりと確認し、繰り返し襲撃したのである。

二月十六日からの全被害は、一式陸攻十六機が炎上、十六機が被弾、誘導路のさきに隠してあった桜花実機五機、桜花練習機十三機、彗星三機、零戦三機が大破、あるいは損傷を被った(96)。

神之池基地は七二一空が南九州に移ったあとも桜花の訓練基地だった。七二二空はそのための航空隊である。

この航空隊の主計長になった堀口智一はそれより前に台湾南部の虎尾《とらお》の練習航空隊の主計長だった。空襲が激しくなり、機材が不足し、隊員の訓練はできないようになった。そこで教官のうちの何人かが内地の基地に転任となり、かれらを乗せた陸攻が北の空に消えるのを見送ったことが何回かあった。

昨年十二月末のことだった。用事があって台中基地に行った。南国とはいえ肌寒い雨曇りの日だった。二〇一空の中島正という飛行長と話し合った。クラーク基地で戦い、台湾に移ってきていた特別攻撃の実施者であり、編成者だった。淡々と真情を語った。いまでもかれの横顔がふと浮かび、必死隊を送りだす隊長の心のうちを堀口は考えるのである。「つらい」「苦しい」といった感情はなく、説明しがたいある種の感動があるだけなのだと飛行長は洩らしたのだった[97]。

神之池の空襲の被害は大きかったが、訓練は再開されていた。一式陸攻の胴体から離れた桜花の訓練機が滑空して下りてきた。真っ青な冬空に映える橙色の機体を仰ぐたびに、堀口の口から頑張れよと声がでた。

かれは大田正一と話したこともあった。マル大兵器の発案者である大田は鹿屋には行かなかった。かれは各地の航空隊から来た新人の訓練基地、神之池でこそ必要な存在だった。太い眉毛、丸顔の大田は堀口に機体改造の計画を熱っぽく語った。

堀口は神之池で記憶のある顔を見かけることがあった。台湾で勤務中に顔を合わせたことのある若い隊員だった。かれらは訓練を終えれば、いずれも鹿屋の七二一空に行くことになる[98]。

三月五日の夜だった。鹿屋の野里国民学校の士官宿舎で三橋謙太郎が手紙を書いていた。弟と妹宛てだ。両親とともに横須賀市浦賀町に住んでいる。

三橋は海軍兵学校七十一期生だ。入学は昭和十四年、卒業は昭和十七年十一月だった。教育期間は一年短縮され、卒業後に全員が艦隊実習勤務をやった。それが終わってから飛行学生は飛行機の訓練をはじめるという、のんびりとした仕組みだった。軍令部総長、次長、第一部長、海軍大臣、だれもがあれよあれよと言うまに容易ならぬ事態となったことを承知していながら、卒業を一年短くしたのだ。それで充分だと思っていたのである。

飛行学生は霞ヶ浦で九三式中間練習機、九三中練に六カ月間乗り、三橋は戦闘機乗りとなって、大分の基地で零戦に六カ月間乗った。飛行学生の教程を終えたのは昨年、昭和十九年六月である。十月一日、七二一空が神之池で編成され、三橋は神雷隊の一員に選ばれた。

昨年十一月十三日、桜花訓練機の投下訓練をはじめた初日に、刈谷勉が降下に失敗して殉職したことは前に記した。刈谷は兵学校で三橋の一期上だった。そのあと三橋が桜花隊の隊長となった。先頭機の桜花に乗り、イの一番に敵艦に突入するのだと覚悟を決めていた。

「拝復、茂夫、千恵子よりの手紙嬉しく拝見しました。愈々《いよいよ》新しき発足も間近く其の意気、其の元気で頑張って下さい。こちらはその後極めて元気で毎日猛訓練に精進致しておりますから御安心下さい。何と言っても敵米英の必死の反抗に対し、我等日本人も必死の戦いをせねば、皇土を万代の安きに置くことは出来ません。昔の神風は人事を尽くして天命を待つの賜物ですが、今亦果して必ず皇土を守る神風があるのか、勿論神国日本には必ずあると思いますが、それは人事を尽くしての上のことです。今の有様を反省して、もうこれ以上出来ないと言う域に達して居りましょうか、日本人の一人一人くたくたになるまで努めなければ、この戦に勝ち抜くことはできません。日本人はまだまだ余力があると思います。その余力がなくなるまで、頑張らなければならぬ時です。今や敵は間近に我本土を窺わんとして居ります。今こそ立つべきときです。茂夫も千恵子も、今こそその意気に燃えて本分に邁進して下さい。

では、父上、母上、姉上に宜しく伝えて下さい、体に注意して益々奮闘せられんことを祈ります。兄より

三月五日

茂夫

千恵子殿(99)」

前に戻って、二月二十二日の最高戦争指導会議で、小沢治三郎がサイパン奪回作戦を研究中だと言いながら、戦は水物だと弱気を洩らしたのはなぜか。

それより少し前までは、神雷隊こそが、かつての雷撃隊、束の間の輝きを人びとの記憶に残して終わった雷撃隊のあとを継いで勝ちを収める航空隊になるのだと軍令部総長、軍令部第一課長、ほかのだれもが思い、桜花の抜きんでている点を数えあげたのではなかったか。

一式陸攻が航空魚雷を発射するためには、敵艦に一千メートル、八百メートルまで近づかなければならない。ところが、一式陸攻が桜花を切り離すのは敵艦から五十キロから六十キロ離れたところでよい。桜花のほうがはるかに成功の公算は高い。

航空魚雷は時速七十五キロメートルだから、発見すれば、敵艦は回避行動をとることができる。だが、桜花の速度は時速四百キロメートルから四百五十キロメートルだ。ロケットを噴かせば、六百五十キロメートルがでる。敵艦が退避行動をとる余裕はない。しかも桜花は搭乗員が操縦するから、自分で敵艦をめがけて突っ込むことができる。命中率はずっと高くなる。

加えて、桜花の炸薬量は八百キロだ。四百キロの航空魚雷の炸薬量とは比べものにならない。しかも高速でぶつかる衝撃力が加わる。弾頭発火装置は作動範囲を広くしてあり、さらに弾底部にも二カ所装着している⑽。

だからこそ、前にも見たとおり、今年の一月二十六日、軍令部総長の及川古志郎が高木惣吉に向かって、二月下旬には久々に戦略的攻勢をおこなうのだと述べ、桜花二百五十基があると語り、サイパンまで奪回すると語ったのだし、それより前、一月十七日に侍従武官が神之池を視察したあと、及川は天皇に向かって、「興国兵器」による「戦略的攻勢」を言上し、そのあと天皇は近衛文麿に向かって「つぎの勝ち戦」を語ったのである。

ところが、二月二十二日の最高戦争指導会議で、興国兵器、桜花が戦場にでる、戦争の成り行きを必ずや一変させてみせると軍令部総長、次長は明言しなかった。

たしかに桜花は魚雷よりは数段優れていた。ところが、神雷隊が南九州に前進して、戦う日が近づくにつれて、それまで考えることを避けてきた問題が浮上した。

桜花を運ぶ一式陸攻は敵艦から五十キロ、六十キロ離れた地点で桜花を発進させるということになっていたが、実際にはその距離は半分に減り、二十キロから二十五キロでなければならないことが明らかになった。

ほんとうのことを言えば、六十キロでも二十キロでも、同じことだった。敵艦はそれよりさらに遠くまで電波を送りつづけ、百キロさきの飛行機にぶつけ、反射する電波を捉えようとしているのだ。

桜花を吊った陸攻隊は敵の戦闘機隊の迎撃をどのように突破したらよいのか。

神之池で桜花の投下訓練を見学した人びとは陸攻隊には充分な戦闘機を掩護につければいいのだと話し、そう信じていた。軍令部総長や第一課長は零戦百機に護衛させればよいと主張していた。

じつのところ、戦闘機隊に攻撃隊の支援をさせてもうまくいかなくなっていた。敵の迎撃戦闘機とこちらの戦闘機の性能、技量の差がひろがるばかりとなっていたからだが、こうした事実に目をつぶり、数さえ充分ならどうにかなると海軍首脳は思おうとした。

前に触れたが、神雷隊が南九州に進出して、今年の一月の末、土佐湾で一式陸攻の編隊とそれを掩護する戦闘機隊の演習をおこなった。そのあと開いた海軍首脳陣が顔を並べた検討会で、陸攻隊掩護の問題が討議されることになって、軍令部、連合艦隊の幹部たちは現実の世界に引き戻された。

鹿屋の攻撃七一一隊長の野中五郎と宇佐の攻撃七〇八隊長の足立次郎は戦闘機隊の直接掩護によって密集隊形で進撃することを求めた。だが、戦闘機隊は反対した。足の遅い陸攻隊とともに行動すれば戦闘機隊は戦うことができないと抗弁し、戦闘機隊の行動の自由を求め、間接掩護を主張した。

一式陸攻が抱える桜花は二千百四十キロの重さだ。航空魚雷の重量は一千キロである。倍の重さだ。二十ノットも速力は落ちる。時速四百キロメートルになってしまう。それだけではない。桜花の投下高度を高くしなければ、桜花の航続距離は延びない。ところが、桜花を吊るすと陸攻の上昇率はきわめて悪く、燃料の消費量がぐんと増える。(101) 燃料を余計に積まねばならないから、いよいよ重量はかさみ、速力はさらに遅くなる。

こうしたわけで零戦隊が鈍速の陸攻隊と同一行動をとるのは危険きわまりなかった。

だが、陸攻隊にしてみれば、戦闘機隊の間接掩護によって陸攻隊を守りきれるのか、敵の戦闘機隊に最初の一撃をくらっただけで散り散りになってしまうのではないかという不安が強かった。陸攻隊にぴったり随伴して、敵戦闘機隊を寄せつけないようにしてもらいたいと主張した。

次長や第一部長、第一課長は考え込んだ。昼間の攻撃を断念するか。それはだめだ。六千メートルの高度で、敵艦から二十キロ離れたところで桜花はひとり突進することになるのだから、低いところに雲があってはならず、視界は広くなければならず、晴れ渡っていなければならない。月があったとしても、夜間の攻撃では未熟な搭乗員に敵艦を見つけだすことはできまい。薄暮の攻撃にするか。これも初心者には無理だ。昼間の強襲をするしかない。

桜花の重量を減らしたらどうかという声がでた。爆薬の量を半分まで、航空魚雷の重さまでに減らさなくても、千四百キロにまで減らすべきだ。そうすれば、陸攻隊のスピードは上がる。だが、明日の戦いには間に合わなかった。

双方の不平不満を抑えるには、足して二で割るしかなかった。最小限三十六機の零戦を間接掩護にし、最小限三十六機の零戦を直接掩護にまわすと決めた。そして、ほかの部隊の戦闘機隊の助力を仰ぐということで一応片をつけた。

だが、陸攻隊は桜花投下点まで到達できるのかという論議を表にだしてしまったとき、軍令部総長、連合艦隊司令長官、そしてかれらの部下たちはごく当たり前の疑問を意識下に抑えておくことができなくなった。

桜花計画はマルロ計画やマルフ計画と同じだった。計画をつくったとき、その最初の段階では、これが日本を救うのだと会議で説き、集まりで叫び、語り手自身もそう信じた。だが、ロケット燃料の過酸化水素の生産、運搬、貯蔵がとても手に負えないと気がつかざるをえなくなって、また風船爆弾に黄熱《おうねつ》病の病原菌を搭載することをやってしまえば、敵がどんな仕返しにでるだろうかと考えざるをえなくなったとき、マルロ計画やマルフ計画についての陸海軍首脳の熱は冷め、それについての言及は減り、いつしか陸海軍の幹部たちは論議を避けるようになったのである。

桜花も同じ運命をたどる気配であったが、それでも桜花に賭けるしかなかった。

では、その戦いの指揮官となる野中五郎はどう考えていたのか。かれのことになれば、かれの心の大きな傷のことに戻らねばならないだろう。ギルバートの戦いのことだ。あの大きな戦果のことだ。

昭和十八年十一月下旬に野中隊がギルバート諸島沖で収めた戦果を上部機関が裁定したとき、連合艦隊参謀長、司令長官、第一部長、軍令部次長は、多すぎたかな、あまりに多すぎると思ったはずだ。だが、ギルバート諸島が失陥し、つづいてはマーシャル群島のいくつの島が奪われる事態になってしまうだろうこと、連合艦隊は決戦どころかトラック島から撤収しなければならなくなるのだと考えたとき、陸軍、国民、天皇に与えるその大きな衝撃を前もって抑えることのできる大きな戦果を必要としていたのは、かれらだったのである。

空前の戦果はこうして公表された。それこそ、野中五郎は戦死者を含めて一万五千人を超える全陸攻隊員のなかでも飛び抜けてのエースであり、マレー沖海戦以来の雷撃隊の英雄と褒めたたえられ、海軍の至宝と称賛されなければならないはずであった。

ところが、その戦いからわずか三カ月のあいだに起こったことは、軍令部第一部、連合艦隊司令部の予測をはるかに超え、目を覆いたくなるような出来事の連続だった。トラック島の要塞は叩きのめされ、マーシャル群島の広大な水域のすべてがたちまちのうちに敵の手に渡ってしまい、軍令部総長の永野修身は辞任に追いこまれ、海軍を空軍化しようとする構想は崩れ落ち、連合艦隊司令長官の古賀峯一は遭難死し、参謀長の福留繁は一時的ではあったが敵ゲリラに捕らえられるという惨憺たるありさまとなった。連合艦隊はトラックからパラオに移るだけではすまず、ビンタン島の南、リンガ諸島のリンガ泊地か、ブルネイ湾まで下がる羽目となった。勅語の下賜まで受けた野中隊の大戦果など跡形もなく吹き飛んでしまった。

野中は新しい部下たちにギルバートの戦いの話を口にしたことはなかったであろうし、大空で戦うことができずにルオット島の地上で戦死してしまった七五二空の部下や上官たちのことを語ることもしなかったにちがいない。

いささかのてらいは野中の持ち前であったが、神之池で陸攻隊の隊長となってから、かれが衒気《げんき》ぶりを発揮するようになったのは、かれの心の大きな傷を部下たちに隠そうとしてのことだったのではないか。

かれは「非理法権天」と大書した大きな幟を戦闘指揮所に立てていたことは前に述べた。ルオット島時代にも、かれの飛行隊は「野中一家」と呼ばれていたが、神之池ではそれが天下御免の通称となり、野中隊長は部下たちを相手にべらんめえ言葉を使うようになった。というより、講談調の俠客の台詞となった。

博徒の徒党といった感じから、野中隊の規律は弛緩しているかのように思われないでもなかったが、伊藤福三郎はそうではないことを承知していた。伊藤は前に記したように海軍兵学校で野中の後輩であり、同じように航空士官となり、昨年の五月まで野中の部下だった。自分たちの部隊の犯件簿に記載事項がきわめて少なく、戦闘以外の飛行で、航空機の事故、損傷がないことが自慢だった。

もっとも、これは七五二空時代のことだった。昨年十月以来の体当たり隊員を統率する野中の苦労はまた違ったにちがいない。訓練中に犠牲者がでれば、この新兵器ははたして使い物になるのだろうかという動揺が隊内にひろがった。悪天候で訓練ができなければ、隊員たちは苛立った。訓練が進んだところで、訓練は訓練にすぎないと思う隊員たちの心配を取り除くことはできなかった。些細なことで隊員たちの苛立ちが高まり、つまらない衝突が続発した。ルソン行きが決まっていたのが取り消しとなれば、途端に士気は沈滞した。台湾ではなく、鹿屋、宮崎へ行くと決まれば、死ぬのは九州の海だと知って、元気になる隊員が増えることにもなった。だが、出撃がいよいよ近いと思うようになれば、敵艦に突撃するときにパニックに陥るのではないかという不安が隊員の胸中にわだかまるようになった。

野中は護衛戦闘機隊が有効かどうかといった問題を実戦の経験がない部下たちに語ったことはなかったであろうし、桜花隊員の練成不足も気がかりだったが、口にはしなかったのであろう。零戦による滑空着陸の訓練をしただけで、桜花訓練機による飛行はとるに足らず、隊員が桜花との一体感を持つまでにはいたっていないことが、野中の心の重荷となっていたはずである。

野中は最初の桜花が敵の空母を見事沈めてくれることに神雷部隊のすべてがかかっているのだとずっと考えるようにしていた。だが、その自信はなかった。

彩雲《さいうん》隊と呼ばれている偵一一飛行隊長の金子義郎は野中から桜花攻撃は難しいと語るのを聞いた。

彩雲隊は五航艦の麾下にあり、鹿屋を基地にしていた。彩雲について説明しておこう。艦上偵察機としてつくられたが、戦いに投入されたのは昨年の六月であり、すでに空母を発着できる空母飛行隊はなく、陸上で使われることになった。高速を利用して強行偵察をおこない、あとを追うヘルキャットを振り切ることができ、装備している機銃を使うこともなかったが、今年に入って、発動機の性能が落ち、金子の彩雲隊でも戦死者がでていた。

三月十四日の夜だった。金子は野里国民学校内の野中の居室を訪ねた。

金子は現在、偵察隊にいるが、以前には中攻隊に所属していたこと、入佐俊家を尊敬していたことは前に述べた。海軍兵学校で金子は野中の一期上、東京出身の二人は、中学も同窓、金子が一年上だった。二人は昭和十六年十月には一空の九六式陸攻の分隊長となり、台南基地から比島、セレベス、アンボンと転戦し、昭和十七年三月にはタロア島に移動となった。タロア基地では金子の転出のあとを継いで野中が隊長になったことも前に触れた。

二人の再会は二年半ぶりだった。よもやま話となった。野中は神之池で二月十六日に敵の艦載機に手荒くやられたことを語り、やっと陸攻が揃ったことを話したにちがいない。そして、平穏無事だったタロア島時代の思い出話となり、ルオット基地で戦死してしまった七五二空の上官や部下たちのこと、たまたまほかの基地にいて救出された部下たちのこと、だが、かれらもまた昨年十月の台湾沖航空戦であらかたが戦死してしまったこと、こうしたことを語ったのであろう。しかし、ギルバートの戦いのことは話題にしなかったのではないか。

そして、空母大鳳《たいほう》と運命をともにした入佐俊家隊長のことを話し合ったはずだ。

大鳳には敵潜水艦の魚雷一発が命中しただけだった。唾をつけておけばいいような小さな傷であったにもかかわらず、千六百五十一人の乗員と竣工したばかりの大艦を失う大惨事となった。なんの防御の装備もしていない一式陸攻が数発の機銃弾で火を噴くのとまったく同じだった。

二人の会話はそこまで突っ込んだ話にはならなかったであろうが、つづく話題は神雷作戦になって、深刻な論議となった。野中は金子に向かってはっきりと「神雷作戦には自信はない」と言った。桜花を首尾よく投下点まで運ぶことができないのではないかと語った。

野中が戦いをつづけてきての経験則は、敵の空域に侵入するただひとつの方法は一機ずつ低空で侵入するしかないということだ。もちろん、低空では桜花を投下できない。高空を飛べば、一機ずつでも敵に簡単に発見される。

上層部では百機ほどの戦闘機の掩護のもとで神雷攻撃は成功すると主張しているが、敵はたちどころに二百機、三百機の戦闘機を発艦させ、こちらの進撃を阻止するだろうと金子が言い、野中がうなずいた。

金子は差し出がましいと思ったが、自分ならこうしたいという計画を語った。神雷二隊の出撃と同時に、五航艦の彗星艦爆隊、銀河隊、天山艦攻隊、爆装零戦隊の全攻撃隊、十五隊すべてを異なった方向から出撃させ、桜花の空母命中に協力させる。彩雲と陸軍の一〇〇式司偵と哨戒用の中攻は敵機動部隊を中心とする百キロから百六十キロの円周上に高度八千メートルから三千メートルのところで電波欺瞞片を投下する。多数の爆撃機を集中投入し、敵の防御戦闘機隊を分散させ、翻弄、消耗させてこそ桜花隊は突入できる。

だが、野中も、そして足立も、海軍上層部の戦いの方法をはっきり承知していた。小出しに少しずつだして戦う。結果的にはほとんどすべてを失ってしまうことになるのだが、けっしてすべてをいちどに投入して戦わない。負け戦をつづけてきたことからの臆病さが身についてしまっている。加えて、戦力の増強どころか、補充できないことを覚悟しての情けない戦い方なのである。

野中は金子に顔を向けることなく、壁に掛けてある仏画を見つめながら、べつのことを語りはじめた。

上層部では、「桜花を投下したら母機はすみやかに帰ればよい」と簡単に言っているが、指揮官としていままで起居をともにしてきた部下が体当たりするのをこの目で見ることなくおめおめと戻れるものか。列機の中攻は帰すとしても、指揮官機は自らも体当たりを覚悟すべきではないか。野中は自分自身に言いきかせるように呟いた。

そして、野中は金子に向かって、仏画を指さして、木村武山《ぶざん》画伯が描いた、三年前に亡くなった、日本画壇の重鎮だった、彩色が見事だといわれる画家だが、「この絵は墨の線だけでしょう。下絵なのです」と語り、静かな怒りの表情がわかるでしょうと問いかけ、「これは不動明王です。一切の罪障を打ち砕き、まったく動揺しない不動の姿勢を顕しているのです」と言った。

金子はその説明を聞きながら、野中が不動明王と向き合っている気持ちが理解できたように思った。

夜遅くなった。金子が野中の部屋を去ろうとするとき、野中が笑い顔で言った。「どんなことがあろうとも、冥土で入佐さんの前で頭をかくような死に方はしたくはありません」

金子は黙ってうなずいた[102]。

「第一戦法発動」と宇垣纏は命じた

金子義郎と野中五郎が話し合った翌日、三月十五日のことだった。通信諜報により、敵の大艦隊がウルシーの前進基地を出航したことをつかんだ。敵は新たな上陸作戦をはじめるにあたって、まず上陸地区後方の空軍基地を襲う。敵の狙いが小笠原諸島なら、再び関東の飛行場を攻撃するだろう。付け加えるなら、硫黄島の残り少ない守備隊が全滅するのは、このとき、向こう一両日のうちと見られていた。敵が沖縄を攻略するつもりなら、九州の飛行場群を叩こうとするはずだった。

軍令部、大本営海軍部と読み替えても同じことだが、一カ月前の二月十六日、十七日のときと同じように、航空戦力を温存するようにと連合艦隊に命令し、連合艦隊司令部は第三航艦と第五航艦にこれを指示した。鹿屋の第五航艦司令部は命令に従って一部部隊を北九州、四国の訓練基地に分散させた。

三月十七日の夜半、第五航艦所属の七六二空の索敵機の電探《でんたん》が敵艦隊と触接した。種子島の東の沖合に敵の空母機動部隊が近づいていることが明らかとなった。

敵の駆逐艦の電測室のスクリーンにも、アンテナの回転のたびに輝点が現れては消え、再び現れた。味方表示電波の発信はなかった。光の点はひとつのままだ。日本の偵察機に発見されたことは明白だった。奇襲が不可能になったことを司令長官のスプルーアンスは知った(103)。

付け加えるなら、今年の一月半ば、スプルーアンスはハルゼーから太平洋の主力艦隊を受け継いだ。ハルゼーの第三艦隊はスプルーアンスの第五艦隊と名前を変え、艦隊主力部隊の第三十八機動部隊は第五十八機動部隊と名称を変えた。そして、スプルーアンスは二月中旬に硫黄島攻略の指揮をとり、関東地区の空軍基地の攻撃をおこなった。今回は沖縄攻略のために、まずは九州の空軍基地を叩こうとして前進をつづけていたのである。

鹿屋の司令部は敵はまちがいなく九州、四国の航空基地を攻撃し、敵攻略部隊は沖縄上陸を意図しているのだと判断した。

司令長官の宇垣纏は積極作戦をやろうと決意し、連合艦隊司令部に意見具申した。これが認められた。宇垣は三月十八日未明、午前二時、「第一戦法発動」を命令した(104)。

電探装備機が索敵をおこない、敵機動部隊に触接したあと、夜明け前の夜間攻撃隊の雷撃にはじまり、電探装備機は味方の特攻隊を誘導して連続して特攻攻撃をおこなう。もちろん、神雷隊も出撃する。これが第一戦法である。

ところで、そのとき海軍航空のただひとつの主柱だった五航艦はどれだけの戦力を持っていたのか。

敵の第五十八機動部隊の空戦能力とは比較にならなかった。敵は正規空母十隻、それぞれが九十六機編成の航空団を搭載し、軽空母は六隻、それぞれが三十五機編成の航空団を載せて、総計千百七十機の大戦力だった。

これにたいして五航艦は神雷隊の七二一空を筆頭に、五つの航空隊を持っていた。戦闘機隊の二〇三空、彗星、天山を中心にした七〇一空、銀河を中心にした七六二空、そして偵察機隊の八〇一空だった。偵察機隊は五十機だった。戦闘機隊は少なく、六十機だった。もっとも、神雷隊は自分の戦闘機隊を持っていた。攻撃一〇三、攻撃五〇一という具合に「攻撃」、略してKのイニシャルを付けて呼ぶ爆撃機隊は、彗星と天山が合わせて四十機、銀河が九十機、陸攻が六十機だった。

金子義郎が野中五郎に向かって、神雷攻撃に合わせて全隊を出撃させるべきだと説いたのが、これら爆撃機隊だった。

彗星と天山についてもう少し述べておこう。古賀峯一が健在だった一昨年の末から昨年の一月、「九七艦攻の二倍の力を持つ」天山と「戦闘機よりも速い」彗星が揃いさえすればと語っていたことは前に記した。だが、彗星と天山はそれぞれ艦爆と艦攻であったが、生産が軌道に乗ったときにはすでに空母発着の訓練をおこなう余裕はなく、陸上で使われることになった。双方ともに優れてはいたが、発動機の故障が多いこと、防弾艤装が劣ることが大きな欠陥だった。銀河は陸上爆撃機だ。零戦と同じ速力、一式陸攻と同じ航続力を持つというのが自慢だった。はじめて戦いに登場したのは昨年十月だった。これまた発動機の誉《ほまれ》が不調かつ整備が困難なために稼働率は低く、前線での評判は悪かった。

なにはともあれ、五航艦はこの三百機と神雷隊が投入できる戦力のすべてだった。もっとも第三航艦、松山基地の三四三空の五十機はつけ加えておいたほうがいいだろう。

午前三時五十分、三月十八日のことだが、七六二空の夜間攻撃隊を出撃させた。午前六時には昼間特別攻撃隊の発進を下令した。その少し前から敵機は連続して来襲しはじめていたから、敵の攻撃を受けていない飛行場の攻撃隊の出撃となった。

午前六時五十分には、七六二空の偵察機から、敵機動部隊は四群に分かれ、空母四隻、三隻、三隻、五隻の総計十五隻であるとの報告が入った。空母五隻の一群のうちの一隻の空母が炎上しているという。歓声が上がった。夜間攻撃隊の殊勲だと司令部のだれもが思った。

宇垣は神雷隊を出撃させようとした。鹿屋と宇佐の桜花隊に攻撃命令をだした。鹿児島、宮崎沖に近づいている敵の空母の六隻か七隻を桜花が沈めてしまえば、戦いは大勝利だ。

宇垣の地下司令部には、宮崎、都城、串良《くしら》、鹿児島、指宿《いぶすき》、知覧《ちらん》、出水と、海軍、陸軍の南九州のすべての航空基地への敵機の来襲を告げる報告が入っていた。まもなくこれら基地の有線施設が通信不能になり、ほかの基地からの情報も入らなくなった。

鹿屋基地にたいする敵艦載機の襲撃は激しく、野中の攻撃七一一は発進するどころではなかった。しかも、前日の退避命令で野中隊の一部は大村基地に移っていて戻ることができなかった。

宇佐基地には桜花隊と攻撃七〇八の陸攻隊が置かれていた。陸攻隊の隊長は足立次郎である。桜花隊の隊長は湯野川守正《ゆのかわもりまさ》だ。野中隊の桜花隊の隊長、三橋謙太郎と同じく海軍兵学校七十一期生である。丘の横穴壕から桜花が運搬車でひきだされた。十八機の陸攻が発進の準備をしているさなか、二十機を超えるヘルキャットが来襲した。上空を守る戦闘機はなく、発進できる戦闘機もなかった。敵機はロケット弾を放ち、つぎからつぎへと降下してきて、銃撃を繰り返した。十一機が炎上してしまった。出撃は不可能になった。[105]

鹿屋、宇佐ともに桜花攻撃ができないと知って、宇垣は考えを変えた。鹿屋、出水、笠ノ原の二〇三空のわずかな零戦では敵とまともに戦えず、犠牲ばかり増えていた。陸攻隊を擁護する任務の神雷隊の戦闘機隊を迎撃にださせることにした。

富高基地は神雷部隊の基地のひとつであり、戦闘機隊が置かれていた。鹿屋にも戦闘機隊が置かれていた。富高の戦闘三〇六飛行隊と三〇七飛行隊、鹿屋の戦闘三〇五飛行隊の零戦が飛び立った。

だが、技量が低いうえに、多勢に無勢だった。零戦はヘルキャットと互角に戦うことはできなかった。この日、二十四人が戦死してしまった。

午後になって、宇垣は昼間攻撃隊から「ワレ空母ニ突入セントス」の報告がいくつも入っていると聞いて顔をほころばせた。

しかし、その打電の瞬間か、そのすぐあとにか、特攻機の銀河は敵の直衛機か対空砲火にやられてしまった。この日、四十機が体当たりできないままに撃ち落とされた。

長い一日が終わった。夜間索敵機は午後十一時から敵を捕捉し、午前零時十分、そして午前五時三十分に火柱一、炎上中のもの二、爆発一を認めたと報告してきた。だが、攻撃隊からの報告はなかった。

三月十八日、一日目の戦いで、敵に損害を与えたのは空母エンタープライズだった。その日の午前七時半、零戦一機が雲のあいだからエンタープライズに迫った。投下した二百五十キロ爆弾は前部昇降機に命中した。無念なことに爆発しなかった。そのあと午後三時、一式陸攻がヨークタウンに二百五十キロ爆弾を投下したが、舷側を傷つけただけに終わった[106]。

夜明け前、鹿屋の司令部に索敵機からべつの情報が入った。敵機動部隊が北上していることを告げてきた。敵の攻撃は中国地方だと宇垣は判断した。

朝になって敵ははたして中国地方を狙い、神戸から広島までを攻撃しはじめた。主目標は呉だった。

こういうことだった。敵の写真偵察機は前日の十八日の朝早く、呉軍港沖に戦艦大和と何隻かの巡洋艦を見つけた。

呉軍港とその周辺の水域に碇泊していた軍艦は、昨年十月下旬の比島沖海戦の落武者だった。大和、榛名《はるな》、利根《とね》、日向《ひゅうが》、大淀《おおよど》だった。いずれも傷を負っていた。駆逐艦と油槽船の修理以外は後回しということで、ほうっておかれたのである。

ほかに五隻の空母が碇泊していた。天城《あまぎ》、葛城《かつらぎ》、龍鳳、海鷹《かいよう》、鳳翔である。小沢治三郎の第三艦隊の囮役《おとりやく》の四隻の空母はすべて戦没してしまったが、この五隻は比島沖海戦に参加しなかった。空母を発着することができる搭乗員がもはやいないことから、桜花の運搬船となっていたことは前に述べた。

呉軍港沖に大和が碇泊しているとの報告を受け取り、ミッチャーはスプルーアンスとすぐさま協議した。スプルーアンスの第五艦隊は多くの部隊をかかえているが、そのなかの主力攻撃部隊、第五十八機動部隊の司令官がミッチャーだった。スプルーアンスの第五艦隊の旗艦が巡洋艦インディアナポリスなら、ミッチャーの第五十八機動部隊の旗艦も同じインディアナポリスだった。インディアナポリスは第三群の空母群と行動をともにしていた。

ミッチャーはスプルーアンスに向かって、夜のあいだに四国沖に第五十八機動部隊を北上させ、明日の朝、雷撃機をだして大和を攻撃したいと言った。スプルーアンスは今夜のうちに大和は退避してしまうだろうと語り、今日の午後に攻撃はできないかと言った。攻撃機はすべて出払っているとミッチャーは答えた。

こうして十九日の午前六時すぎから、敵の艦上爆撃機と戦闘機の主力部隊は呉軍港とその東隣にある広の第十一海軍航空廠を攻撃することになった。

編隊を組んだ三十機ほどの敵機は瀬戸内海を越えていちど陸に上がり、Uターンして呉の北側の山から平地に滑り下りてきた。つぎの編隊がそのあとにつづいた。それぞれ海岸に面する呉工廠、広工廠、第十一空廠、広の対岸にある呉航空隊、島かげに碇泊する軍艦を襲ってきた。各艦、そして丘の高角砲、対空ロケット砲、機銃が火を噴いた。だが、敵の攻撃力は圧倒的だった。機銃攻撃、ロケット攻撃、焼夷弾と爆弾の投下を繰り返した。

第十一空廠の会計部に勤務していた田代恭之助が空廠のほぼ中央にある防空壕に十数人の部下とともに逃げ込んだのは、朝の仕事をはじめようというときだった。敵の編隊が去った直後、一人二人とより安全な近くの丘の横穴式の壕へと走った。最後に残ったのは材料課長とかれの二人だけだった。敵機の爆音と爆発音の切れ目はなかった。夕方までとうとう二人は壕から出られなかった[107]。

　朝から夕方までに、呉の海に碇泊する軍艦はあらかたやられてしまった。龍鳳は直撃弾五発を受けて中甲板から上が大破し、口を開けたブリキ缶のようになってしまった。天城は直撃弾を一発受け、海鷹も一発が直撃した。鳳翔は飛行甲板に穴が四つあいた。損傷が軽微だったのは、二年もかかってやっと昨年十月に竣工した葛城だった。戦艦日向は三発、戦艦榛名は一発、巡洋艦大淀は四発を食らって大破した。巡洋艦利根は三番砲塔が吹き飛ばされた。

　海軍工廠でつくっていたのは潜水艦だけとなっていたが、これがやられた。船渠の巨大潜水艦、水上攻撃機三機を搭載することになっている伊《い》四〇〇が破壊された。呂《ろ》六七が損傷を受け、伊《い》二〇五も直撃弾を受けた[108]。

　そこで大和だが、これは一発も当たらなかった[109]。

呉とその周辺で敵機を十三機撃墜したものの[110]、呉の戦いは完敗だった。だが、その日の朝から戦いらしい戦いをしてみせ、敵を痛い目にあわせた航空隊がある。呉から安芸《あき》灘《なだ》を隔てて五十キロ南の四国松山基地の三四三空だ。

　三四三空は第五航艦の麾下部隊ではない。東日本を担当する第三航艦の配下部隊だ。

第三航艦は訓練不足の練成部隊の集まりだったが、三四三空は少々違った。

三四三空の司令は軍令部の航空作戦の主務参謀だった源田実である。桜花計画の設計者であることは前に述べた。今年の一月二十日に第一課から松山基地に転任した。

だが、かれの部隊は桜花隊でなく、戦闘機紫電改の部隊だ。川西航空機が昭和十九年後半から生産を開始し、二〇ミリ機関銃四挺を主翼に積んだ新鋭機であり、まだ戦いにでたことはなかった。九十機を揃えていたが、ご多分にもれず、稼働機はずっと少なく五十機だった。ところが、この五十機が獅子奮迅の働きをした。

三月十八日から二十一日までの四日間、撃墜した敵機の数は百十六機だったが、その半分は源田の部下たちが空中戦で落としたものだった。敵のヘルキャット、五十機以上を撃墜した。こちらの犠牲は十六機だった[11]。

源田は真上でおこなわれる空中戦を見上げ、戻ってきた部下の報告を受けながら、九州の基地の桜花のことがかれの頭に何回か浮かんだはずだった。前日十八日に地上で桜花隊が手痛い目にあったということは知らなかったであろうが、今日は出撃したのではないかと思ったのではないか。

だが、宇佐の桜花隊、陸攻隊は前日に手ひどくやられ、後片付けで手一杯だった。鹿屋では爆撃で穴のあいた滑走路の修復におおわらわだった。

ところで、その日の朝七時、七六二空の出水、それとも築城《ついき》から発進した銀河が宮崎の東方の海上で敵の戦艦、駆逐艦が大きく囲むなかに大型空母を見つけた。四国沖に前進した母艦群とべつの母艦群の一隻だった。銀河は敵の直掩戦闘機ヘルキャットの追跡をかわした。敵空母群の幹部は前日に南九州の航空基地を完全に叩いたとの報告を真に受け、空中哨戒の戦闘機数を減らしていた。銀河は急降下をして空母を目指した。敵の対空砲火は当たらなかった。高度六十メートルで同時投下にセットした二発の二百五十キロ爆弾を落とした。

銀河は海面すれすれで機首を起こし、水平飛行に入った。その空母を守って近くを航行する戦艦ワシントンの主甲板にいた兵員は頭上をかすめる飛行機に首をちぢめた。野球のバットで叩くことができるのではないかと思われるほどの低さだった[112]。

銀河が放った二発の徹甲弾は空母に命中した。空母の飛行甲板を貫いた一発は爆弾とロケットを詰め込んだ弾薬庫を爆発させた。

空母のまわりには、二隻の戦艦と三隻の巡洋艦、その周囲にさらに大きな輪をつくって十七隻の駆逐艦が囲んでいた。その銀河は敵艦の対空射撃の網の目から抜け出すことができず、白煙をあげた。基地に戻ることはできず、戦果を報告もできなかったのであろう。僚機はこの命中を見ることがなかったようだ。その前に撃墜されてしまっていたのであろうか。

この敵空母は空母第二群のフランクリンだった。九十六機を搭載する正規空母だった。

正規空母、全十一隻のうちの一隻だ。昨年一月に竣工した。この戦争がはじまってから就役した敵の正規空母の八隻目だった。

そのあと、これも銀河だったのであろうか、べつの空母群、第一群の空母ワスプに爆弾を命中させた。飛行甲板を貫き第二甲板と第三甲板のあいだで爆発した。この銀河も無事に戻れなかったのではないか。ワスプも正規空母であり、一昨年十一月に就役した。開戦後に竣工した空母の六隻目だった。

ワスプは鎮火に成功し、一時間のちには搭載機の発着ができるようになった。前日十八日に損傷を受けたエンタープライズも後退しなかった。だが、二発の徹甲弾が命中したフランクリンは航行不能となる寸前だった。爆弾が爆発し、航空機用のガソリンが燃えて黒煙を空高く上げるフランクリンの周囲には巡洋艦と駆逐艦が集まった。消火と乗組員の救助に努めた。ほかの駆逐艦はフランクリンにとどめを刺そうと近づくであろう潜水艦の音を捉えようとして、音測室の緊張はつづいた。

二年九カ月前、昭和十七年六月七日、ミッドウェー海戦で、五機の艦爆が空母ヨークタウンに魚雷を放ち、そのうちの二本を命中させ、すべての動力をとめてしまい、動けなくさせた。曳航されるヨークタウンに伊《い》一六八が二本の魚雷を放ち、とどめを刺し、救助にあたっていた駆逐艦をも沈めた。

フランクリンへの潜水艦の攻撃が成功すれば、それ以来のことになるわけだが、敵側の潜水艦探知能力が向上していたのにひきかえ、こちらの潜水艦の能力は前と変わりなかった。わが潜水艦は忍び寄り、フランクリンを狙って沈めることができなかった。

五航艦の宇垣纏が知らなかったこと、かれだけでなく、軍令部総長の及川古志郎、連合艦隊司令長官の豊田副武、ほかの海軍の幹部たち、小沢治三郎、福留繁、草鹿龍之介のだれも知らなかったこと、もちろん天皇も国民もまったく知らなかったことは、もしもその半身不随のフランクリンを雷撃し、沈めることができていたら、南太平洋海戦で空母ホーネットを雷撃によって沈めてから、二年と四カ月ぶりの正規空母の撃沈になるところだった。

ブーゲンビル、ギルバートから硫黄島までの戦いで、正規空母を沈めたことはなかった。ブーゲンビル沖航空戦、ギルバート沖航空戦、そして台湾沖航空戦まで、毎回、五隻、六隻の敵の空母を沈めたと発表してきたが、正規空母を撃沈したことはなかった。二月二十一日、硫黄島沖で正規空母のサラトガに体当たり攻撃をし、大きな損傷を与えたが、沈めることはできなかった。特攻機が一機だけでなく、二機、三機と体当たりをし、さらに爆撃隊が爆弾一発を命中させたのだが、それでも沈まなかったのである。

三月十九日の夕暮れには、フランクリンは巡洋艦サンタフェに曳航されて、のろのろ動きだした。安全な水域に戻るまで、空母部隊はこの空母とともに行動し、上空直衛機を増やし、防御スクリーンを張っていた。

こうして三月二十日の敵艦載機の来襲はわずかだった。松山、鹿屋、延岡、油津《あぶらつ》を襲ってきたが、少数機だった。五航艦司令部は敵の何隻かの空母を沈め、何隻かに大きな損傷を与えたからだと推測した。さらに攻撃をするようにと命令した。国分《こくぶ》基地の七〇一空の彗星の艦爆特攻隊が出撃した。

午後三時近く、敵艦隊の上空では掩護する戦闘機隊の隙間をくぐり抜けた彗星が空母ハンコックに急降下した。フランクリンと同じ空母第二群の空母だった。正規空母であり、昨年四月に就役した。戦いがはじまってつくられた九番目の空母である。空母を擁護する戦艦ワシントンの対空砲火がこの彗星を捉えた。ところが彗星は燃えながらそのさきの駆逐艦ハルゼイ・ボーウェルに体当たりをした。

彗星の搭乗員が沈着で、腕も優れていたのであろう。そしてもうひとつ、彗星は基礎設計が優秀で、安定がよいことから、体当たりを意図して外れることは滅多になかったのである。

付け加えるなら、彗星の優れた翼型と同じにしたのが桜花の翼である。

体当たりをした彗星はその駆逐艦を沈めることができなかった。

つづいて攻撃したのはこれも彗星だった。半身不随になったフランクリンに代わって旗艦となったばかりのエンタープライズに急降下した。敵艦の五インチ砲列が距離七千メートルのところから撃ちつづけた。彗星は煙をだしながら、なおも進んでいったが、ついに到達できず、波間に沈んだ。三番目、四番目の彗星がさらにエンタープライズに向かっていった。爆弾一発は当たったが、軽い損傷を与えただけだった。

宇垣纏はこの日、二十日の日記につぎのように記した。

「特攻隊は南北より迂回して敵に迫り、エセックス型一中部に命中大爆発炎上、又サラトガ型一大火災、両者共撃沈確実、他に一隻の空母艦橋に突入大火災を生ぜしめたり」(113)

「今日は湊川だよ」と野中五郎は言った

宇垣纏は大きな痛手を負わせた敵機動部隊をさらに攻撃しようと思った。三月二十一日だった。早朝、天山、銀河に攻撃を命じた。銀河、天山二十一機が黎明《れいめい》攻撃をおこなった。雷撃、突撃の報告は入ったが、成果は不明だった。

索敵の結果、都井岬《といみさき》の南方の海上を南下中の敵艦隊を発見し、付近に敵の二群の空母群を見つけたという。相当に大きな損害を被ったようで、上空警戒は少ないという。そして、桜花攻撃にとって不可欠な条件、快晴である。宇垣はよし、今日こそと思った。宇佐三月十八日以来出すことができなかった神雷隊を出撃させようと宇垣は考えた。宇佐の足立隊は陸攻の補充がつかないから、お膝元、鹿屋の野中五郎の部隊だ。滑走路の修復は終わっていたし、すべての陸攻は鹿屋に戻っていた。

朝十時すぎだった。金子義郎は遠くの中攻隊指揮所の前に大勢の隊員が集まろうとしているのを見た。神雷隊の出撃だと即座に思った。一週間前、かれは野中五郎と神雷作戦を語り合って、五航艦が全力をあげて神雷隊に協力すれば勝機が見いだせると説いたばかりだった。だが、十八日からはじまった航空戦で、五航艦は戦力の過半を使い果たしてしまっていた。野中隊を擁護する任務を負わねばならないはずの戦闘機隊も防空の戦いに出撃して損耗が大きく、神雷隊がいよいよ戦おうというときになって、戦闘機隊の掩護も不足するのではないかと金子は思った。

金子の偵察隊は十五機の彩雲があるだけだった。この四日間、たてつづけに出撃して搭乗員は疲れ果て、エンジンの整備もしっかりできていなかった。それでも、どうにかして神雷隊に協力したいと思った。いちばん優れた二組の搭乗員を指名して、敵に触接したうえで、神雷隊の誘導と戦果の確認の任務を与えた。司令部には十一時発進の了承を求めた。

戦果確認機の発進の手配を終えたあと、金子は四、五百メートル離れた中攻隊指揮所に駆けつけた。金子はこれが野中隊長にたいする最後のはなむけになるかもしれないと思い、急いでその考えを打ち消した。出撃前の行事が終わり、隊員たちはそれぞれ自分の乗る飛行機に向かおうとしている。いずれの顔も緊張し、興奮を押し隠しながらも、殺気をはらんだ雰囲気だった。

金子は野中を見つけた。野中も金子に気づき、近づいてきて、いろいろ世話になったと言いたげに右手を差し出した。「今日は湊川《みなとがわ》だよ」と低い声で言った。勅命とあらばやむをえないと湊川に赴いて敗死した楠木正成の戦になぞらえたのである。金子は言葉がでなかった。かれの右手を両手で握りしめ、うなずくだけだった。存分に暴れてくれとも口にだすことができず、「彩雲二機を味方誘導と戦果確認のために発進させるよ」と言った。

金子はほかの者とも言葉を交わすことができなかった。顔を知っている隊員に手を上げ、目礼するだけだった。かれらの発進を見送る余裕もなく、爆音と砂煙があふれ、騒然となるなかをまた急いで自分の指揮所に走った(114)。

その日の午後、何時であったのだろう。宇垣纏は日誌をひろげ、つぎのように記した。

「壕内作戦室に於いて、敵発見桜花発進の電波に耳をそばだてつつ待つこと久しきも、杳《よう》として声なし。今や燃料の心配をなし『敵を見ざれば南大東島へ行け』と令したるも之亦《これまた》何等応答するなし。其内掩護戦闘機隊の一部帰着し、悲痛なる報告を致せり。即、一四二〇頃敵艦隊との推定距離五〜六〇浬《り》に於いて、敵グラマン約五〇機の邀撃を受け空戦、撃墜数機なりしも我も亦離散し、特攻は桜花を捨て僅僅十数分にして全滅の悲運に会せりと。嗚呼(115)」

思いもかけない野中隊十八機と掩護戦闘機隊十機、百七十人の戦死は、神雷隊と鹿屋の第五航艦すべての隊員に大きな衝撃を与え、桜花作戦への期待をまだ抱いていた軍令部と海軍省の幹部たちを愕然とさせた。

及川古志郎は神雷隊の司令、岡村基春を東京に呼ぶどころではなくなった。敵空母を何隻か沈めていれば、陛下への御進講の形をとり、御文庫謁見の間で、大きな状況図を前にして、岡村に九州沖航空戦の掉尾《とうび》を飾る「興国兵器」による桜花攻撃隊の戦いの模様を奏上させ、もちろん、かれ自身が侍立《じりつ》するつもりでいたのである。

及川はまことに無念な結果だと思ったのであろう。だが、まことに無念だったのは、わが海軍がこの三年間、ついに敵の戦法に打ち勝つ方法を見つけだせなかったことなのである。電波によって長距離監視をつづける艦艇とその上空で哨戒をつづける戦闘機の編隊が密接に連携し、こちらの攻撃機の編隊の侵入を阻止するというのが敵の戦法だった。

昭和十六年十二月七日の真珠湾の朝、まさに日本が戦いをはじめたその最初の瞬間、オアフ島の陸軍の電波兵器の訓練を受けている一兵士がレーダー・スクリーンに映った星のかたまりがこちらに接近してくると報告した。だが、士官は味方の飛行機の編隊だと思った。これが南雲艦隊、三百六十機の爆撃機、雷撃機、戦闘機の真珠湾攻撃を成功させた。

それから半年あと、昭和十七年五月八日のことだった。アメリカの空母ヨークタウンの電測室にひとりの下士官がいた。かれもレーダーの訓練を受けているところだった。

のちにかれはその日の朝十時にスクリーンに見たものについて、「私にとってあの光景は、この戦争のクライマックスだった」と語った(116)。直径十三センチのスクリーンの中央に二センチほどの星のかたまりが映っていた。

かれの報告によって、日本機が何分あとに、どの方向からやって来るかを予測して、四十四機の直衛戦闘機が上空で待ち構えた。

その戦いのあとも、アメリカ側はその同じ戦法で戦い、その戦法の改善に努めてきた。三隻、四隻の空母群を大きく円陣をつくって守る哨戒駆逐艦はそれぞれの艦に割り当てられた方位に向かって電波を投射し、飛行機の接近を示す輝点がスクリーンに現れれば、さらに近づくのを待って敵味方の識別をおこない、侵入編隊の機数を数え、方位と高度を確認し、戦闘機に先制攻撃の準備をさせた。

哨戒駆逐艦の防空指揮官と上空擁護の戦闘機は空中雑音の入らない優れた無線電話を活用した。そして戦闘機はワイルドキャットに代わって、エンジン出力が零戦の二倍、防弾板で囲んだ操縦席、防漏タンクを持つヘルキャットになった。

空中の戦いは、相手機に不意打ちをかけることで八分どおり勝敗は決まる。哨戒駆逐艦に配置された戦闘機管制指揮官は上空の戦闘機隊を誘導し、迎撃態勢をとらせる。そこで戦闘機隊は有利なポジションをとって待ち構え、不意打ちをかけ、正確な一撃を命中させる。防御力の弱いこちらの戦闘機はひとたまりもない。とりわけ陸攻はたちまち火を噴く。

敵の戦闘機群のスクリーンを突破できても、敵の駆逐艦、空母の高角砲は優れ、高角砲射撃指揮装置は段違いによい。弾火薬庫に積み込んである砲弾の数がこれまた段違いだ。

戦いのたびに優れた搭乗員をつぎからつぎへと失ってしまうことになれば、空中戦は次第に無残なものにならざるをえなくなる。航空戦闘技術を学んだこともなければ、空戦の経験もない零戦の搭乗員は、敵の編隊の第一撃を受けて僚機がつぎつぎと撃墜されると、まともに応戦することができなかった。

零戦の威力はワイルドキャットやカーチスP40と戦った戦いの初期とはまったく逆となった。及川古志郎、小沢治三郎、大西滝治郎、宇垣纏、山本親雄、源田実、岡村基春、海軍の軍人のだれでもいいが、つぎのような事実を知っていたのであろうか。ヘルキャットを一機撃墜するあいだに、こちらの戦闘機、爆撃機、雷撃機、十機を失うようになっていた。(117) 源田実の松山の三四三空が見事な戦いをしたのはまことに稀なことだった。

足の遅い野中の陸攻隊とわずかな戦闘機隊が敵戦闘機隊(118)に有利な位置で待ち伏せされ、後方から不意打ちを食らえばどうにもならなかったのである。

振り返ってみるなら、海軍首脳すべての願いどおりに、ギルバート諸島水域で大戦果をつくりあげさせられることになったのが野中五郎の陸攻隊だった。それから一年四カ月あと、再び海軍首脳すべての願いどおりに、桜花攻撃隊は敵機動部隊を白昼強襲した。野中五郎の陸攻隊はこうして全滅したのである。

桜花隊が全滅して二日あとの三月二十三日、植草甚一は日記につぎのように記した。

「二十三日十六時　十八日より二十一日に亘《わた》り敵機動部隊に対し我航空部隊の収めたる綜合戦果。

正規空母　5

戦艦　2

巡洋艦　3

未詳　1

撃墜　約180

未帰還　150

地上、水上の損害軽微

我攻撃隊の大半は特別攻撃隊にして右以外の戦果確認し得ざるものあり(119)」

植草甚一が新宿文化劇場の主任であることは前に記したことがある。

翌三月二十四日、衆議院書記官長の大木操は前夜、政府委員室で海軍省軍務局員の中山定義から聞いた話の要点を日記に書いた。

「一、過般来襲の機動部隊に対し、大半やっつけたので海軍は絶大なる自信を持って来た。これなら上陸などさせずにすむと思う。

一、宇垣中将が作戦に当たっているが、テキパキやる、追撃命令。……

一、特攻隊と新兵器で本土上陸なしと確信する」[120]

五航艦の司令長官はかれが承知していたとおりのことをした。戦死した部下たちに充分に報いなければならなかったし、これから体当たりをする部下たちとかれらの指揮官たちの士気を高めることを第一に考えねばならなかった。前の航空戦の戦果と比べて見劣りがしてはならないという微妙な感情も働いたことであろう。沖縄の守備隊と住民の士気を維持するためには、これまた大きな戦果が必要だということも、かれの念頭にあったはずだ。

こうして五隻の正規空母の撃沈は不可欠なものとなり、当然のこととなった。

だが、実際に正規空母三隻に損傷を負わせ、そのうちの一隻を再起不能としたのは、重ねて言うが、昭和十八年十一月のブーゲンビルの戦い、ギルバートの戦い、トラック、サイパン、レイテ、硫黄島の戦いではなかったことだった。

もうひとつ、宇垣纏をはじめ海軍の幹部のだれもが知らなかったことを語るなら、アメリカの海軍軍令部長アーネスト・キングと太平洋艦隊司令長官チェスター・ニミッツはイギリスの艦隊がフィリピンの戦いに参加したいと以前に聞いたとき、連中になにができる、基地から遠く離れて二カ月、三カ月と海上で活動できるのか、迷惑なだけだと機嫌が悪かったが、九州沖で空母が損傷を受けたあとには、素直にこれは助かると考えを変えたはずであった。英国の三隻の空母群は戦艦二隻、巡洋艦六隻、駆逐艦十五隻を伴い、アメリカの空母機動部隊の一個群に相当した。

野中五郎の率いる桜花攻撃隊が全滅してから今日六月九日まで二カ月と二十日ほどになる。

前に記したとおり、鹿児島の桜はとっくに終わり、稚内の桜も散った。

宮城第一高女の生徒たちは横須賀海軍工廠造兵部の火工工場、逗子の久木分工場で働いていることは前に記した。工場内の炸填場では、桜花の噴進器に推薬を入れる作業をするようになり、完成した噴進器を木箱に収め、釘を打ち、百キロを超す木箱を海軍の作業兵がトラックに積み込み、池子倉庫に運んだ。こういうことも前に語った。

この三月の卒業シーズンには、学校を離れて逗子で働いていた四年生の彼女たちのあいだでも、別れがあり、悲しみがあり、喜びがあり、希望があった。逗子に残っているのは四十数人、上級学校進学予定者たちだけであり、上級学校の入学は六月末に延期されたことから、そのときまで第一高女の専攻科に進学したという形をとっている。こうしたことはいずれも前に記した。(121)

女生徒たちの住む沼間の寄宿舎では部屋の入れ替えがあり、空き部屋ができた。ほかの女学校の卒業生も一斉に宮城に帰ったから、沼間の谷間に並んでいる寄宿舎の朝夕、そして日曜日の活気はかげった。晴れた日曜日、裏山を登った生徒はまだ幹と枝だけの色彩に乏しい雑木林のなかに白い花を咲かせているオオシマザクラを見て、なぜか涙ぐんだ。

工場では、徴兵年齢に達した年若い工員が入営していなくなり、ここも一段と淋しくなった。彼女たちをなによりも淋しくさせたのは、高角砲弾の薬莢《やっきょう》の届くのが減り、ときには途絶えるようになったことだった。彼女たちは新聞を読む習慣はなかったし、寮には新聞は入らず、ラジオもなかったが、東京をはじめ、大都市への空襲がつづいていることは承知していた。毎日、残業してでも高角砲弾をつくらねばならないときに、こんな状態になってしまってというぼんやりした不安[122]が彼女たちの胸に浮かぶ。

装填場では、弾と発射薬を入れた薬莢をつなぎ、ねじプレスを回して結合する。できあがった弾は五キロほどの重さだ。肩当てをつけて、トロッコまで運ぶ。午後の仕事の分の薬莢がなくなってしまえば、班長や組長は開墾した畑の麦の手入れに裏山の小道を登っていく。

弾、薬莢がなければ、彼女たちは朝から錆びついた砲弾の錆落としをさせられる日がつづくことになった。海水に漬かっていた砲弾である。砲弾から取りだした火薬の入っていた薬嚢を洗う仕事もした。燃料で汚れた黒い線状の火薬を広場で焼くときには、花火を見るようだったから、錆落としのくさくさする仕事を中断して、広場に集まった。

錆びた砲弾から抜いた火薬は、三度水洗いしたあと、乾燥させるために、生徒たちは乾燥庫のある池子へ何回も行った。大きなリヤカーと馬車に火薬を積んだ。交代でリヤカーを曳き、ほかの者は馬車の荷台に乗った。石垣大尉に連れられての四キロの道のりだった。

乾燥庫に火薬をひろげ、久木に戻って昼食をとり、また池子まで火薬を運んだ。小倉泰子や安斉典子は沼間の寮に戻るときにはくたくたに疲れていたが、乾燥庫の裏山で摘んだ見事な紅紫色のノアザミの花は大事に持って帰った。部屋に飾り、ほかの部屋にも配った。

浜田照子は池子の様子を五月七日の日記に記した。なにごとにも関心を持ち、観察力がずば抜けているから、彼女の一日の日記が一行、二行で終わることはない。

「(乾燥庫に持っていく) 火薬も少なくなり、明日から陸戦へ行く様になるので、今日は池子の工場見学をしてもよいと飯野コンコンさんに言われ大喜び、火薬大五箱を乾かしてしまうと終わり。コン坊 (飯野コンコンのお気に入りの佐藤さん) を連れ出し大規模な池子見学。久木には一つしかない土中庫がここには十二あり、貨車も入るように作ってある。池子の隧道《ずいどう》迄行く道は松島の観光道路の様で楽しく気持ちがいい。幅も高さも二倍にした様な大きさの池子隧道を抜けると、両側の切り立った岩肌も道も真黄色、トラックが黄色い砂塵をあげて来る。乗っている人の顔は異様に黒い。何度も火薬かぶれを繰り返し、こんな顔になってしまったという。手は黄色を通りこして赤く染まっている。頭からすっぽり白い布をかぶり、目鼻口だけ出して働いている人がいた。大きな前かけのようなもので体を覆い背に大きく数字がつけてあり囚人の群れの様で不気味である。火薬計量庫へ行った。壁も柱も貼ってある紙迄黄色の世界、そこで会った人が『入るとかぶれますよ』と注意してくれた。次は爆薬と蠟を蒸気で溶かし型に流し棒状や筍形の火薬を作っていた。次の作業場は親子飛行機の子につける噴進器の炸薬を鋳込む大がかりな作業場だった。食欲をそそる黄色いラクガンを思わせる爆薬だった。身の引き締まる思いで工場を出て、二十分程かかる事務所へ行く。三井部員は不在でお目にかかれず心残り。驚いた事にこの工場の中を湘南電車が通っている。かけ離れた世界の動物が何も知らず動いて行くようで奇妙である。トンネルの前で河村大尉に会い『三井部員に会ったか。全部よく見て行けよ』と声をかけられた。暑い日ざしの中、驚異の世界をさまよい重い足を引きずって帰った[123]」

五月十四日、再び浜田照子とほかの四人は池子の乾燥庫に行った。仕事はすぐに終わった。白い花をいっぱいに咲かせているウツギの木の下で話し合っていると、前の道路を走るトラックの荷台から歓声があがった。炸塡場で働いている五人だ。ロケットの実験を見学に行くと小耳に挟んでいたから、追浜に行くのだな、炸塡場も仕事がないのだと照子は思った。

夕食の時間に追浜に行っていた生徒たちが帰ってきた。日陰のない実験場にいたからであろう、だれの顔も真っ赤だった。

追浜の第一航空技術廠の海に面した実験場で、噴進器を地上に固定して噴射の検査がおこなわれた。彼女たちは遠くに立っていたから、噴進器は大根ほどに小さく見えた。轟音とともに白煙と金色の炎を噴射した。ほんの一瞬のことで、あとには砂煙が残るだけだった。花火のようにあっけなかったが、星沢たい子は美しい炎の色とともに自分が青い大空に吸い込まれたように感じたのである。

彼女たちがびっくりしたのは、噴射が終わってから近づいて見て、噴進器の背後の小石や砂が百メートル、それ以上も吹きとばされてしまっていたことだった。

星沢たい子や米野ミワは噴進器十三本の実験の話を興奮して皆に喋った。ところが、そのあと彼女たちは泣いていた。許しがないのに追浜へ行ったことで先生に叱られたのだなとだれもが思った。

もっとも、火工工場検査官の大和田悦郎が、生徒たちを黙って連れていって申し訳ないと教師に謝り、先生にも見ていただきたいと言ったことから、五月二十日には、教師の建部有典とほかの女生徒たちも追浜の実験場に行ったのである。

そのあとのこと、装塡場でも噴進器へ推薬を入れる仕事をやるようになった。火工工場のわずかな幹部を除いて、この噴進器がなにに使われるのか、だれもはっきりしたことを知らない。

この噴進器は「潜水空母」とだれもが呼んでいる巨大潜水艦、伊《い》四〇〇に取り付けるカタパルトだ。第一航空技術廠で設計、製造した。潜水空母という名前のとおり、彗星クラスの攻撃機三機を艦内に格納することができる。六千五百六十トンというこの大型潜水艦は製造に手間がかかり、資材、労力を大きく食ってきたのだが、軍令部の幹部たちは建造を断念できなかった。桜花に期待を抱いたのと同じように、この大型潜水艦に載せた攻撃機がパナマ運河を破壊するという夢を壊すことができなかったのである。

呉の軍港と海軍工廠が三月十九日に敵の空母機群に襲われ、この伊四〇〇が破損したことは前に記した。

五月二十九日のことだ。いつもと同じように午前七時四十分に朝礼があり、そのあと女生徒たちはそれぞれの作業所に向かった。裏山でギーギーと鳴きはじめたのは松林のなかのハルゼミである。

装塡場に黒色の薬莢ではなく、黄銅の薬莢が運びこまれてきて、小林栄子は嬉しかった。代用品の黒い鉄製の薬莢は、プレスで結合するとき、ひびが入ったりゆがんだりして、彼女たちは辛い思いをしていたからだ。しかも薬莢の数が多く、だれもがほっとした。数が少なければ、たちまち仕事が終わってしまい、前にも記したが、だれの胸にもこんなことで大丈夫なのだろうかという不安が湧く。

当番の栄子が火薬を壕からだしてきて作業をはじめようとしたときだった。警戒警報のサイレンが鳴りだした。八時すぎではなかったか。横須賀海軍鎮守府が警戒警報をだしたのは横浜よりずっと遅かった。(124)

空襲警報はでるのだろうかと思っていたとき、だれかが「石垣機よ」と言った。石垣伝大尉が彼女たちが働く作業場に入ってきた。前に述べたとおり、石垣は久木分工場の幹部であり、沼間には寝泊まりはしていなかったが、彼女たちの寮の寮長でもあった。かれは皆に集まるようにと言った。新聞をひろげ、重大ニュースだ、しっかり聞くようにと言い、語りはじめた。

「まず、見出しから読みます。『ロケット弾に乗って、敵艦船群へ体当たり、本土南方沖縄周辺、神鷲《じんしゅう》、神の鷲と書く、大空を飛ぶ鷲だ、神鷲三百三十二勇士』、こういう見出しです。

本文をつぎに読みます。神雷特攻隊とでてきますが、神の雷《いかずち》、神のかみなり、神雷特攻隊です。

『去る三月下旬九州南方に敵機動部隊来襲以来、沖縄決戦に際会し、わが航空特別攻撃隊の精華、神雷特攻隊はかねて極秘裡に錬磨せるその威力を発揮し、敵艦隊の頭上に凄烈な猛威を爆発せしめつつあり、すでに多大な戦果を収めた。神雷特攻隊は敵が『搭乗員の乗れるロケット弾』と畏怖しているもので、帝国海軍にして始めてなしうる新奇な着想に成る特攻兵器であり、一発よく巨艦を瞬時に轟沈しうる物凄い威力を有し、潜水艦部隊の彼《か》の神潮特攻隊とその威力において肩をならべるものである。今回既に出撃赫々の戦果を収めて散った同部隊の勇士三百三十二名に対し連合艦隊司令長官よりその殊勲を全軍に布告せられた旨二十八日次の如く海軍省より発表された』

こういう説明です。このあと、戦死した神雷特別攻撃隊、海軍少佐野中五郎、海軍大尉三橋謙太郎以下、三百三十二名の姓名が載せられています。

この三百三十二名の方々が命をかけた兵器こそ、一高女の弾庫の人びとの貢献がありました。勇士が搭乗したロケット機の速度を増す噴進器に炸薬を入れるという大切な仕事をしました」

石垣は頬を紅潮させて、こう語り、姿勢を正して聞いていた女生徒たちは目頭を熱くした。石垣はさらにつづけた。

「現在、この装填場で君たちがつくっている噴進器は小さな飛行機にとりつけるのではなく、ふつうの潜水艦よりずっと大きな潜水艦に取り付けます。軍事機密ですからこれ以上は説明できませんが、神雷特攻隊と同じように大事な作戦に使われます」

石垣はさらに話したい様子であり、生徒たちはまだまだ説明を聞きたがったが、かれは腕時計に目をやった。かれは警戒警報がでたあとの情報が気がかりだった。これまでと言って、かれは事務所に走った。

この朝、新聞をひろげて、息をとめたのは鎌倉の川端康成だった。

川端が南九州の鹿屋基地に海軍報道員としてこの五月下旬まで一カ月滞在したことは前に記した。かれは親しくなった海軍士官から、小松基地で訓練しているとっておきの神雷部隊がつぎには出撃すると教えてもらった。ところが、天候が悪く出撃できないでいるあいだに、川端は鹿屋に別れを告げたのだった(125)。

かれは鎌倉に帰ってから、新聞に神雷の文字があるかと気にしていたが、新聞の第一面に大きく神雷の文字が載っているのをとうとう見つけた。

三百三十二人の名前が並んでいた。「三月下旬勇躍出撃」した百六十人の名前が最初につづき、その筆頭が海軍少佐野中五郎の名前だった。つぎに「四月上旬」の六十人、これも「四月上旬」の五十一人、「四月中旬」の六十一人だった。神雷隊の戦死者が多いのにかれは驚き、敵の空母、戦艦を何隻沈めたと具体的な記述がないことが腑におちなかったにちがいない。そのとき空襲のサイレンが鳴りはじめたのではないか。

久木工場では、「作業やめ、火薬退避、急げ」の命令がでた。火薬を壕に入れようとしているとき、サイレンが鳴りだした。彼女たちは自分たちの壕に向かった。

壕の入口から、皆は空を見上げた。十機から十二機の敵編隊が高い空をつぎつぎと飛んでいく。その後ろで高角砲弾がパッパッと炸裂する。篠塚恵美子は自分たちがつくった貴重な弾なのにと悔しかった。

瞬間、大きな音が通りすぎ、だれもが首をちぢめ、そのあと壕の外にでた。一機が火を噴きだし、煙の尾をひいて落ちていった。Ｐ51だ。だれもが、やったと叫んだ。自分たちがつくっている砲弾が当たったのだ、そうにちがいないと浜田照子は思った。

敵の編隊の長い列は相変わらず空を横断している。やがて北側の山の向こうに灰色の煙が上がった。空高く上がり、横幅がひろがりはじめた。横浜だと知った。

空襲は昼には終わった。畑谷直はＢ29の数を四百機まで数えた。日本にこれだけの爆撃機があったらと口惜しかった。横浜の空の雲はさらに高くなっていた。小林栄子はあの入道雲の下で子供や老人が逃げまどっているのかと思うと胸が苦しくなった。

食堂に向かう途中、篠塚恵美子は石垣伝から聞いたことを紙に記した。Ｂ29一機の爆弾搭載量は四トン、一トン爆弾で四個、二百五十キロで十六個、焼夷弾で九千個、Ｂ29一機で焼き払う面積が幅二百メートル、長さ六百メートルだということだった。わが方との量の違いがあまりにはっきりしていると恵美子は思った。

篠塚も、畑谷も、小林も、だれもが朝の神雷特攻隊のニュースを忘れてしまってはいなかったが、口にはださなかった。そうした気持ちになれなかったのである。

同じ五月二十九日、村田省蔵は同盟通信社のニュースを日記に写した。フィリピン駐在大使のかれはアキノ大統領の一行とともに三月二十九日にツゲガラオの飛行場から脱出して、台北郊外の草山《そうざん》にいた。

「……去る三月下旬以来本土南方並びに沖縄周辺海面に屢次《るじ》に亘って出撃し、その驚異的威力を縦横に発揮せる我《わが》神雷特別攻撃隊員三十二（ママ）勇士の輝く武勲に対し、さきに連合艦隊司令長官より夫々《それぞれ》全軍に布告した。神雷特別攻撃隊こそは航空特別攻撃隊の最高峰を行くもので、その壮烈な戦意と恐るべき威力が猛然敵頭上に炸裂する時の状況はさながら百雷の一時に落つるが如く凄絶極まりなきものである。従来の特攻機は爆撃機或は戦闘機が特別爆装を施して飛行機そのもので一個の爆弾となって敵艦船に命中するものであるが、神雷は所謂親子飛行機であり、飛行機の形をした翼の生えた爆弾に特攻隊員が乗り之を親飛行機の下方胴体に抱え出撃し、敵艦船頭上で之を放つと猛烈な速度で敵艦船に命中炸裂するものである[126]」

それから七日あとの六月五日、朝日新聞の第一面に、火野葦平《あしへい》の詩が載った。石垣伝は女生徒たちにこれを紹介はしなかったようだった。「神雷特攻隊を讃う　ああ火箭《ひや》の神々」と題する長い詩だった。

今年のはじめ、火野葦平は陸軍報道班員として福岡の雁《がん》の巣《す》飛行場からフィリピンに出発することになった。今日《こんひ》出海《でみ》と里村欣三《きんぞう》[127]は先発し、十二月二十九日に雁の巣を立った。火野は日比野士朗と一緒だった。里村も日比野も作家である。

だが、敵の大艦隊がルソン島に接近しているということで、一月六日の火野の出発は延期となり、つづいてフィリピン行きは中止となった。さきに出発した今日出海のことは前に記した(128)。マニラに着いて、さっそく報道部長に電話をすれば、こんなところにな にしに来た、早く帰れと言われる始末で、勝ち戦だと教えられてフィリピンに来たのに、これはどういうことかと怒る余裕もなく、ルソン北部を逃げてまわり、やっとのことで台湾に脱出し、この五月三十日に鎌倉の家に戻ることができたのだった。

火野葦平に戻る。三月に入ってのことだ。かれは鹿児島知覧の陸軍の航空基地に招かれた。飛行場の近くで撃ち落とされた敵の戦闘機を見た。青と緑に塗り分けられた機体は見事にピカピカで、わが方の傷だらけの、色あせた戦闘機とは対照的だった。

かれが鹿屋の海軍基地に行ったのは、第五航艦の幹部に誘われてのことだったのであろう。かれは三月二十一日午前十時、鹿屋の飛行場を飛び立つ神雷隊の出発を多くの人とともに見送り、手にした帽子をふった。桜花を吊り下げた流線型の胴体の一式陸攻はつぎつぎとかれの目の前を走り去り、滑走路のはるか端で空に浮き上がるのを見送り、かれは何回も何回も頑張ってくれと叫んだ。

二時間後の大きな戦果を期待してかれは宿舎に戻った。だが、どこからもなんの知らせもなかった。敵の艦載機の待ち伏せにあったのだろうかと胸騒ぎがした。爆音が聞こえれば、窓の外を覗いた。空には一式陸攻はなかった。地上を黄色に埋めているのは菜の花だった。水田の裏作である。あの別れが最後だったのかと火野は思った。

この大戦争がつづくさなか、別れは数えきれない。三十八歳になる火野も多くの別れを体験してきた。かれの場合、「麦と兵隊」にはじまるいくつかの作品のなかで、別れを書いてきた。かれには自ら別れを求めようとするところもあり、昨年三月にはビルマ戦線に報道班員として行ったし、前に見たとおり、今年一月にはフィリピンに行こうとした。

当然ながら、兄弟家族との別れは何回も繰り返してきた。昭和十二年九月にかれが召集されて、部隊が小倉の民家に分宿したとき、そのころ親しくしていた料理屋の女が別れを言いにきた。東大を卒業したばかりの七つ年下の弟の政雄がつぎに来た。弟が連絡して父が来た。つぎの宿泊地は船出する門司港である。父と政雄は沿道の日の丸の人波を縫いながら行進の横をついてきた。そして、分宿の民家の一室に妻と子供たち、母までが来た。

召集解除となったあとも、何回も戦場に行った。かれは大佛次郎、木村毅らと湖南省の奥まで一緒に行ったとき、ひとり離れて、小さな村に駐屯している弟の政雄に会いに行ったことがあった。大学をでた弟は召集され、砲兵だったから、馬の轡《くつわ》をとることからはじめた。幹部候補生志願をしなかった弟は二等兵から昇進して軍曹になっていた。逆に駅まで送ってきてくれた弟と漢口に向かう汽車の窓から手を振って別れた。

政雄は無事に帰還した。新聞社に戻ったかれは報道班員として南京に行くことになった。末の弟の千博は九大を出て、若松の造船所に勤務していた。片手が不自由なことから兵隊には行かなかった。友人や後輩がいずれも戦場に行くにもかかわらず、自分ひとりが安逸な生活をしていることに耐えられなかったのか、かれもまた報道班員となり、沖縄へ行くことになった。生まれ故郷、葦平の住まいのある若松市の公会堂で二人のために壮行会が開かれた。フィリピンに行きそこねた葦平も出席した。三人の兄弟が公式の場に揃ったのははじめてだった。

千博は三月中旬に出発した。若松駅まで肉親縁者が送っていった。千博の妻の鈴江が赤ん坊を抱いて見送った。女の子だった。まだ生まれて一カ月たっていなかった。つぎに政雄は三月下旬に若松から連絡船に乗り、朝鮮経由で南京に向かった。

鈴江も、葦平も、だれも知らないが、沖縄に向かった千博の乗った輸送船は沈められ、かれは死んだ。(129)

この死に物狂いの戦いがつづく大戦争のさなか、別れは永遠の別れとなることをだれもが覚悟してきた。火野は「神雷特攻隊を讃う」のなかで、つぎのように詠った。

「これら紅顔の若人たちは
ひとたび出撃してゆけば
たれ一人還って来なかった(130)」

天皇、参謀総長の報告に衝撃を受ける

最初に記したとおり、今日、六月九日の午後三時、参謀総長、梅津美治郎が参内し、天皇に大連出張の報告をおこなった。

天皇は今日という日、すでに二つの衝撃を受け、梅津の軍状報告が三つ目の衝撃となった。

午後一時半、木戸が差しだした「時局収拾案」に目を通し、説明を聞き、天皇は戦争の終結をいよいよ決意しなければならないと覚悟をしたのであろう。最初の衝撃だった。そして、天皇は木戸から聞いたであろう東京帝大教授の南原繁と高木八尺が説いたことを忘れることができないはずである。

前に記したことをもういちど述べよう。沖縄の戦いが終わったあと、陛下が和平を説かれることが、時局収拾のただひとつの方策(131)だと二人の東大教授が述べたこと、本土決戦がおこなわれ、多数の非戦闘員が殺されることになれば、陛下にたいする怨みは噴出するであろうこと、また決断を先延ばしにして九州で戦うことになり、本州での戦いとなってしまえば、現在、アメリカの対日政策を決定する機関を占める皇室を支持する人びとは役に立たないと追われ、皇室の追放を説く強硬派が力を占めることにもなるだろうというのだ(132)。

天皇はこのような厳しい考えを耳にしたのははじめてである。天皇は胸に収め、だれにも語るつもりはないであろうが、戦争をつづけていけばそうなるかもしれないと思ったことは間違いない。

そして、天皇は梅津美治郎から聞いたことが、これまたはじめて聞く話であった。揚子江三角地帯にアメリカ軍が上陸しても、決戦はできないというのだ。

天皇は梅津から、書面を添えて支那派遣軍と関東軍の軍状報告を聞いた。そのあと、梅津は提出資料に記していないことを語って、このように言上したのである。

天皇は梅津に向かって、米軍が揚子江下流方面に来攻するとして、何個師団を上陸させるだろうと問うたことにはじまったのかもしれない。梅津は答えて、沖縄の戦いでは、敵は四個師団、予備部隊、待機部隊として三個師団を用意した。上海の周辺に上陸するとなれば、アメリカ軍は八個師団を準備するのではないかと言上したのであろう。その地域のわが軍はどれほどいるのかとの問いに、第十三軍の防衛地域であり、師団が八つと航空師団が一つ、独立旅団がいくつかある、八つの師団は上海、嘉定《かてい》、蘇州、南京、杭州、徐州までに広く散らばっており、上海と南京のあいだが、東京・名古屋間ほどあり、南京と徐州のあいだも東京・名古屋間の距離があって、これらの師団はとても敵の上陸地点に迅速に集結できないと言上し、さらにつづけてつぎのように述べたのであろう。(133)

たとえ第十三軍の八個師団すべてを合わせても、上陸した敵の八個師団と戦うことができない、一会戦をすら戦うことは難しい、弾薬が欠乏していると言上したのである。

天皇はびっくりした。梅津美治郎がつづけて述べたことは、天皇をさらに驚愕させ、ひどく落胆させた。支那派遣軍のすべての戦力を合わせてもアメリカ軍の八個師団の力ぐらいしかないというのだ。

梅津が退出したあと、天皇は考えに沈んだ。天皇の失望はほかの失望とぶつかり、またべつの落胆と重なり、目眩《めまい》がする思いだったにちがいない。

なによりも大きな落胆は、上海に敵軍が上陸して勝てる見込みがないと梅津がはっきりと言ったことだった。このさきの戦いの予想を尋ねて、最初からこのような悲観論を耳にしたのははじめてのことだった。

いわゆる捷一号作戦を昨年の七月に計画し、その準備をはじめてから、天皇は「比島方面ニ来攻スル敵ニ対シ」、「決戦ヲ遂行スル、敵ヲ撃摧《げきさい》スル」のだと何十回と告げられていた。レイテ島の戦いがはじまれば、決戦をするのだと報告を受け、当然、わが方が勝つのだと天皇は信じていた。レイテの戦いが期待どおりにいかずに天皇はがっかりしたが、比島決戦を敢行するのだ、敵を撃摧するとの毎回の上奏に希望をつなぐことになった。

今年一月九日に敵軍がいともたやすくルソン島のリンガエン湾に上陸してしまったあ

ともなお、勝利への期待は変わりなかった。

敵軍がリンガエン湾に上陸してから十七日目の一月二十六日、前にも見たとおり、軍令部総長だった及川古志郎は梅津美治郎からつぎのように聞いた。

「敵はあらいざらいだして十個師団、わが方は総勢二十万だから、五個師団ぐらいで悲観することはない。戦局は思う壺、東西の堅固な陣地に立てこもっている。敵がまっすぐ中央の平地を南下することはできない」

軍令部総長はそれを信じた。天皇も参謀総長からこのように聞き、ルソン島の戦いの前途に自信を持った。

ところが、それから八日後の二月三日には敵の戦車部隊はマニラ市の一角に突入した。そして、ルソン島の「決戦」はやがて殲滅を免れるだけの「長期持久」「永久抗戦」となった。敵の砲兵隊と戦車隊に追われて山地に逃げ込んでの「自活自戦」となってしまっている。天皇の少しずつの失望は諦めに変わった。

ところで、天皇はまだ支那派遣軍があるのだと思い、支那派遣軍こそが陸軍最大の兵力と力量を持っているのだと思ってきた。

攻略した広西省の桂林、柳州からの撤収が決まり、芷江《しこう》作戦(134)が失敗に終わったとの報告を受け、天皇は雲南作戦はすでに諦めていたはずだが、大陸にアメリカ軍を引きずり込みさえすればという支那派遣軍総司令官、岡村寧次の軍事計画はまだ有効だと思ってきたのである。敵軍が大陸に上陸すれば、いま一回の勝利を期待できるのではないか、そして、いくつかの条件を付与して講和を獲得できるのではないかと思うこともあったにちがいない。それだけに、「一会戦をすら戦うことは難しい」と梅津が語るのを聞いて、天皇はびっくりしたのである。

天皇にとっていっそう大きな衝撃は、重慶軍の主力と対峙する第十一軍、第二十軍、第二十四軍を麾下におき、漢口に軍司令部を置く第六方面軍、広東の第二十三軍、山東の第四十三軍、北支那方面軍、そして揚子江三角地帯の第十三軍を合わせた戦力が敵の八個師団分しかないと梅津が言ったことだった。

天皇のなによりも大きな驚きは第十一軍を含めてということだったにちがいない。第十一軍は第六方面軍の中核である。第十一軍は支那派遣軍の主柱である。天皇は七年も前から第十一軍をしっかり覚えてきていよう。漢口作戦の主力が第十一軍だった。天皇は陸軍の将軍のなかで畑俊六をいちばん好きなのはその率直な性格が理由だが、そのかれがかつて第十一軍を指揮下に置いていたことは嬉しいことにちがいなかった。この二月、第十一軍の砲兵部隊が第十三軍の上海防衛の師団に転属となったことは天皇も承知していよう。だが、そんなことにかかわりなく、第十一軍は支那派遣軍の精鋭軍団だと天皇は思ってきたにちがいない。

第十一軍を含めて全戦力がアメリカの八個師団分の力しかないということは、天皇にとってなによりも大きなショックだったのである。

天皇が薄々承知していながら、統帥部総長をしっかり問い詰めようとしなかったこと、天皇だけではなく、だれもが知りたくなかったこと、彼我の戦力の差がいまや恐ろしいほどにかけ離れてしまい、敵軍に大きな損害を与え、敵をして戦いをつづける意思を失わせることはとてもできないのだという事実を参謀総長は今日はじめて天皇に洩らしたのである。

そこで天皇が考えることは、昨日の御前会議のことになったのであろう。敵は南九州に輸送船千隻、二十個師団を投入するだろうと推定していた。

天皇は陸軍の侍従武官を呼び、鹿児島、宮崎にどれだけの軍隊を配置しているのか調べてくれと命じたのではないか。

南九州を防衛するのはおよそ八個師団だ。薩摩半島の吹上浜から別府海岸までに三個師団と一個旅団、宮崎沿岸から志布志《しぶし》湾、大隅半島までに四個師団である。

九州全土でも十五個師団しかない。兵力はこちらのほうが少ない。しかも、弾薬が欠乏しており、一会戦をすら戦うことは難しいのではないか。敵の二十個師団の半分を撃滅するというのは信じがたいが、それでも敵の十個師団は上陸してしまうことになる。捷号作戦と同じことだ。本土決戦準備、決号《けつごう》作戦も勝利の設計図ははじめからありはしないのだ。

木戸幸一、南原繁、高木八尺につづいて梅津もまた、戦いをつづけることはもはやできない、本土の戦いになる前に、戦争終結のご親裁を陛下にお願いしたいと遠回しに言上したのである。

天皇は梅津にそのような意図があったとは気づかなかったのであろうが、鹿児島、宮崎に敵軍が上陸する前にこの戦争をやめねばならないと、いよいよはっきり考えることになったのである(135)。

今夜、言うまでもなく六月九日だが、高松宮は松平恒雄から、内大臣の木戸幸一をなぜ辞めさせようとしたのかの説明を聞いたことは最初に記したし、「陛下の時局に関する御判断、楽観にすぎるをおそる」と松平が語ったこともすでに述べた。もちろん、今日、木戸が戦争の終結をずるずると延ばすことはできないとはじめて言上し、梅津が決戦を決行する力がないとこれまたはじめて上奏したことから、天皇が本土の戦いとなる以前にこの戦争をやめねばならないと決断せざるをえなくなったことは、これも前に記したとおりである。

ところで、松平恒雄がこの戦争の終わったあとまで生き延びるとしても、かれは内大臣更迭を意図し、それに失敗したという事実を洩らすことは生涯ないであろう。それだけにもう一回、この問題を検討してもよいと思える。

松平恒雄は米内光政に向かって、木戸幸一を辞めさせたいと説いた。米内もまた、松平と同じように、木戸の責任意識を欠いた怠慢さが戦争の終結を遅らせることになると思っていたから、松平の計画に協力した。松平と米内が会見したと思える五月二十九日の翌日には、米内は重臣との懇談会で、戦争の終結を考えるときにきているのではないかと示唆し、翌五月三十一日の首相、陸相、三人の国務相が集まった時局懇談会では、よりはっきりと戦争の終結を説いた。

米内のねらいはつぎのようなことだった。数日あとに政府閣僚と重臣たちが石渡荘太郎の内大臣任命を知れば、石渡が米内、松平と親しいことはだれもが承知しているから、この二人が天皇に石渡を推薦したのだと即座に了解し、なぜこの二人は木戸の更迭を望んだのかを考えたとき、私が五月三十日と三十一日に説いたことをただちに思い浮かべ、新内大臣の任務がなんであるのかを理解することになる。

だが、木戸が居直り、松平と米内の計画は潰されてしまった。二人が木戸の更迭を図ったことをだれも知らない。ただひとり、木戸は自分が更迭されようとしたことを知ったばかりか、その理由に気づくことにもなった。かれは「時局収拾案」をつくることになったのである。

松平と米内の計画を梅津もまた知らなかった。だが、米内が戦争終結に立ち向かわねばならないと重臣や陸軍大臣を含めての閣員たちに説いたことに触発されて、かれは本土の戦いとなる以前にこの戦争をやめねばならないと天皇に遠回しに言上することになった。

松平恒雄と米内光政が試みようとしたことは、まったくの失敗に終わったわけではなかったのである。

第33章

特攻戦備の現実

（六月十日〜十二日）

六月十日の朝、南関東の空襲

今日は六月十日だ。雲ひとつない晴天である。

敵は昨日の朝は関西を空襲したが、今日は関東を狙うようだ。

東京では警戒警報が午前六時四十分にでる。「敵数編隊、伊豆列島西方を北進中」とラジオが告げる。空襲警報のサイレンは七時五分に鳴る。「B29編隊、静岡付近を東北進中」

七時十一分、「七時十分ごろ富士山付近を北上中」、七時十五分、「山梨地区に侵入中、後続編隊駿河湾北上中」、七時十七分、「先頭編隊甲府南方を東進中、京浜地区に近接」、七時二十五分、「本土侵入の敵は五ヶ編隊六十機、後続あり」、七時二十七分、「先頭編隊京浜地区侵入」

中島飛行機の荻窪工場が最初に爆撃された。五十機を超すB29が爆弾を落とす。

荻窪工場は武蔵製作所の前身である武蔵野製作所が昭和十三年に操業を開始するまで、中島飛行機のただひとつの発動機工場だった。青梅街道沿いにあり、荻窪駅と西荻窪駅の中間にある。東京工場、つぎに東京製作所と名前を変え、この四月一日に中島飛行機が第一軍需工廠に形を変えたときに、第二十三製造廠という名前になっている。山梨県の塩山に疎開の計画をたて、機械設備を運びだしていて、一貫操業はすでにおこなわれていない。

七時三十分、ラジオは告げる。「新たな敵B29二十機、房総南部より北上」

日立航空機の千葉工場が爆撃される。千葉市の海岸沿いの埋立地にあり、昨年の夏に完成した。敵編隊は二つ、二十六機だ。爆撃は二分足らずだった。工場には爆弾は一発も落ちなかった。ここでつくっているのは天風《てんぷう》であり、白菊クラスの練習機用の発動機と機体だ。今年になって、いくつつくることができたのであろう。

つぎに立川が爆撃される。これは山梨上空を東進してきた編隊なのか、それとも房総半島を北上してきた編隊なのか。

立川は陸軍航空の中枢基地だ。「空都」と名づけられたが、聞きづらいから、この名が使われることは滅多にない。空都の中心は立川飛行場である。陸軍の幹部が出張するとき、この飛行場を使う。梅津美治郎が一昨日、六月八日に大陸出張から戻ってきたときもこの飛行場に降りた。

飛行場は東西に延びる中央線の立川駅の北にひろがっている。大きな正方形だ。この飛行場を挟んで東と西にそれぞれ広い場所を占め、航空機に関係する研究所、工廠、補給基地、製作所がある。

広い飛行場の東側にあるのが立川飛行機だ。昭和十五年には隣接地にさらに新しい工場を建設し、立川の人びとが立飛《たつぴ》と呼んできた立川飛行機は立川工場と新設の砂川工場に分かれた。

日立航空機は立川飛行機の工場の北側にある。

当然ながら日立航空機と立川飛行機はいずれも陸軍機をつくってきた。隼《はやぶさ》と呼ばれるキ－四三、キ－九五練習機、呑龍《どんりゅう》の名で呼ばれる重爆撃機のキ－四九を製造してきた。

飛行場の西側は昭和村である。ここに陸軍航空本部技術研究所と多摩研究所、陸軍航空廠がある。さらにその西に陸軍航空工廠がある。名古屋工廠の熱田兵器製造所で飛行機の機体をつくっていたのをここに移した。昭和十四年のことだ。

この航空工廠でつくってきたのは偵察機である。最盛期は機体、発動機ともに月産三十ほどだった。昨年から発動機工場は北陸の金沢に疎開をはじめた。今年になっての生産はとるに足りない。

原料や部品の不足、協力工場の焼失、疎開による生産の低下が起きる前から、日立、立川、工廠の三つを合わせても、機体、発動機の生産はわずかであったから、敵の爆撃リストの上位には載っていなかったのであろう。二月十六日と十七日の母艦機の空襲が最初だったが、これは立川飛行場を狙ったものだった。マリアナのB29が集中的に爆撃したのは、二月から三月のあいだは、もっぱら三菱発動機製作所の大幸と中島飛行機の武蔵製作所だった。四月に入って、やっと四日の未明に立川飛行機、四月二十四日の朝に日立航空機の発動機工場、四月三十日の朝には陸軍航空工廠を爆撃した。そして今朝、再び陸軍航空工廠と日立の発動機工場を爆撃した。

七時五十二分から五分間の爆撃であり、三個編隊、三十機足らずだった。工廠では死者はなかったが、航空廠の宿舎の防空壕が直撃されて、養成工三十八人が死んだ。(1)

今朝は関東の飛行機工場を狙うつもりのようだ。つぎの爆撃目標とされた航空機工場は敵が爆撃を繰り返してきた中島の武蔵製作所だ。四月七日の七回目、十二日の八回目の爆撃で武蔵は完全に壊滅した。敵にはそれがわかっていたのであろう。そのあと武蔵にたいする空襲はなかった。

武蔵と大幸の完全な破壊、つぎに四月から五月の上旬までつづいた鹿児島、宮崎、熊本、大分の特攻機発進基地にたいする爆撃、そのあとの東京、横浜、名古屋、大阪、神戸の大都市の焼き討ち、これらが終わって、武蔵と大幸以外の航空機工場の爆撃、ついでに念には念を入れて武蔵にたいして九回目の爆撃をするということだった。

敵が狙ったのは、広大な構内の東側を占める海軍の発動機工場だった。発動機工場はアメリカでもドイツでも平屋が決まりだ。ところが、この旧名・多摩製作所は鉄筋コンクリートの地上三階、地下一階の工場だ。生産を再開していると敵は思ったのかもしれない。今日の爆撃でもっとも多くのB29をここに集中した。百十八機だった。午前八時五十七分から九時三十八分まで爆撃はつづいた。時限爆弾を数多く落としたから、空襲が終わったあとも爆発がつづき、人は近寄ることができない。死者は多くはなかったと思うが、どれだけ出たのだろう。

さらに大宮市にある中島の大宮製作所がはじめて狙われた。武蔵製作所の子工場のひとつだ。昭和十八年に発動機の部品の生産をはじめ、昨年九月から発動機の組み立て生産に取り組むことになり、発動機ができるようになったのは、やっとこの一月になってからだった。原料、資材がなくなり、疎開がここでもはじまった。

疎開先は同じ埼玉県の吉見町だ。古代人の横穴墓が蜂の巣のようにある吉見百穴の崖の下部だ。二百メートル以上のトンネルを十本以上掘り、横に結ぶトンネルを掘り、その一部には機械が入り、細々ながら操業がはじまっている。

大宮工場のほうはほとんど作業をしていない。午前九時一分から十分間、二十三機の爆撃だった。この工場の被害は大きい。

中島の荻窪工場にはじまった今朝の航空機製造工場の爆撃の最後は、横浜市の南にある「にっぴ」と呼ばれる日本飛行機の富岡工場である。三十二機が襲来する。九時二十四分から五分間の爆撃だった。工場の被害はそれほどでもなかったが、十八人が死亡し、二十人が負傷した(2)。

関東地区の六つの航空機製造工場を狙い、およそ二百五十機のB29と護衛のP51七十機が来襲した。

じつは航空機製造工場のほかに、敵の目標はもうひとつあった。日立製作所の日立工場である。二十一万坪、七十ヘクタールの構内を持つ海岸工場があり、市内にはほかに電線工場と山手工場がある。

日立鉱山に付属して鉱山用の電気機器の修理工場として明治末に発足して、現在は日本最大の重電機器、弱電機器、通信機器の製造会社である。船の主機タービンとボイラー、航空機用のタービンロケット、電波兵器、音波兵器、航空機用から各種の電線、満洲、朝鮮向けの電力開発関係の機器をつくってきている。原材料、燃料、そして部品が不足して、生産が急速に低下しているのは、ここも同じである。

午前八時五十六分、B29二十九機が襲来した。退避のベルが鳴り終わらないうちに爆音が空いっぱいにひろがり、半鐘を叩きつづけるのが終わらないうちに不気味な爆弾の投下音が頭上で聞こえた。

海岸工場の中央には甲子園球場が二つ収まるほどの二万八千坪の台地があり、ここにも工場が立ち並ぶが、この台地のまわりの崖から横穴式の防空壕が何本も掘られている。海岸工場の全員を収容できる地下防空壕である。

すべてのものがいちどに爆発したようなものすごい音がつづき、壕が不気味に揺れ動き、土煙に人びとはむせた。ものすごい音がぴたりと止まって、壕をでた人びとは想像を絶する破壊の状況に息をのみ、高く上る黒煙に肝をつぶしている間もあらばこそ、つぎの爆音が近づいてきた。

三十分のあいだに四波の襲来があった。ついさっきまで巨大なビルほどの威容を誇った目の前の工場は丸裸になり、屋根のスレート瓦は吹っ飛び、鉄骨は曲がり、そのさきの工場は完全に押しつぶされてしまい、さらにそのさきの木造の建物が煙と火に包まれている。

百二十機のB29は日立の壊滅を狙い、一トン爆弾を投下したのだ。B29一機は四発を積んでいようから、当然、その数は五百発ほどになろう。

台地の上の建物もあらかたが崩壊し、燃えてしまったが、かろうじて残っているボイラー室の一角を対策本部にする。午前十一時、各工場の防護団から報告された死亡者数の総計は五人だった。工場の建物の横にある小さな退避壕が土砂で埋まってしまっている。横穴壕まで逃げることができなかった人がこの壕のなかに埋まっているかもしれない。人びとは夢中で壕の上の土を取り除く。正午すぎには死者は六十三人になった。そのあとも行方不明者の数が増えつづけている。

やがて行方不明者の大多数は横穴壕内に取り残されていることがわかる。敵は海岸工場中央の台地の下に地下工場があると思ったのか、爆撃を台地に集中した。台地の傾斜面は緑におおわれていたのが、いまは山津波のあとのように赤土をさらけだしている。一トン爆弾がいくつも同じところに落ち、崖崩れが起きたのだ。そして、横穴壕の入口が埋没してしまっている。

ほかの工場、市内の消防隊が応援に来る。午後一時すぎから、横穴壕の埋没者の本格的な救出作業がはじまる。

工場長の大西定彦をはじめ、だれもがよかったと心から思うのは、ふだんなら一万人の従業員が働いているが、今日は休みのため、出勤者は一千人にとどまったことだ③。

さて、立川の工場から中島の武蔵製作所、横浜の日本飛行機富岡工場、そして日立の日立工場まで、今日の空襲の全体の死者はどのくらいか。いつもよりはわずかながら少ないのではないか。一日の空襲で三千人以上が殺されると前に記したが④、今日の空襲の死者は、日立工場の死者の数はいまなお不明だが、かりに五百人として、総計二千五百人ぐらいではないか。

言い忘れてならないのは、与えられた目標を狙いそこねたB29、偵察任務の少数のB29は陸地を離れる前に海岸沿いの町に爆弾を落とし、家を破壊し、人を殺すことだ。午前七時二十五分、浜松駅と日本楽器本社に爆弾を落とし、六人を殺した。九時十五分、清水市に落とした爆弾で十八人が殺された⑤。

昨日と今日、十の航空機工場が爆撃されて、航空機の生産への影響はどれほどか。無傷の工場もあったが、愛知航空機の発動機工場と川西航空機の鳴尾製作所の被害は大きかった。

今月の航空機の生産はどこまで落ちることになろう。軍需省航空兵器総局の長官、遠藤三郎はどう考えているのだろう。今月は三百機の生産も不可能ではないのか(6)。爆撃は航空機の生産を際限なく低下させているが、すべての息の根をとめようとしているのは海上封鎖である。

今日、霞ヶ関の軍令部と海軍省の幹部たちが気にしているのは、昨日の愛知と川西の海軍機製造工場の被害状況ではなく、その海上封鎖のほうだ。

済州島の沖合で海防艦四一《よんいち》が魚雷攻撃によって沈められた。これが昨日九日のことだった。時間は何時だったのであろう。黄海に敵の潜水艦が入るのは珍しいことではなかったから、やられたかというだけのことだった。

ところが、昨日の午後八時、新潟を出港した貨物船が撃沈された。それとはべつに佐渡島の西の海上で一千トンの貨物船が沈められた。さらにもう一隻、二千トンの貨物船が沈められた。午後十時には、津軽海峡の西側、日本海内で二千トンの貨物船が沈められた。触雷ではなく、すべて雷撃によるのだという。いずれも日本海内での喪失だ。

つぎに北海道の網走沖で二千トンの貨物船が沈められた。そこはオホーツク海だから、日本海ではない。ところが、今日の正午少し前、能登半島の西側、猿山岬《さるやまみさき》の沖を浮上航行中の潜水艦伊《い》一二二が沈められた。機雷敷設用の潜水艦だ。触雷ではなく、これも雷撃によるものだ(7)。

もはや疑う余地はなかった。敵の潜水艦が日本海に入っているのだ。

昭和十八年七月に敵の潜水艦が日本海に侵入したことがある。それが最初だった。その年の十月にも日本海に侵入したが、そのうちの一隻を沈めた。敵はそのあと日本海に侵入しなかった。それ以来のことだ。今回は二隻、三隻ではなく、その数はさらに多いようだ。

対馬海峡には三層にわたって機雷堰が設置してある。ここを突破して日本海に入ったのではあるまい。機雷の数が少ない宗谷海峡から潜入してきたにちがいない。軍令部の幹部たちはこう思っている。

敵の潜水艦が日本海で勝手気ままに暴れまわることになったら、大豆、とうもろこしと重火器、弾薬の輸送が断ち切られ、軍人や役人が上海、北京から日本に帰ることができなくなり、日本から満洲への工場疎開の機械類と技師の輸送も止まってしまう。いよいよ日本は四つの島に孤立してしまう。

国民義勇戦闘隊への「転移」

ところで今日、六月十日は日曜日だが、議会は昨日につづいて義勇兵役法案と戦時緊急措置法案の審議をおこなう予定だった。

義勇兵役法案は、「情勢急進セル場合」、国民義勇隊を国民義勇戦闘隊に「転移」するが、この隊員を兵役法で縛り、しっかり陸軍の統制下に置こうというものだ。

戦時緊急措置法案は、軍需生産の維持、食糧と生活必需物資の確保、運輸通信の維持、防衛の強化のために、法令に優先して緊急の勅令をだせるというものである。

ところが、朝からの空襲のために午前中は休会である。議会は午後には開かれるが、義勇兵役法案の委員会での審議、衆議院と貴族院の本会議での可決までが精一杯で、戦時緊急措置法案の審議はとてもできない、会期は一日延長になると、閣僚と関係機関の部局長たちが話し合っている。

午後、衆議院の義勇兵役法委員会でその法案の審議がはじまる。

義勇兵役法案について語るとなれば、国民義勇隊について説明しなければならないだろう。

はじまりは岸信介だった。ずば抜けた才幹と少なからぬ政治資金を持ち、なにかをやることができるのは岸であり、ほかにはこうしたことができる政治家はいなかった。生産軍の創設を説いてまわり、つづいて新しい国民組織をつくらなければならないと説きはじめた。門前に危機が迫っているいまこのときに、国民、そして議会はすべてを政府に任せ、政府は政府でおざなりのことをしているだけだ、われわれが国民運動を起こさなければならないと岸は主張した。前にも見たとおり(8)、かれが東条内閣を倒したあとから今年の三月までのことである。

かれの試みは、政府首脳、議会主流派の幹部、そして陸軍に阻止されたものの、かれらをひどく慌てさせ、衆議院の多数勢力がつくっていた翼賛政治会を大日本政治会と衣替えすることにつながり、大政翼賛会と翼賛壮年団を新しい国民組織に変えようという動きとなり、国民奉公隊をつくろう、国民義勇隊をつくろうということになった。

そして、大日本政治会の幹部政治家は自分たちの総裁が新組織の首班になるのが当然だと説きはじめた。「戦時農業にもっとも活用すべく期待している」と新組織にべつの期待をかけたのは農商大臣の石黒忠篤《ただあつ》だった。内務省はといえば、大政翼賛会と翼賛壮年団をいつか実質的に支配してしまったように、新しくできる団体を自分たちのものにするつもりで、地方の隊長に政治性があってはならない、県知事が兼任するのが当然だと説きはじめた。文部省は文部省で、学徒隊の編成は義勇隊とはべつものだとはっきり主張した⑨。そして、陸軍はもちろんのこと国民義勇隊の有用な部分を自分の直接指揮下に置く考えでいた。

だが、日本青年団、在郷軍人会、警防団、大政翼賛会、翼賛壮年団、さまざまな組織が生まれては消えたが、いまとなっては名前を変えようと変えまいと、なにをすると新たに決めようと決めまいと、なにもできはしないのである。

町や村には老人と女と子供しかいないのだ。

岸信介が新国民運動、新党運動に失敗して故郷の山口県に帰り、小さな地方新党の結成からやり直そうとして講演会を開いてまわって身に沁みて知ったであろうことは、三年前、昭和十七年の衆議院選挙のときにかれのために駆けずりまわってくれた三十代、四十代の血気盛んな男たちがひとりとして町に村に残っていないことであった[10]。

本土沿岸防衛に向けて四十個師団を新設するために百五十万人のそれこそ根こそぎ動員をこの二月からはじめて、徴兵検査で丙種の者、第二国民兵役の男、これら兵営とも戦場とも無縁だと安心していた男たち、しかも四十二歳、四十三歳の男までを召集してきている[11]。

そのうえ、町や村にわずかに残っていた男たちを取り込んでしまったのが陸軍の特設警備隊である。

特設警備隊がつくられたのは、陸軍が管轄する離島である大島、三宅島、八丈島といった伊豆諸島が最初だった。昭和十八年八月になってからだ。沖縄では昨年の十月からだ。つづいてマリアナ諸島からのB29による空襲がはじまって、本土でも三十代、四十代の男が防衛召集され、特設警備隊に組み入れられるようになった。在郷軍人会の形ばかりの防衛隊に代わっての新組織である[12]。国民学校の校舎がかれらの兵営だ。担任地域の警備ということから、決まりのうえでは兵士の数だけ九九式小銃を揃え、一挺につき弾薬三十発となっているが[13]、兵士たちは腰に銃剣をぶらさげているだけだ。小銃は一挺もない。

かれらの任務はこれまでは空襲のときの消火作業だ。警戒警報がでると、働いている工場から駆けつけ、作業服を軍服に着替えた。やがて隊員は交代制の常駐となり、国民学校に寝泊まりするようになっている[14]。月に十日の勤務、十五日の勤務のところもある。ポンプ車はおろか手押しポンプも持たず、かれらはなんの役にも立たなかったが、それでもバケツを手にして兵舎となっている国民学校を火から守ったことはある[15]。かれらはまた、空襲のあとの焼死体の片づけ、強制疎開の家屋の取り壊しに出動してきた。

特設警備隊のほかにまだなにが必要なのか。国民義勇隊をつくることなど、なんの意味もない。もちろん、そんなことは陸軍の幹部も承知している。だが、全国的な規模でやること、大々的にやることこそがなによりも大事なのだ。

大々的にやれることを見つけだし、会議と交渉に時間とエネルギーを注ぎ、だれをも喜ばせる大計画に仕上げ、大号令をかけ、つぎには視察をしてまわる。しばらくは夢を描くことができ、しばらくは嫌なことを忘れることができる。

そのような大計画を陸軍はこれまでにいくつも展開してきた。前に述べたばかりだが、太平洋を越えてアメリカ本土に飛ばす風船爆弾の製造がそうだった。日本中の多くの女学校の生徒を動員して風船をつくらせた[16]。陸海軍がそれぞれやってきた全国の農村、農家を総動員しての航空燃料となる松根油づくり[17]、全化学工場を動員してB29を迎撃するロケット機用の燃料生産[18]も同じである。

いずれの計画も、技術的に可能かどうかを見極めることなく、望みどおりの軍事性能を発揮できるかどうかを真剣に考えることもなく、大動員をすることこそが成功を保証するものだと陸海軍の幹部たちは是が非でも思おうとしたのである。

国民義勇隊の創設は、それこそ陸軍幹部にとって、最後の大計画、最後の大動員となるものであることは間違いない。

国民義勇隊の結成式は、この五月の下旬から日本全国の県、市、村で挙行されてきている。県の単位では県知事、町や村の単位では町長、村長が隊長となり、その下の単位では町内会長や部落会長が小隊長となっている。陸軍が内務省の顔を立ててすべてを任せているのは、そうさせておくほうが面倒がないからにすぎない。

だが、肝心なことでは譲歩しない。内務省が国民義勇隊の中央本部、あるいは中央事務局をつくると言いだしたら、それには絶対反対の態度をとると陸軍は決めている。

そして陸軍は、国民義勇隊の結成を決めたのと同じとき、各地の連隊区司令部に地区司令部というもう一つの名前をつけ、連隊区司令官に地区司令官という新しい肩書を兼任させた。連隊区司令官はそれまでの官位は大佐であったのを少将、あるいは中将とした。府県知事と同じ勅任官とすることがねらいである。そして、地区特設警備隊を地区司令官の指揮下に置くことにした(19)。このさき国民義勇隊が義勇戦闘隊に「転移」したなら、これも地区司令官の指揮下に置こうとする下準備なのである。

そこで国民義勇隊の結成を見よう。新潟県北蒲原《きたかんばら》郡の水原《すいばら》町は阿賀野川右岸にひろがる平野の単作水田地帯のなかにある町だ。水原町の町長の小川正英が北蒲原郡の地方事務所長に宛ててだした五月十七日付の報告書がある。

「去ル五月十一日臨時町村長会同ニ於イテ御指示相候水原町国民義勇隊ハ左記ノ通リ結成候条此段御報告候也」

隊長は水原町長の小川正英、副隊長は農業会長、名誉助役、解散を待つばかりの翼賛壮年団の団長を兼ねている佐藤康男だ。幕僚は二人置いている。仰々しい名称だが、「隊運営ノ要務ニ参画シ其ノ推進力トナリ」と国民義勇隊編成の大綱に記してある。助役と主事が幕僚である。幕僚を補佐する挺身員は九人、このうちの五人は町会議員である。このうちのひとりは女性で、日本婦人会の支部長だ。報告はつぎのように結んでいる。

「水原町四十五町内会ヲ小隊ノ単位トシテ男子部、女子部ヲ置キ、各隊長ハ町内会長ヨリ推薦任命ス」⑳

埼玉県南埼玉郡の桜井村をつぎに見よう。草加町の北、元荒川と古利根《ふると ね》川のあいだの沖積地、東武蔵《ひがしむさし》の穀倉地帯のひとつである。

桜井村の国民義勇隊の隊長は村長である。副隊長には警防副団長がなった。ついでに言うなら、村長が警防団長を兼任している。幕僚には各部落会の会長が指名された。桜井村には部落が七つあるから、幕僚は七人である。そして、部落ごとに小隊長が置かれる。各部落の警防団の分団長が小隊長となった。

こうして桜井村の国民義勇隊の隊長から小隊長までが決まって、五月二十日に村の各戸に回覧板をまわした。「皇国ノ興廃此ノ一戦ニアルノトキ、全国民挙ゲテ戦列ニ参加スベク、国民義勇隊ガ組織サレマシタ。本村ニモ部落単位ニ出来マシタ」[21]と知らせた。男子隊は国民学校初等科修了以上六十五歳以下の者、女子隊は国民学校初等科修了以上四十五歳以下の者が隊員になると告げた。

桜井村は四百四十八世帯に加えて、疎開者と罹災者が今年三月末の調べでも村の全世帯数の三分の一を占める百四十六世帯にものぼっている。都心から二十五キロと近いことが理由であろう。村の総世帯数は六百に近い。こうして国民義勇隊の名簿には、男子隊が四百八十三人、女子隊が六百十九人の名前が並ぶことになった[22]。

桜井村が国民義勇隊の結成届を県にだしたのは五月二十五日である。

新潟県の水原町や埼玉県の桜井村は小隊を置くだけだが、大きな町には中隊を置いている。

人口が三万人から六万人、十万人以上が住む市ともなれば、国民学校はいくつもある。ひとつの国民学校の初等科児童の通学範囲の町、要するに学区内の町をひとつの中隊とするようにしている。中隊の名称は学校名とする。中隊には中隊長と二名の副中隊長を置く。副中隊長のひとりは女性とする。そして、学区内の町の一つひとつが小隊となる。

小隊の名称は町の名をつける。三人から四人の小隊長を補佐する役目の挺身員を選ぶ。

じつは都市の場合、国民義勇隊の中隊長や幕僚を選ぶのは難儀だ。会社や役所、工場、学校に勤務している者は職域国民義勇隊に加わることになっているからだ。五十代、六十代で家に残っている男を探すことになる。

東京都が各区に区の義勇隊の結成を命じたのが五月十二日だった。中野区では区長が憲兵分駐所長と相談し、区内に住む退役陸軍将官にお伺いをたて、かれらに副隊長になってもらった。退役した将官は、都内ならどの区にも三人や四人はいる。

ところが、五月二十五日の夜の大空襲で中野区の半分が焼かれてしまった。この四月に四万六千世帯が住んでいたのが、二万三千世帯が焼かれてしまい、住んでいた十六万人のうち七万人が罹災してしまった。そして四百人以上が焼死したのである㉓。隊長、副隊長、幕僚、そして中隊長、小隊長のなかには、当然、焼けだされ、よそへ移らざるをえない者もいるはずだ。国民学校を中隊の本部にすることになっているが、十校が全焼してしまって、中隊の再編成が必要になっている。全焼した町は十八にのぼり、被害を受けた町は七十に達し、焼け残った国民学校、女学校、公会堂に収容されていた罹災者は行く先を探して疎開していく。焼けてしまった町の小隊は消滅し、合併せざるをえない小隊もでてきた。

正直な話、国民義勇隊の問題など後回しにしなければならなかった。この大空襲の後始末のために区役所の職員が手分けをしてしなければならないことは、平常の三年分ほどもあった。罹災証明書だけでも書かねばならない数は二万三千世帯分にのぼった。百五十人の重傷者の入院先を確保しなければならなかった。国民学校、公会堂、寺院、二十二カ所の三万五千人の罹災者の共同炊事のための釜と燃料、食器、米、味噌、醬油、野菜を手配しなければならなかった。この集団収容所のための管理者を決めねばならなかった。入院はしないものの、怪我人は一千人にものぼり、応援に来る都からの医療班、習志野陸軍病院からの軍医、神奈川県からの医師団のために救護所を開設しなければならなかった。罹災者のための毛布、茶碗、箸、ちり紙、タオル、蠟燭、マッチ、米、野菜、魚が都からトラックで何回にもわたって届き、これらの品を収容所に配らなければならなかった。平常の配給に戻すための基礎単位である隣組の再編成は一刻も早くおこなわなければならなかったし、罹災跡地の壕舎づくりを認めること、その他の決まりを町会長に告げねばならなかった。ところが、すでに記したとおり、まったくの焼け野原になってしまった町がいくつもあった。焼けだされ、疎開先を持たない無縁故者の集団疎開の希望者のリストをつくらねばならず、空襲犠牲者の埋葬をしなければならず、合同慰霊祭をおこなうための準備もしなければならなかった。

出勤してくる百人の区職員は疲労困憊していた。そして、職員の三分の二以上が罹災していた。

それでも中野区の国民義勇隊結成式の延期は許されなかった。五月三十一日午前十時、焼け残った区役所旧庁舎で開催された。

じつをいえば、焼かれてしまった、疎開するからということで副隊長や中隊長、小隊長が辞任するのなら、それは結成式のあとにすればよい。隊員の名簿も後回しにする。お定まりの儀式をやるだけのことだから、延期するにはおよばないということだった。

庁舎の会議室に集まった幕僚、中隊長、小隊長たちは開会時間を待った。この数日中に解決しなければならない問題と心配事がだれの頭にもつぎつぎと浮かんだ。

焼け跡に一坪半ほどの合掌づくりの壕舎を建てよう。家族五人が入ることができるだろう。便所をべつにつくらねばならない。

女房は岩手に疎開させねばなるまい。福島の翁島《おきなじま》にいる集団疎開の幸子はどうしよう。右足を切断した山田君は大丈夫だろうか。お母さんの消息はまだないのか。ここが終わったら病院に行こう。

安田火災に戦災保険金支払いの手続きにいかねばならない。永楽ビルだというが、大変な行列で、受け取るのは二週間あとになるのだそうだ。五千円になるという噂があったが、三千円だという。それにしても大変な金額だ。しかも現ナマでもらえる。

町田に預けてある衣料疎開の行李はどうしよう。どうしてあのときあの革靴を履いて出なかったのか。どうしてあのとき……。

会議室に入ってきた来賓、顧問、かれらの心配事、思い悩むことも同じだった。

あとで区長に頼み、強制疎開の残材を分けてくれと頼もう。残材置場は焼け残ったのだという。

帰りは罹災者の収容所になっているという上高田の鏡妙院に行って、孝子の疎開先の相談にのろう。

終わったら、課長に頼んで、良子の罹災証明書をもらって帰ろう。

結成式は「国民儀礼」のあと、詔書の奉読ではじまった。祭主が国民義勇隊結成の報告祭をとりおこなった。副隊長のひとりが開会の辞を述べた。簡単な経過報告を区役所の課長のひとりがした。本部長の告示、区隊長の訓示、顧問の挨拶、隊員を代表して副隊長の宣誓、来賓の祝辞、東京都長官が最後に立ち、全員が起立し、聖寿万歳、中野区国民義勇隊万歳を唱える。閉会の辞を副隊長のひとりが述べ、七十分の儀式は終わった。㉔

秋田雨雀《うじやく》は青森県南津軽郡黒石町に疎開している。水田のつづく盆地のなかの小さな城下町で、かれの生まれ故郷だ。昨年四月に疎開した。すでに手放した雑司谷《ぞうしがや》の家が全焼したのを知ったのは今年五月十一日の友人の葉書によってだった。かれは劇作家だ。童話も書いてきた。人道主義を唱え、戦争に反対してきた。昭和二年にはソ連に招待されて革命十周年記念祭に参加した。ずっとソ連びいきだ。昭和十五年には新協劇団の活動に加わって、検挙されたこともある。六十二歳になる。

四日前のことになるが、六月六日の日記にかれはつぎのように記した。

「快晴。初夏のような暑さ。（今日大政翼賛会の福士君から贈られた牛乳をのんだ。感謝）今朝六時から神明宮《しんめいぐう》で国民義勇隊前町小隊の結成に参加した。社《やしろ》前で隊長中山泰秀氏に逢った。（この人は堂野前の人で、小学時代は僕の次の級で小野川懋《つとむ》なぞと同級生で、もと工藤といったように記憶する。中山家をついだので今日の姓になったのだと自分でも云っていた。）中山氏と雑談しているとやがて前町小隊は隊旗を先頭に繰り出してきた。隊員は男性五十名、女性三十四名ほどだった。社前に縦列をつくって結成式を行った。北山小隊長の挨拶につづいて黒石前町義勇隊長中山氏の挨拶があり、それから宣誓の朗読があり、聖寿万歳を三唱して祝杯をあげて結成式を終えた(25)」

特設警備隊と新たに結成されつつある国民義勇隊がどのようなものかは、アメリカ側もはっきり察知している。アメリカ太平洋陸軍総司令部の参謀部軍事情報課はこの五月三十一日の「敵情予測」でつぎのように記していた。報告のなかの「Yデー」とは関東地方への上陸作戦決行の日のことであろう。東京平野とは東京に加えてどこまでを指しているのかはわからない。

「東京平野における国民義勇隊と特設警備隊の全兵力はYデーまで五十万人を上回ると予想されるが、これは戦力としては数えない。というのは、これらの隊員はほんのわずかしか武装しておらず、小人数の集団で広範囲に分散していて機動力がないからである。

まともな軍隊を相手にしての防御力はきわめて低く、攻撃力は実質的にはゼロである(26)」

アメリカ太平洋陸軍の情報課は捕虜の尋問から、あるいは鹵獲《ろかく》した文書から内部情報を入手したのではない。日本の国内放送を情報源として、国民義勇隊が一挺の小銃も一台のトラックも持たないことを知ったのである。

市谷台の幹部たちは国民義勇隊をつくるという大計画、大動員にエネルギーを注ぐことによって嫌なことを忘れようとしているのだとは前に述べたことだ。だが、かれらも国民義勇隊がなんの役にも立たないことは万々承知している。かれらが目当てにしているのは、特設警備隊に召集することもできないような村や町の老人ではない。団体訓練を積んだ、質の高い中学校生徒の学徒隊を兵役法で縛って軍人にしてしまうことであり、外国の領土で戦うなら、当然、軍部隊の業務となるはずの鉄道、通信部門の国民義勇隊を国民義勇戦闘隊にしてしまい、これまた兵役法によって統御できる軍人にしてしまうことなのである。

さて、今日、議会で審議されるのが、この義勇兵役法案である。

法案の第二条によれば、男子は十五歳から六十歳までの者、現在、現役の者と召集中の者を除いて全員、女子は十七歳から四十歳までの全員が義勇兵役となる(27)。そして、義勇兵役の者は国民義勇戦闘隊に召集されることになる。

委員会では委員の質問に政府委員である陸軍省兵務局長の那須義男が答えた。

「作戦軍の後方で、輸送、給養、宿営、その他あらゆる勤務の担当をしたり、飛行場や道路の補修をしたりし、転移後も軍の指揮下で生産をやらせることもある。敵の斥候などが入ってきたら、ゲリラ的に戦う場合もある。味方の兵器には、伝家の宝刀から竹槍など何でも使ってもらう」

「召集義務については、従来と趣きを変えて、努めて事務を簡素にし、兵役ということの崇高性を失わぬかぎりにおいて、最大限簡単にやる。よって、今までのように兵籍名簿を作る考えはない。村なら村、会社なら会社で、義勇隊の名簿ができておれば、判だけ捺したらよいというような方式で簡単にやっていきたい」

「召集は、個人を召集した形になるが、いちいち召集令状を銘々の人にやるというようなことはしないで、平素から名簿のようなものに名前をつけておいてもらい、召集担当官が各土地土地で平素お願いしておく人を覚えておいていただき『集まれ』と言ったら、それだけで集まるという極めて簡単な方法でやりたい」(28)

委員会の委員たちはだれも意気があがらない。三月、四月には、敵軍をけっして上陸させないと陸海軍の幹部が議会内の集まりで断言し、だれもが喜んで会う人ごとに喋ってまわったものだった。だが、それももはや昔話だ。いったい、敵軍が本土に上陸して、どんな戦いになるのだろうかと考えれば胸苦しく、大きく息を吐くことになる。だからといって、異論を唱える議員はいない。

午後五時すぎ、衆議院本会議で義勇兵役法案は可決され、そのあと貴族院本会議で可決となる。

「天佑」と「天罰」

今日は六月十一日だ。

空襲は昨夜はなく、今朝もない。

もっとも、大規模な空襲がないということだけで、B29の偵察は昨日も今日もつづく。そして、P51がB29の護衛としてではなく、単独で来襲する。五月からは少数のB24が本州の沿岸地帯を襲うようにもなっているし、沖縄からの来襲も近くはじまるにちがいない。

警戒警報は東京で午前九時四分にでた。九時三十五分に解除になった。B29一機が御前崎から上陸、富士山の東方から関東に入り、鹿島灘に抜けた。

午前十時すぎ、B24が駿河湾から上陸、西に進路をとり、知多半島付近で南へ去った。午前十一時二十九分に警戒警報、つづいて十一時三十五分に空襲警報がでた。P51の襲来だ。B29二機に誘導された六十機が伊豆半島を北上し、厚木、立川、その他の飛行場を襲った。十二時十分に解除になる。

東京は薄曇りだ。会期が一日延長になったから、議会は開かれる。戦時緊急措置法案を審議する特別委員会が予算委員室ではじまる。

戦時緊急措置法案は前にも触れたとおり、本土における戦いに備えた全権委任の法律だ。ほかの法律の規程を超えて臨機応変の措置をとることができ、命令を発することができる。同じことをしようとするなら、憲法第三十一条の非常大権発動という方法がある。また憲法第十四条には戒厳の規程がある。だが、戒厳令は陸軍の独裁というイメージが強く、国民の反感を買うと政府、陸軍の首脳は考えたのであろう。そして、非常大権の発動は天皇が直接に政治に関与するという印象を国民に与えるので好ましくないと首相の鈴木貫太郎は考えた。そこで議会を尊重するという形をとり、戦時緊急措置法案を議会に提出するのがもっとも穏便ということになったのである。

予算委員室では、委員の江口繁の質問がはじまる。かれは日政会の略称で呼ばれる大日本政治会所属の議員だ。法案には賛成であり、いくつかの条項の修正を求めるにとどまった。つぎに護国同志会所属の小山亮が質問に立った。午前十時半だ。

閣僚たちは護同、護国同志会の議員たちが一昨日、本会議場で議長、首相、閣僚たちに詰め寄り、倒閣だぞと口々に叫んだことを忘れていない[29]。そして、今日の質問者の小山亮が喧嘩上手で鳴らしていることは閣員たちのだれもが承知している。

小山は五十歳になる。長野県の出身だ。国際汽船の貨物船の船員時代に労働組合活動をして、その行動力を発揮した。昭和十一年から三回の当選だ。だれもが記憶しているのは、四年前の昭和十六年四月、決算委員会で小山が商工大臣の小林一三《いちぞう》を呵責のない攻撃をつづけることで辞任に追い込んだことだった。

今日の特別委員会で小山が首相を見据えて説きはじめたのは、首相の二日前の九日の施政演説に関してである。四半世紀も前にサンフランシスコでおこなった自らの平和演説を引用して、平和の海の太平洋を軍隊輸送のために使うようなことがあれば「必ずや両国ともに天罰を受くべしと警告したのであります」と演説した部分である。

鈴木内閣を痛めつけてやろうと意気込む小山が、それをとりあげたのは当然だった。草案を読んで、閣僚たちが首をかしげ、訂正を試みようとした箇所であり、議場で首相が読み上げ、議員たちが首相はなにを考えているのかと思ったところでもあり、与党、大日本政治会の幹事長、松村謙三が散会のあと書記官長の迫水久常に尋ねたのも、この箇所を不審に思ったからだった。(30)

情報局の幹部もこれはいささか穏当でないと考えたのであろう。新聞に首相の施政演説を掲載するにあたって、おそらくは迫水久常と相談してのことであろうが、この箇所をすべて削ってしまった。(31) 鈴木が望んだのは、海外向けの放送がかれの施政演説を省略することなく報道してくれることであった。迫水は放送協会海外局長の武藤義雄に向かって演説全文を放送してくれと頼んだのであろうか。

ところで、小山は首相を攻撃するにあたって、詔勅のなかに「天佑《てんゆう》ヲ保有シ」とあることをとりあげた。詔勅とはもちろん「宣戦の大詔」のことであり、儀式が開かれ、たとえば国民義勇隊の結成式が挙行されれば、詔書の奉読がまず最初におこなわれるのが決まりだし、毎月八日の新聞の一面には詔書の全文が載るから、だれもが忘れるどころではない。その冒頭に、「天佑ヲ保有シ」とあり、「万世一系ノ皇祚《こうそ》ヲ践《ふ》メル大日本帝国天皇ハ」とつづく。

小山は説く。日本国民は天佑神助がわれらの上にあると確信してこの戦いに臨んでいるにもかかわらず、戦いをすれば両国ともに天罰を受けると首相が述べたのはどういうことか、これは間違いか、勘違いか、打ち消しを願いたいと言って大見栄を切った。(32)

耳の遠い鈴木は小山の質問内容が理解できない。内閣書記官長の迫水久常は書記官長室で政務官会議を主宰して、この場にいない。隣に座る厚生大臣の岡田忠彦が質問の要点を首相に耳打ちした。

鈴木は答えた。「天佑を保有するというお言葉の意味につきましては、学者のあいだにも非常に議論のあるところであります(33)」

委員は二十七人だ。与党の日政会の委員たちが総理はなにを馬鹿なことを言いだしたのかとびっくりするまもなく、野党の護同の委員たちが叫びだした。「不敬だ」「ご詔勅を批判するのか」「不謹慎だぞ」と怒鳴り、小山が「委員長、委員長」と叫び、「私はただいまの総理大臣のお言葉はそのまま聞き逃すことはできないのでございます」と、ここぞとばかり声を張り上げた。

委員たちは総立ちになり、閣僚たちは蒼白となった。与党の委員たちはこれは大変なことになると思い、「休憩、休憩」と叫びたて、護同の議員たちが辞めろ、総辞職だと大声を上げるなか、委員長の三好英之が「暫時休憩いたします」と精一杯の声をだす。午前十時四十二分である。

政府幹部、日政、護同の議員はそれぞれの控え室に戻り、善後策を協議し、連絡係が行き来する。昼すぎか、政府委員室にビラが配られた。護同の声明書である。

首相の答弁を引用したあと、つぎのように述べていた。「吾人同志ハ飽クマデモ、其ノ不忠不義ヲ追及シ、モッテ斯《か》クノ如キ敗戦醜陋《しゅうろう》ノ徒ヲ掃滅シ、一億国民挙ゲテ必勝ノ一路ヲ邁進センコトヲ期ス」

閣僚たちが不快な表情でこれを読んでいたとき、さらに気がかりな情報が入った。この声明書は議会担当の陸軍軍務局員の事務室で印刷したのだという。紙だって簡単に手に入るはずがない。これも陸軍側が支給したのだろう。護国同志会の倒閣運動に陸軍が加わったのであろうか。だれもが阿南惟幾の顔を盗み見たのであろう。

阿南惟幾は午前中、議会に顔をださなかった。午前九時から軍旗親授式があり、阿南は侍立した。天皇が連隊長に軍旗を授ける儀式である。宮中正殿が焼けてしまって、宮内省第二庁舎につくられた表拝謁所でおこなわれることから、しかも空襲を恐れる侍従武官が連隊長と連隊旗手に時間をかけるな、急ぎ足でと命じたことから、かつての荘厳さはまったくない。今日、天皇は十五人の連隊長につぎつぎと軍旗を手渡した。

閣僚たちは、かれらの話に耳を傾ける阿南がなにも知らない様子なので、まずはほっとしたのである。

陸軍が後押ししていないことが明らかとなって、だれもが強気になった。護同と話し合っても無駄であろう。かれらは戦時緊急措置法案に反対しよう。日政会の支持を得て、今日中に本会議を開かねばならない。ところが、護同の騒ぎで、日政会の委員たちも強硬な態度に変わりつつある。そこで、日政会の主張する条文の修正に応じることにし、説得に努める。そして護同に向かっては、首相の朝の答弁は取り消すと言った。護同の議員は自分たちがさらに頑張ったところで、陸軍が倒閣に踏みだすことはありえないと承知している。そして、明日の新聞には小山委員の質問と首相の答弁はなにひとつ載らないことも知っている。声明書を院内外で配り、護同の面目を発揮できたことでよしとし、首相にあらためて答弁を求めることで妥協することにした。

委員会が再開され、やっと修正案が通った。午後七時だった(34)。

そして、またも院内臨時閣議を開くことになる。閣員たちは護同の議員の罵詈雑言に耐えての一日に疲れ果てている。おまけに睡眠不足がつづき、腹も減っている。かれらの話し合いはつぎのようになる。本会議の再開は午後八時すぎになろう。だが、貴族院の審議は今夜というわけにはいかない。やむをえない、もう一日、会期を延長するしかない。

このとき、米内光政が口を開いた。「そうするならそうしてください。私は私で善処します。しかし、皆さんには迷惑をかけません」

だれもがなにごとかと米内の顔を見る。海軍大臣を辞めるつもりなのかと不安になる。護同の小山亮の脅しとはわけがちがう。海軍大臣が辞めてしまい、海軍側が後任の海軍大臣をすぐにださなければ、内閣は潰れてしまう。

だれもが米内はなにを考えているのだろうと思う。なにを怒っているのか。米内ははじめから臨時議会の召集に反対だった。かれの反対を押し切って議会を開けば、護同が騒ぎ立て、陸軍省軍務局の若い連中と組んで倒閣の真似事をすることになった。だが、怒っているのはだれもが同じだ、そんなことで辞めるというのは大人げがない、無責任にすぎると閣僚たちは思ったにちがいない。米内と首相、阿南との戦争終結をめぐっての争いを承知している者は、米内はほとほと嫌気がさしたのかとも考えるにちがいない。だが、それもおかしいと思うだろう。乳飲み子を背負った母親が火に追われて焼け死に、若い飛行士が爆装した飛行機で敵艦にぶつかることが毎日、毎夜つづいている現在、そんな身勝手が許されるのかと思うのではないか。

米内はなにを考えているのか。かれが六月六日に考えていることは前に記した(35)。今日、六月十一日にかれが考えていることも同じであろう。もういちど綴ろう。

ドイツが降伏してから一カ月になるにもかかわらず、木戸幸一は国を救うためになにもしようとしない。だからこそ、松平恒雄宮内大臣は大臣を辞めて木戸を道連れにしようとした。六月二日、私が松平に協力した木戸更迭の計画は失敗に終わった。木戸はおひどくこたえていよう。
上に泣きつき、その椅子にしがみついた。だが、かれが受けた打撃は間違いなく大きく、ひどくこたえていよう。

松平の辞任が宮殿焼失の責任を負ってのことというのは事実ではなく、自分を解任しようとしての策謀であったことに木戸は気づき、松平が内大臣に石渡荘太郎を推したことから、私が組んでのことだと推察し、松平と私がどうしてかれを辞めさせようとしたのかと考え、戦争の終結のために内大臣としての責務を果たしていないと松平と私が思っているのだと理解したはずだ。

木戸に圧力をかけつづけることだ。私が辞任すると言えば、当然、木戸の耳に入り、ほかの人はどう思おうとも、かれは自分にたいする圧力だと即座にわかるだろう。宮内大臣が辞め、つぎに海軍大臣が辞める事態になれば、ほかのだれも気づかなくても、天皇と皇太后はすべてを理解されることになると木戸は思うはずだ。

今日の午後七時半、もちろん、六月十一日だが、米内光政が辞任すると閣議の席で示唆したのは、総理と阿南にたいする抗議だとかれら二人を含めて全閣僚たちは思っている。だが、米内のほんとうのねらいは、木戸に行動を促す圧力をかけることなのである。二日前の六月九日に木戸が天皇に「時局収拾案」を提出したことを米内はまだ知らない。

衆議院本会議は午後九時三十九分に再開された。戦時緊急措置法案は本会議を通過した。午後十時二十分に散会となる。

日立製作所の日立の海岸工場の上台《うわだい》と呼ばれる台地の下の横穴防空壕は昨日、十日朝の爆撃で入口を塞がれた。このことは前に記したし、なかに残っている人たちの救出作業が十日の午後からはじまったことも語った。

作業は今日一日、そして夜になってもつづいている。トンネルの入口とその周辺は昼のように明るい。探照灯をつけているのだ。探照灯は日立の製品である。

トンネルは入口が埋まってしまっただけでなく、なかの落盤がひどい。土砂を排出しなければならないが、道具はシャベルだけだ。しかも二次災害の恐れがあり、作業はなかなかすすまない。

トンネルのあるこの台地の両側に工場がびっしりと立ち並んでいる。立ち並んでいたと言うべきなのであろう。台地の東側は海下《うみした》地区と呼ばれる。西側は会瀬《おうせ》地区である。四本のトンネルが東の海下と西の会瀬とを結んでいる。いずれも二百五十メートル以上の長さがある。そしてトンネルの中央で南北に結ぶトンネルとそれぞれに交差する。台地の上からもトンネルに下りる階段がいくつかある。

昨年七月から工事がはじまり、だいたいできあがったところだった。一万二千人が入ることができ、海岸工場の全員を収容できる。入口はいずれもコンクリートで巻いてあるが、どこの横穴式防空壕とも同じで、なかに入れば素掘りのままだ。もっとも、砂質のもろい部分は松材で囲ってある。

トンネル内の天井の岩盤が崩れ落ち、側壁が崩壊したのは、東西を結ぶトンネル四本のうちの北側の二本である。二十メートルの高さの台地の北半分に百発に近い一トン爆弾が炸裂し、台地は何十回と烈しく揺さぶられたのだ。

四百人以上の従業員がこのなかに閉じ込められるか、圧死することになった。

そのうちのひとりが岩間正二である。

かれは日立製作所海岸工場のポンプ製作課の準職員である。二十代であろうが、召集はされていない。かれは懐中電灯をつけ、ときどき手帳をひろげ、鉛筆で記録をつけた。

「六月十日午前九時横穴壕に同勢と入る　二回目の爆撃で初め海側　会瀬側　各一カ所ずつ地崩れあり　十一時頃初め会瀬へ出ようとす　これも自信なきため取りやめ

之れは切かきに出る予定だった　一時頃海下へ出ようと苦心をした　途中まで行って暗さと道具不備の為め　断念す　線路上と左右垣にそうものと二カ所手を下す　尚横穴

壕には瓦斯管或は鋼管の如き中が抜けて音の伝わる如きものを用意する必要ありと思う
未だ不完全なる壕に人を入れる　我々の如く地埋めにあわなくても　生き埋めになる
ものあり

1　マサ子へ
　紀雄をよろしくたのむ

2　父母へ
　マサ子　紀雄をよろしくたのむ

3　埼玉の方へも出来たら宜しく伝えて下さい

近松課長　谷中中隊長
　加藤中隊長
色々お世話になりました　碌《ろく》に仕事も出来ず恥ずかしく思って居ります
門野　6／10日ついに来たようです
いま壕のなかで死ぬのは未だ残念です
早川　田中　奥山　佐ト
水戸　大貫
寺方　此の二年色々と御厄介を掛けました　一日も早く嫁さんを貰うことをすすめる

筆はもういらないよ　メンタムできたら渡してくれ
皆　穴掘りにつかれて休んでいる　もう十一日の明け方かもしれない
時計はあるが火がない
皆　救助されるものと思い込んでいる
谷山　九日晩借りた本　駄目にして終《しま》いました
御勘弁して下さい　未だ未だ呼吸に障《さわ》りありません
頭はいくらかぼーっとしている気味
十日の朝飯を喰わぬので　腹がへってたまりません　煙草が吸いたいですな　死体が上がったら　きんし一本添えて下さい
埼玉へ
母ちゃん　色々御世話になりました　孝らしい孝が親に出来ず　不孝の罰てき面でしょうか　兄貴より先に死にます　未だ死ぬのは残念です　生前の不孝御許し下さい
まさ子へ　本は不要になると思うから出来たら静枝にやって下さい　靴は寺方にやってくれ　寺方へ写真きを返すこと　尚この前にうつしたものは茶たんすの一番上にあり
煙草が吸いたい
紀雄　しっけい」
手帳の余白に、煙を上げて走る機関車の絵を息子の紀雄のために書いた。

「まさ子　何も言い残すことはない　今は十一日の夜の頃だと思われる　皆二日の奮闘でつかれて休んでいる　立つとふらふらするのだ
同勢十人表から救助を待つがなかなかとどかない　障害物に出会って駄目になった
もう長いことはないらしい
浜によろしく
紀雄
以上[36]」

特攻戦備の現実――長谷川清の報告（1）

今日は六月十二日である。

昨夜半すぎ、零時四十分から一時四十分まで下関海峡と若狭湾にB29が機雷を投下した。B29の襲来は双方合わせて二十六機だった。朝のB29の空襲はどこもない。

B29偵察機一機が昼すぎに駿河湾から沼津上空を飛び、富士山の上から関東地方に入り、群馬、埼玉、茨城を抜けたが、警戒警報はでなかった。同じとき、B24二機が愛知県上空を飛んだ。

東京は雲が低く覆っている。梅雨模様だ。長谷川清が午前十時に参内する。長谷川は海軍大将、軍事参議官、六十二歳になる。

長谷川は海軍兵学校では及川古志郎と同期だった。横須賀鎮守府司令長官をへて昭和十五年十一月から昨年十二月の末まで台湾総督を務めた。

今年の一月、海軍次官の井上成美が高木惣吉に向かって、米内大臣がどうしてもやめるということになれば、後任は長谷川清大将のほかにあるまいと語った。高木が近衛文麿、岡田啓介、あるいは国会議員、内務省の幹部から、内閣が退陣した場合、新内閣の海軍大臣はだれになるかと問われたとき、どのように答えたらいいのかを井上は教えたのである。

小笠原の父島の特別根拠地隊の主計長だった矢作光悦は、今年になって、東京に転任となり、軍事参議官副官となった。代々木上原の長谷川の住まいに大臣官房からの軍機電報を二、三日ごとに届けるのが仕事のひとつである。ほかの軍事参議官のところには電報を届けないので、かれは上官にその理由を尋ねたところ、長谷川大将は海軍大臣要員なのだという説明を受けた。

こうしたわけで、首相となった鈴木貫太郎は、阿南惟幾から海軍大臣はだれになるのかと尋ねられ、米内さんにお願いしてみたい、お受けがなければ長谷川大将と交渉したいと即座に答えたのである。

そのとき米内は出張していた長谷川清を東京に戻らせ、かれを自分の後任に推そうとした。だが、長谷川は米内に辞意を翻させた[37]。

長谷川がどのように考えたのかは容易に想像できる。米内大将が海軍大臣として必要とされるのはこのさきなのだと思ったのであろう。まもなく、この戦争の終結をめぐって陸軍とのあいだで衝突が起きるのは避けられない。だが、米内大将が説くのであれば、陸軍の幹部たちは荒々しい敵意を示すことができず、滅多な反論もできない。三国同盟を締結さえしていなかったら今日こんなことにならなかったのだと陸軍幹部のだれもが心中悔やんでいるからだ。五年前、その同盟の締結に反対する米内内閣を倒そうとして陸軍大臣が辞任し、後任をださないと言い張り、内閣を潰してしまい、そのあとしばらく舞台を闊歩《かっぽ》していた連中こそがかれらだったのである。

長谷川のことを語るとなれば、前にも述べたことだが、[38] かれがアメリカとの戦いに反対だったことに触れねばなるまい。英国首相のチャーチルがルーズベルトの側近のホプキンズに向かって、また重光葵、松岡洋右《ようすけ》宛ての書簡で、「連合国」対「日本」の鉄鋼の生産量の比率は十対一だと述べたことがある。もちろん、これが秘密の数字であるはずがなかった。アメリカとの外交交渉がずるずるとつづいていたとき、長谷川はアメリカと戦争をすることになるのだろうかと知人に問われて、アメリカの工業力は日本の十倍だよと答えるのがつねだった。

かれはアメリカに勤務した経験があった。アメリカにいたのは二回、大正半ばから大正末までだった。やがては最高級の将官になろうという者はワシントン駐在武官の階段を踏むのがしきたりだった。もっとも、かれの同期の及川古志郎はアメリカでの武官の経験はない。長谷川の前にワシントン駐在武官だったのは永野修身、かれのあとが山本五十六だった。

もちろん、昭和十六年に長谷川がアメリカとの戦いに反対であったとしても、台湾総督のかれになんの発言権もなかった。だが、現在の長谷川は違う。かれは戦力査閲使《さえつし》である。戦力査閲という任務を執行することで、もはやこの戦争をつづけることができないことを天皇に奏上できるとかれは考えてきている。

戦力査閲使とはなにか。もともと特命検閲使の制度がある。検閲の結果は天皇に上奏し、そのあと検閲使と随員、この仕事の事務に従事した海軍省と軍令部の職員すべてが午餐の陪食に召されるのが慣例となっていた。このことからわかるように、天皇に代わって検閲をおこなうという形式的で儀礼の色彩の濃い行事であった。

戦力査閲令はこの二月につくられた。これは行政査察を真似たものである。昭和十八年三月に行政査察規程がつくられ、査察使がその年の五月に製鉄所の査察をおこなった。つづいて九月には航空機産業、昨年はじめには木造船の造船所、昨年四月、五月には南朝鮮と内地のあいだの輸送状況、六月、七月には電波兵器工場を査察した。

五島慶太、山下亀三郎、大河内正敏、豊田貞次郎、鈴木貞一といった企業家や退役将官が査察使となった。査察使は大きな権限を持ち、それぞれの工場に警告と指導をおこなった。だれもがはっきり覚えている査察使は藤原銀次郎《かねじろう》である。査察とはこういうものか、真の経営者とはこういう人物かと人びとに強烈な印象を与えた。かれの査察、かれのことについてはこのさきで記すこともあるだろうし、現在、かれが満洲の工場の査察をおこなっていることについても記さなければならないだろう。

今年に入って、行政査察がなによりも必要なのは、航空機製造工場の疎開状況を調べ、疎開した工場は操業をはじめているのか、その稼働の実情はどうなのか、操業していないのなら、遅延の理由はなんなのかを究明することのはずである。だが、飛行機工場の疎開の査察はしていない。もはや対策のたてようがないとだれもが諦め、軍需省が軍主要機関に配布している航空機生産数字の嘘(39)を暴いてもしようがないと思うのであろう。二月に陸上小運送の行政査察をおこなったのは、工場疎開の促進を曲がりなりにも望んでのことだった。

そのあと、行政査察はいましがた触れたように満洲でおこなっている。

この二月十五日からはじめることになった海軍の戦力査閲は、特攻戦備についてだけだった(40)。

海軍工廠と航空工廠、そして海軍の管理下にある軍需工場は、現在、生産しているのは特攻機と水上・水中の特攻兵器である。桜花、キ－一一五などの特攻機、水上特攻兵器の震洋、水中特攻兵器の回天、蛟龍、海龍である。火薬廠の生産の中心は特攻兵器の推薬と地下壕建設のための土木工事用の爆薬となっている。

そして、各鎮守府はそれぞれ三つ、四つの特攻戦隊を持ち、各戦隊はいくつもの突撃隊を抱え、これら突撃隊を岬や入江に配置し、水上特攻兵器と水中特攻兵器を主要兵器とすることにしている。

戦力査閲使となった長谷川清はこうした工場と基地を見てまわってきた。もうひとつ、航空特攻がある。かれは各地の飛行場も調べてまわった。もちろん、訓練に励む人びと、働いている人たちへの激励は戦力査閲使のもうひとつの任務である。

ところで、戦力査閲使の長谷川清が調べている航空特攻、水中・水上特攻への大きな期待を数字にしてみせたのが、四日前の六月八日の御前会議での軍令部総長の豊田副武の所信発表である。

前に何回か記したが、もう少し述べよう。敵輸送船一千隻のうち、航空攻撃によりおよそ百隻、水中・水上特攻により九十隻、全体のおよそ二割を撃滅するという見通しを軍令部第一課がたてていたのを、最高戦争指導会議で豊田は約三割から四割に嵩上げし、さらに二日あとの御前会議で五割まで撃滅するのだと豊田は主張したのだった。

豊田は詳しい説明はしなかったようだが、敵の輸送船五百隻を沈めるためには、航空攻撃によって二百五十隻、水中・水上特攻によって二百五十隻を沈めるということになるのであろう。

長谷川清は豊田副武が御前会議でそのような予測を述べたことをだれからか聞いたはずである。長谷川は米内と会って、「二分の一は水際前に於いて撃滅」すると言ったというのはほんとうかと確認したにちがいない。あるいは長谷川にそれを教えたのは米内だったのかもしれない。

なにはともあれ、長谷川は参内に先立ち、米内と協議し、豊田が語った嘘の上塗りはしないと言い、陛下にありのままを言上すると語り、米内は調べたとおりのことをお上に申し上げてくれと言い、もし、ご下問があったら、軍令部総長の挙げた数字はあまりにも楽観的にすぎると申し上げるほかはないだろうと言ったのではないか。

最初に述べたとおり、午前十時、長谷川は参内し、天皇の前で復命書を読み上げる。侍立するのは侍従武官長の蓮沼蕃である。そして、つぎのように言上したのであろう。

残念ながら航空特攻が活躍できる見込みは、現在までのところ、そしてこのさきもけっして大きくないのであります。

桜花の問題も言上したのであろう。神雷隊が三月二十一日に壊滅して終わったあと、桜花の改善計画がたてられているが、新桜花はまだ誕生していない、戦力になるのはこの秋以降になるのではないかと思われますと説明したにちがいない。

最後に本土決戦の主役とならねばならない水上・水中特攻についての戦力査閲も言上したのであろう。機動力に乏しいこれらの兵器は存分に活躍できないのではないかと申し述べ、しかもその配備が遅れ、訓練も満足にできていない実情を明らかにしたのではないか。長谷川は復命書の朗読を終える(41)。

天皇はさらに詳しく説明するようにと促した。侍従武官長は退席し、天皇は長谷川に椅子をすすめる。

長谷川がつづいてなにを説いたのかもわからないが、かれが見たとおりのことを言上し、考えたとおりのことを申し述べたのであれば、これも容易に想像がつく。

九州、四国、本州の各地に航空基地を新設し、各地航空基地の滑走路の拡充、飛行機の秘匿施設の建設におおわらわだ。航空特攻のための準備である。これらの飛行場は、敵の本土への上陸日、Dデーに先立ち、敵空母機部隊と沖縄からの陸上機部隊の攻撃を受けることになる。これを最小限の被害にとどめ、飛行場の機能の維持に努め、ただちに敵輸送船にたいする航空特攻を敢行しなければならない。だが、これは至難の業だ。長谷川はそれがなぜ難しいのかを天皇に言上したにちがいない。

現在、いくつもの海軍設営隊が各地で飛行場をつくっている。飛行場というより、滑走路の建設と言ったほうが正確であろう。長さ六百メートル、幅三十メートルの滑走路である。長谷川清は建設中のこうした滑走路を見てまわり、沼津の海軍施設本部野外実験所も視察コースに入れたにちがいない。

野外実験所には飛行場建設の主力機械の押均車《こうきんしゃ》がある。陸軍が排土車《はいどしゃ》と呼ぶものだ。

英語名はブルドーザーだ。前線では「排土車」でもなければ、「押均車」でもない。「土掻き」が敵のブルドーザーにたいする呼び名だ。(42) ほかに鋤取車《すきとりしゃ》という名をつけたキャリオールスクレーバー、鋤取掘削機と呼ばれるパワーショベルがある。

佐野忠行は海軍技術科士官である。大学では機械工学を学んだ。今年、二十五歳になる。昭和十八年に召集された。海軍で受けた講義と工場実習は土木機械のイロハだった。現在、佐野は海軍施設本部にいるが、昨年は野外実験所の教官だった。各地に派遣される設営隊員に土木機械の実習を指導していた。

数種類ある押均車のなかでいちばん優れているのは、ウェーク島から運んできた戦利品である。これまでいちどもオーバーホールをしたことがない。高速かつ重荷重の厳しい条件のもとで作業する機械のエンジンには不可欠のアメリカ製のヘビーデューティ潤滑油を使っていないにもかかわらず、気息奄々《きそくえんえん》ながら働きつづけ、故障したことはない。機械につけてある銘板から、ウィスコンシン州ミルウォーキーにあるアリスチャーマーズという会社でつくられたものだと佐野は記憶している。

陸軍の牽引車を改造したブルドーザーがつぎに優れている。海軍がこれを持っているのはつぎのような理由からである。

昭和十七年八月、ガダルカナルの飛行場に敵軍が奇襲上陸したと聞いて、軍令部や連合艦隊司令部の軍人たちはアメリカはウグイスの巣を奪おうとするホトトギスだと思った。二千七百人の設営隊員が一カ月以上かけて建設していた飛行場が完成間際だったからである。だが、それから一カ月あとには、かれらは自分たちが大きな思いちがいをしていたのに気づくことになった。敵はガダルカナルにいくつもの飛行場をたちまちのうちにつくりあげてしまった。敵はひとつの飛行場をつくるのに四日しかかからないと知ったのである。

飛行場建設にかかる時間の日米間の差が戦局を左右するのだとだれもが苛立ちの声をあげるようになった。

日本では土木機械をつくっていなかったが、牽引車があった。六トン、八トンの重さの火砲を運搬するために、満洲事変以来、陸軍は牽引車を開発、生産してきた。この牽引車に鋼索《こうさく》式の制御装置をつけた排土板をとりつければ、押均車、排土車になる。

ソロモン群島で敵の侵攻がじりじりとつづくさなか、おそらく杉山元や東条英機といった陸軍首脳は天皇から陸軍航空はなにをしているのかと問われたことがあったにちがいない。陸軍の飛行機の搭乗員は海上で飛ぶ訓練を受けていないから、南太平洋の戦いでは使い物にならなかったのである。陛下のご懸念もあることだから、せめて海軍飛行場の建設に協力しようということになり、陸軍は牽引車を海軍に引き渡すことになったのである。だが、その数は少なかった。

数だけは多いのが国産のブルドーザーだ。小松製作所と久保田鉄工でつくっている。

これが故障の絶え間がない。外観はアメリカ製と同じだが、劣悪な材料からつくられた部品はたちまち壊れてしまう。排土板のブレードが曲がってしまう。エンジンがすぐにとまってしまう。予備の部品がないから、実験所の付属機械工場で徹夜の作業となる。ようやく朝の実習開始に間に合う。ところが、二、三時間動くとまたべつの箇所が故障する。佐野忠行は計算してみた。三時間動かすためには、修理と整備に二十時間かかった(43)。

そこで設営隊がブルドーザーを持つようになっても、頼りになる機械は手押し台車と軌条《きじょう》、つまりトロッコとレールであり、トラックだった。とはいっても、新たに編成された設営隊の幹部は押均車を是が非でもと欲しがり、設営隊員は沼津でその操作を学んだ。

だが、この故障多発の押均車もいまは使うことができない。燃料がないからだ。蒸気機関をとりつけようという研究がおこなわれているが、明日の間には合わない。

現在、本土決戦のための飛行場づくりのために新しい設営隊がつぎつぎと編成されている。機械類はといえば、トラックが数台あるだけだ。ほかはトロッコだ。だが、レールが充分にない。ほかは昔どおり、つるはし、鍬、鋸、鉈が主要工具となる。じつはこれらも足りない。応召の隊員に一時帰郷をさせて家から道具を持ってこさせているのは、どこの隊でも同じだ。

滑走路の建設がすべて人力となれば、数だけが頼りだから、中学生の勤労動員となり、できたばかりの国民義勇隊という名の村の老人と婦女子の労働奉仕隊が駆りだされることになる。国民学校の高等科の女子が砂利の入った大きな木箱を背負い、川原から飛行場まで背を曲げてゆっくりゆっくり足を進めていく。長谷川清はこうした胸のうずく光景を見てきた。

だが、かれが大きな息をついたのはまたべつのことではないか。かれがなによりも心配しているのは、つぎのようなことのはずである。

飛行場の周辺には対空火力が少ない。というよりも、ないのが当たり前だ。ましてや滑走路ひとつの秘密基地に高角砲の用意などあるはずはない。もちろん、いまさら高角砲の生産を増やせといってもしようがない。敵の戦闘機は蜂が葉の後ろに潜む青虫を探すようにしつこく飛行場の周辺を飛びまわることを覚悟しなければならない。飛行機は広い地域に分散して隠しておかなければ、たちまち見つけだされてしまう。

必要なのは基地内すべてに通じる電話である。さらに燃料車と牽引車が不可欠だ。電話線を充分に張りめぐらすことができない。燃料車も不足している。

基地の燃料車の数が少なければ、多くの飛行機が一斉に給油しなければならないときには、ぼんやり待っているわけにはいかない。手作業でやらねばならなくなる。燃料車がないために攻撃発進が遅れることは、これまでの戦いで数多く起きた。戦闘機ならドラム缶三本分の燃料を積む。前に記したが、一式陸攻が積み込む燃料はドラム缶三十本分だ。

トラックが横穴壕に隠してあるドラム缶を積んで飛行機の側まで来る。それを下ろす。作業台を運んでくる。作業台の上にドラム缶を載せるのには四人の手が必要だ。ドラム缶の栓を開け、バケツにガソリンを入れる。一杯になったら、翼の上で待つ者にバケツを手渡す。翼の上の燃料口に漏斗《ろうと》を使ってガソリンを慎重に入れる。ドラム缶三本のガソリンを入れるのは大変だ。ましてや、一式陸攻にドラム缶十本、二十本のガソリンを入れるのは辛い仕事だ(44)。人任せにできない。搭乗員が自分たちでやる。炎天下の仕事であり、休みをとる余裕はない。くたくたに疲れ、手のひらには大きな水ぶくれができる。

敵の空襲が近いと知れば、飛行機の燃料タンクから燃料を抜いておかねばならないが、これを手作業でやるのは面倒だから、燃料車がなければ、ついつい燃料を抜かずに空襲を迎えることになる。前線の基地で、魚雷運搬車がないことから、魚雷を抱えたままの攻撃機が駐機場にとどまっているのと同じである。奇襲をかけられ、敵機に見つけられ、機銃で掃射されれば、たちまち燃え上がってしまう。燃料車が充分にないために、どれだけの爆撃機、戦闘機が失われてきたことか。

飛行機を分散して隠しておこうとすれば、牽引車が足りないのも頭の痛い問題だ。飛行機を素早く巧妙に隠蔽することができないし、攻撃発進が遅れることにもなる。それだけではない。敵機に見つからないようにするために、誘導路を数多くつくらねばならないが、その誘導路の整備がよくない。飛行機が脚を折る。

飛行機は機体の重心の近くに左右二本の主脚を持つ。着陸するときに受ける衝撃荷重が機体に及ばないようにする緩衝装置のついた脚だ。海軍、陸軍ともに日本の飛行機は華奢《きやしや》なつくりで、とりわけこの脚まわりが弱い。一・八メートルの高さから落として強度テストをするアメリカのヘルキャットとは比べものにならない。

着陸時に脚を折り、機首が壊れ、そのまま滑走路の脇に置かれてある戦闘機を見るのは、航空隊に勤務する者にとって辛いことだ。誘導路で飛行機が脚を折るのは、窪みに落ちてのことだ。誘導路の轉圧《てんあつ》、締め固めが足りないからだ。ロードローラーがないためだ。

ロードローラーがあっても、滑走路を轉圧するのに手一杯で、誘導路の締め固めにまわす余裕がない。誘導路に砂利を敷いても、轉圧しなければなんの役にも立たない。

ブルドーザーやパワーショベルカーといった土木機械は戦争がはじまる前にはなかったが、ロードローラーは戦前からあった。はじめは輸入していたが、国内でつくるようになっていた。ところが、土木機械向けの鋼材が粗末なことから、ロードローラーも故障の絶え間がない。

沼津の野外実験所の教官だった佐野忠行にはつぎのような経験がある。現場でロードローラーのエンジンが修理不能の故障を起こした。修理場へ持っていくためにトラクターで牽引をはじめた。その途端に胴体が折れて身二つに長々と寝そべってしまった。調べてみると、鋳鋼で製作すべきところを材料がないため、鉄瓶と同じ鋳物でつくってあった(45)。

そこで長谷川清が考えるのは、九州、四国、中国、近畿、中部地方の飛行場は、昼間は敵の空軍の制圧下に置かれることを覚悟しなければならないということだ。特攻機を後方の基地から出撃基地にどのようにして送り込み、いかに早く分散配置するか。そして、どのようにして素早く発進させ、敵輸送船の攻撃に向かわせるのかということになる。

敵の側はどういう戦いをするのか。敵空母部隊は長期間にわたって継続して作戦をおこなうことができるようになっている。わが方の軍令部と連合艦隊の幹部たちがはじめから諦めていたことを、昨年になってアメリカ海軍の首脳は考究し、実施するようになっている。

急速給油の手法を開発し、重量のある弾薬の洋上補給の方法を工夫し、当然ながら、食料の補給、怪我した者を後送することが容易におこなえるようになって、継戦能力を高めることができるようになった。もちろん、前に見てきたとおり、わが海軍航空がこの空母部隊に大きな損傷を負わせることができないことが、敵空母部隊をして上陸地点後方の海上に居座ることを可能にさせた最大の理由である。

数百機の敵空母機はこちらの航空機の活動を封殺しようとする。いくつかの群に分かれ、それぞれ攻撃する飛行場を決め、滑走路を破壊し、その上空を旋回し、朝から夕方まで監視をつづけることになる。

さらにB29が飛行場爆撃に協力する。沖縄水域への特攻機の攻撃がつづいたときには、前にも記したように、四月八日に五十機のB29が鹿屋飛行場群を襲ったことにはじまり、五月十一日の大分、佐伯、都城、宮崎飛行場の爆撃まで、二十機から三十機単位のB29が九州の航空基地への爆撃を毎日つづけた。同じように、今度は本土のすべての航空基地が毎日、B29に襲われることになる。

当然ながら特攻機の出撃は夜になる。月明かりを利用するとなれば、出撃の日数は限られる。そして、昼に破壊された滑走路の修復を出撃時までに完了させなければならない。土木機械がないから、つるはし、もっこの作業部隊を最低五百人の単位で用意しておかなければならない。

だが、作業部隊だけでは特攻機を飛び立たせることはできない。前に述べてきたとおり、その小さな新設の飛行場に通信施設を設置し、燃料車、運搬車を配置し、整備員を置かなければ、飛行場は機能しない。長谷川清は各地の新しい飛行場を見てまわり、失望するばかりだった。

滑走路はできあがっている。誘導路は二本つくられている。そのさきの崖を掘っている。この隧道に飛行機を入れるという説明だ。特攻機は練習機の白菊だから、組み立ては簡単だ。胴体と翼をべつべつにしておけば、狭いトンネル内に格納できるというのだ。出撃命令が指揮所に届く。敵機編隊の襲来の合間に、白菊の胴体と翼をトンネルから引きだす。もちろん、昼のあいだにやらねばならない。整備兵が胴体に翼をとりつける。組立工場でやるわけではないから、面倒な作業だ。これも隠してあるドラム缶を転がしてきて、燃料を入れる。漏斗を使ってだ。そして、誘導路を押していく。左右の前車輪の幅、三メートル分だけ砂利を入れてあるが、しっかり固めていない。車輪のひとつが深みに落ちる。

長谷川は、なににもまして必要なこのような訓練を、実際に見たことがなかったにちがいない。簡易滑走路の近くの山にいくつもトンネルを掘っている現場に連れていかれただけだったのであろう。

長谷川は天皇に向かって、出撃する特攻機のための秘密基地をいくつも造成しているが、これが攻撃基地となるまでには、まだ多くの準備が必要であると言上したにちがいない。

そして、長谷川は新桜花の開発が進んでいないことについて、詳しく報告する。

三月二十一日に野中隊が全滅したあと、第一航空技術廠では新桜花、桜花二二型の設計をはじめた。敵空母群の直衛圏の外で桜花を発進させなければならないということで、航続距離を延ばさなければならない。そのために弾量を半分にした。また、母機は一式陸攻では遅すぎるということから、銀河を使うことにしている。

桜花一一型は火薬ロケットを装備したが、二二型は自力航行能力を高めるために、原動機として初風ロケットを装備することにした。ロケットは日立でつくっているが、その製造が遅れている。この六月中には初風ロケットを装備した二二型の飛行実験をおこなう予定となっている。実戦配備はまだずっとさきのことになる㊻。

一式陸攻や銀河といった母機を使わず、海岸近くの山にカタパルトを設け、横穴壕に隠してある桜花を引きだし、カタパルトから発進させるという計画もある。これが桜花四三型である。

横須賀の武山《たけやま》にすでにカタパルトを建設した。長谷川は隊員を激励するために発射基地を視察したのかもしれない。だが、桜花四三型の練習機の発射はまだおこなわれていなかったにちがいない。

特攻戦備の現実──長谷川清の報告（2）

さて、長谷川清が天皇につぎに報告するのは、水中・水上特攻兵器のより詳しい説明であり、その生産状況、これらの兵器の教育訓練と基地の整備の実情についてである。

海軍首脳は水中・水上特攻兵器に信頼を持たなかったからこそ、桜花に過大な期待をかけたということは前に記した。ところが、神雷隊が三月二十一日に壊滅してしまって、桜花の攻撃に期待を寄せる者はいなくなった。水中・水上特攻兵器の震洋、回天、蛟龍、海龍に期待をかけるしかなくなった。

何回か記したように、軍令部総長の豊田副武が六月八日の御前会議で、特攻兵器によって「敵もし六、七月ごろに進攻し来る場合はその二分の一は水際前に於いて撃滅し得る」とまことに無責任な予測戦果を申し述べた。

豊田副武がそのように語る前の軍令部第一部の見通しはつぎのようなものだった。七月に敵が南九州に来攻する場合、輸送船一千隻のうちの百九十隻を撃滅できる、そのうち航空攻撃によるもの百隻、水中・水上特攻攻撃によるもの九十隻と算出した。

軍令部第一部の戦果判断の基礎として、蛟龍の攻撃成功率を三分の二とし、回天の攻撃成功率を三分の一とし、震洋の攻撃成功率を十分の一とした。そして、基地における損耗見込みをすべて一割としていた。

回天の攻撃成功率を三分の一としたのは、なにを根拠にしたのであろう。昨年十一月二十日の回天による玄《げん》作戦の公表戦果を基礎にしたのかもしれない。

前に述べたことを繰り返すが、ウルシーの敵泊地を攻撃したその作戦に潜水艦三隻が参加した。それぞれ四基、合計十二基の回天を搭載していた。そのうち一隻の四基が発進した。潜水艇の一隻は消息を絶ち、四基の回天もともに沈んだ。もう一隻は、四基のうちの三基が故障し、発進したのは一基だけだった。結局、五基の回天が発進し、空母二隻、戦艦三隻を撃沈した。その戦果を信じることにすれば、たしかに回天の攻撃成功率はおよそ三分の一だった。

だが、昨年十一月二十日のその攻撃のあと、今年一月、二月、三月と回天特別攻撃隊は出撃したが、惨憺たる結果に終わった。六隻の潜水艦を失い、しかも回天の攻撃はひとつも成功しなかった。

詳しく語れば、二月十九日に硫黄島に回天を搭載した三隻の潜水艦が出撃した。そのうち一隻は攻撃をおこなうことができずに呉に戻った。他の二隻は消息を絶った。つぎに回天を搭載した二隻の潜水艦が出撃したが、これも攻撃できずに戻った。沖縄の戦いがはじまる直前に三隻の潜水艦が回天特別攻撃隊を編成して出撃したが、そのうち二隻が戻らなかった。この一月、二月、三月を通じて、一隻の敵艦も沈めることができないまま、回天装備の潜水艦、二十三隻のうちの四分の一を失ってしまったのである。(47)

どうして回天を搭載した潜水艦が沈められたのか。

回天を開発したのは桜花開発の発想と同じだった。攻撃機は敵の防衛戦闘機に阻まれて敵艦を爆撃できるまでに接近できないことから、乗員ひとりが搭乗、操縦する爆弾装備の滑空機を使おうということになった。同じように、潜水部隊が敵基地の艦艇を攻撃しようとしても敵の哨戒飛行機と対潜水艦防御の艦艇に制圧されることから、乗員ひとりが搭乗、操縦する魚雷を使おうということになった。

ところが、野中隊は桜花を切り離す前に簡単に敵の迎撃戦闘機に捕まってしまった。回天を搭載した潜水艦も同じだった。

潜水艦は潜航したまま回天を発進させることができない。回天に搭乗員が乗り込むためには潜水艦は浮上しなければならないからだ。一隻の潜水艦は四基の回天を積んでいるが、このうち二基は交通筒から出入りできる。だが、残る二基は潜水艦が浮上して、上甲板から入らなければならない。このため敵の基地の周辺を警戒する哨戒機の電波に簡単に捉えられてしまうのだ。

長谷川清は呉の基地でこうしたことを聞いたはずだ。かれは潜水艦については詳しい。昭和のはじめに潜水戦隊の司令官をやったことがあり、潜水艦がウルシーやトラックの環礁に忍び寄り、その入口を監視し、出港する艦隊を追跡、触接するといった演習を繰り返したことがある。軍令部長が加藤寛治《ひろはる》、次長が末次信正だったときだ。そのあとは艦政本部第五部長となって、潜水艦の改善と建造を担当した。

そこでかれが承知していたのは、潜水艦乗りには士官も水兵も海軍のなかから粒選りの者を選び、教育と訓練は厳しく、自他ともに世界の海軍に冠絶する技量を持つことを誇りにしていたことだった。当然ながら、かれもそう信じていた。

台湾総督になってからのことだから、少し遅れて知ったのであろうが、かれを愕然とさせたのは、真珠湾攻撃のときに二十七隻の潜水艦が敵の飛行機と艦艇に制圧されて身動きできないまま、一隻を失い、なにひとつ戦果がなかったということだった。

こちらの潜水艦はいともやすやすとその潜水位置を敵にかぎつけられた。百メートルの真上で敵の駆潜艇の推進器の音がガラガラと響く。ドブーン、ドブーンと爆雷を投下する音が聞こえる。調定深度に達して爆発するまで息をつめての数秒が過ぎ、激しい爆発音とともに艦が激動する。推進器の音が去ってほっとする。だが、再び推進器の音が真上に近づいてくる。

敵の駆逐艦と駆潜艇の探知機と聴音機に潜水艦は手も足もでなかった。そのあとも、それこそ今日まで、潜水艦は敵の探知機と聴音機に勝つことができなかった。戦前には想像できなかったことがさらにつづいた。潜水艦が物資を運ぶことになったのである。南太平洋の孤島に食料を輸送することが潜水艦の任務となった。

そしてもうひとつ、潜水艦それ自体が劣っているという重大な問題があった。だれも気づいていないことであったが、敵の潜水艦ならびくともしない距離の爆雷の爆発で、艦体の強度が劣るわが方の潜水艦は破壊されてしまうのだった。

そして、最後の切り札と信じた回天もさっぱりだった。長谷川は呉で会った潜水隊の司令官、回天の親艦《おやぶね》の艦長たちの士気がいたって低いのを痛いほど知り、二十年前の意気軒昂たる部下たち、潜水艦乗りの闘志を思いだして、溜め息をついたはずである。

かれは天皇につぎのように言上したのではないか。回天の泊地攻撃は敵の警戒が厳重になり、防潜網を張るようになってできなくなっております。航行艦の襲撃に戦法を切り換えましたが、波の高い洋上では眼高の低い回天の潜望鏡によって敵艦を捉えることは困難であり、経験の少ない回天の搭乗員は多大の訓練が必要であります(48)。

つぎは蛟龍である。蛟龍は小型潜航艇、甲標的丁型であることは前に記したが、もういちど、甲標的甲型の説明からしなければなるまい。

甲型は水上での航続力は必要としなかった。母艦から下ろされ、前進してくる敵艦隊を待ち、魚雷を発射する。戦いのあとで収容するのは乗員だけということになっていた。だが、甲型の活躍を想定した艦隊決戦はおこなわれなかった。戦いは空母機が主体となり、敵味方の艦隊は相手の艦を見ることがまったくない海戦となったのである。

そこで敵の艦隊基地を攻撃できる甲標的をと考えるようになった。そのためにはある程度の水上での航続力が必要となる。甲型は発電機を持たなかったが、自力で充電するために四十馬力の発電機を積むことにした。これが甲標的乙型であり、その大量生産のための改造型が丙型だ。航続距離は四百キロである。フィリピンのセブ島にこの丙型を十隻送りこんだが、めざましい戦いはできなかった。敵の艦艇を沈めたのは一隻だけだったのではないか。五隻が失われ、魚雷がなくなって、残る五隻は自沈した(49)。

セブ島における丙型の戦いの結果から、どのような論議が交わされたかわからないが、それよりずっと前から、もう少し航続距離が長くならないかという声が高かった。せめて丙型の三倍の航続力が欲しい。こうして丁型がつくられた。搭乗員は丙型が三人だったのが、五人となった。昨年の末に試作艇一隻が完成し、蛟龍と名づけられ、量産が決まったのはこの四月だ。甲標的の製造はもともと呉海軍工廠が本家だから、呉では、麗《う》女《め》島《じま》と倉橋島の大浦崎にある分工場でつくられてきている。横須賀、舞鶴の海軍工廠、三井玉野、三菱長崎、三菱横浜、三菱神戸、川崎重工の造船所も生産を押しつけられているが、どこも一隻の完成もみていない。

呉でつくられたわずかな蛟龍は各地の突撃隊に配備されている。そこで大事なのは、特攻機と同じことで、蛟龍も敵機に見つからないように陸上に隠匿しなければならない。海岸に近い山腹にトンネル式の格納施設をつくる。揚げ下ろしのためにはトンネル内から波打ち際のさきまでレールを敷く。

好本巧は艦政本部の会計課員である。この四月はじめ、かれは四国と九州の鉄道管理局を訪ね、レールが欲しいと訴えてまわった。

現在、レールを製造している工場などあるはずがない。だが、軍需工場内の新たにつくられた倉庫までレールを敷かねばならず、石炭を揚げる波止場まで引込線を延長したい。レールをつくりだすただひとつの方法は、重要物資の輸送に関係のない鉄道線を休止にすることだ。昭和十八年中頃から全国の閑散線の撤去がはじまった。総延長は三百キロにものぼった。レールのほかに、橋桁、枕木も入手できた。だが、いよいよ人手がなくなって、この撤去作業も昨年末が最後となった[50]。

鉄道管理局の幹部は好本巧の求めに応じなかった。用途は明かしてはならぬと命令されていたので、相手は聞き入れようとしなかったのだ。押し問答がつづいて、好本巧はほんとうのことを言うしかないと思った。人払いを求め、レールを必要とするのは体当たりをする小型潜航艇を海岸の収納庫から海まで運びだすためだと説明した。だしましょうと言ってくれた[51]。

横須賀鎮守府麾下の特攻戦隊は、房総半島の海岸から仙台湾までを守る第七特攻戦隊と相模湾を守る第一特攻戦隊、遠州灘、伊勢湾を守る第四特攻戦隊が主力部隊である。

第七特攻戦隊には三つの突撃隊がある。本部を千葉県勝浦に置く第十二突撃隊、福島県の小名浜の第十七突撃隊、宮城県女川《おながわ》の第十四突撃隊である[52]。

「十四突」の略称で呼ばれる第十四突撃隊は仙台湾を守る。牡鹿半島に基地を建設中だ。

大和屋正喜は大正六年生まれの二十七歳、海軍機関学校四十七期生、昭和十三年の卒業である。四月はじめの沖縄特攻作戦の際には軽巡洋艦矢矧《やはぎ》の内務長だった。大和とともに矢矧も沈没したが、大和屋は救出された。そのあとすぐ横須賀工作学校で海龍の搭乗訓練をおこなったあと、十四突の修補長に任命され、五月はじめから牡鹿半島の海岸で、蛟龍と海龍、震洋の陸上格納庫の建設に取り組んでいる。七カ所の特攻隊の基地に、それぞれ径五メートルと径二・五メートル、長さ五十メートルのトンネルを数本ずつ掘らねばならない。大和屋は地下足袋にゲートル巻きで、トンネル掘りの工事の指揮をとっている。武山海兵団、郡山海軍航空隊、横須賀海軍施設部から集められた若い兵士たちが三交代、二十四時間働いている。大和屋はまた、半島横断道路、監視所の建設、さらにさつま芋を栽培するための畑の開墾、新たに到着する隊員たちのための兵舎、烹炊《ほうすい》所《じょ》の建設の監督もしている。

この五月に長谷川清が女川町の飯子浜《いいごはま》から半島先端の牡鹿町の小渕《こぶち》までの基地建設を見てまわったのであれば、毎日雨がつづき、隧道内の仕事はともかく、運びだした泥の始末に難渋しているのを見たであろうし、落盤犠牲者の慰霊祭に出席することになったかもしれない。牡鹿半島の地質が複雑なことから、落盤が起き、七人が死んだ。大和屋は土木、地質の専門家を訪ねてまわり、眠れない夜がつづいている。トンネル式の格納庫、海に向かって下り勾配の滑り台はいずれもまだ完成していない。そして、入江には一隻の蛟龍、一隻の海龍も碇泊していない。

長谷川は十四突の司令、副島富士太郎から、十四突の編成定数は、蛟龍隊十二隻、海龍二十四隻、回天十二基、そして震洋隊二隊、計九十六隻、人員四千人という説明を受けたのであろう。だが、九州がさきということで、十四突への配備は遅れている。人員も半数の二千人しかいない。来月には海龍六隻が横須賀から貨車で送られてくる予定だ。こんな具合に聞いたのではないか。[53]

海龍について説明しよう。

海龍は「基地損耗　一割　攻撃成功率　三分ノ一」という触れ込みである。さきに蛟龍の攻撃成功率を軍令部は三分の二としていると触れたが、海龍の攻撃成功率が蛟龍よりも低いのは、魚雷を発射する蛟龍とちがって、体当たりをしなければならない海龍は敵に発見される確率が高いという判断からであろう。

海龍は二人乗りの小型潜航艇だ。全長十七メートルだ。蛟龍の全長は二十四メートル弱、回天は十六・五メートルだ。海龍は両舷にひとつずつ魚雷の発射筒をとりつける。海軍工作学校で試作艇がつくられたのは昨年の八月だが、それより前、建造の可否を決める会議で、光《ひかり》海軍工廠の魚雷製造の担当官が反対し、そのような小型潜航艇を大量生産しても、供給できる魚雷がないとはっきりと言った。ところが、この主張は無視された。

いよいよ魚雷の供給ができないことが明らかとなって、計画は変更された。頭部の燃料タンクを外して爆装し、特攻兵器とすることになった。はじめからそういう目論見だったのかもしれない。

横須賀海軍工廠でつくることになったが、造船部員のあいだに、また疑問が起きた。水上ではディーゼル・エンジンを使う。いすゞ自動車が製造する百馬力の陸上用ディーゼル・エンジンである。速力は七ノットだ。水中では動力は電池に頼るから、速力は三ノットが精一杯だ。泊地の敵艦艇を狙うことになるが、敵艦に当たったとして、爆発の効力はあるのだろうか。

そんな疑問におかまいなく、四月一日から生産に入り、横須賀海軍工廠はこれの量産に全精力を集中するようになっている。「SS金物《かなもの》」と呼ばれていたのが、五月二十八日に海龍と命名された。その一日か二日あとのことであろう。最初につくられた一隻が新たに編成された特攻部隊に引き渡された。同じ横須賀市内の田浦にある海軍水雷学校の岸壁までの航行だった。

形ばかりの引き渡し式が終わって、海龍建造の責任者、潜水艦部員の岡山興隆は何カ月ぶりかで背中の荷物を降ろしたように身軽く感じた。そのとき知らせが入った。さきほどの海龍が回航途中で沈没したのだという。身軽くなったと思ったのも束の間、重しが胸を押さえつけた。潜水作業船がただちに現場に急行することになり、岡山は起重機船を引っ張る曳船に乗った。

潜水夫が沈没した海龍を確認した。ハンマーで叩くと中から応答があったと言った。

だれもが勇気百倍、懸命に作業をした。艇が上がってきて、ハッチが見えてきた。起重機の吊しろが一杯なので、控えのワイヤーで艇を起重機船の繋船柱にとめた。そのとき起重機船がグラッと揺れて、ワイヤーがビシッと張った瞬間、ぶつりと切れ、全員がオーッと悲鳴に似た叫び声をあげるなか、艇は海の底へ落ちていった。

作業ははじめからやり直しになった。ハンマーで叩いても、もはや応答はなかった。やっとのことで引き揚げた艇を工廠の岸壁に据えおわったときには、日は暮れていた。すでに硬直していた遺体をハッチからだすことができず、遺体を搬出するためにハッチの周囲を切り開く必要があった。

潜水艦部員は艇全体の気密テストをさきにしたいと説いた。特攻部隊の隊長は遺体の収容がさきだと主張した。その気持ちはわかるが、沈没原因の究明がさきだと言った。部下を失った特攻部隊の幹部はつっぱねた。長々と議論はつづき、結局、さきに遺体を搬出することになった。

遭難者は藤岡兵曹長と宮崎二機曹の二人だった。藤岡兵曹長が手帳のなかに「冷却水のバルブが漏った」と書き残してくれていて、沈没原因が判明した。だれもが第六潜水艇の佐久間勉艇長の「沈没ノ原因」「沈没後ノ状況」を丁寧に記した遺書を思いだしたのだった。[54]

長谷川清は横須賀海軍工廠を訪ね、海龍の生産現場を視察し、全体を三ブロックに分割してそれぞれに組み立て、最後に結合しているところを見学し、岸壁に碇泊する海龍の艇内にも入ってみたにちがいない。前田冬樹という年若い士官から熱のこもった説明を聞いたことであろう。海龍の最初の沈没事故が起きたとき、前田が横須賀にいたのなら、特攻部隊との折衝にも加わったはずである。

前田冬樹、もうひとり、久良知滋《しげる》はともに海軍兵学校第七十一期生だ。二十一歳である。

七十一期生といえば、桜花隊の隊長の三橋謙太郎が同期だ。かれが弟と妹に宛てた手紙は前に記したし、三月二十一日にかれが神雷隊のほかの隊員とともに戦死したことも述べた。

前田冬樹と久良知滋は、広島の大浦崎の甲標的の部隊から、この二人ならと折り紙つきで横須賀に派遣されてきたテストパイロットだった。昨年七月のことだった。二人はそのあと横須賀突撃隊の教官となった。

工廠から引き渡しを受けた海龍を訓練艇にして、海龍の訓練教育要員の育成をした。下士官たちは突撃隊長となる予定の海軍兵学校出身の士官との同乗訓練を嫌がったから、久良知滋がやることになった。かれは艇長席の後ろに置かれた低圧タンクに腹這いになり、訓練生がミスをするごとに手にした一メートルほどの竹で突ついたのである。

久良知と前田は三浦半島突端の油壺に訓練基地をつくることになった。そして各地の突撃隊に基地施設の建設について助言し、さらにもっとも肝心なこと、海龍による戦いの方法を研究してきている。

潜水艦部員の浮田基信はこの年若い二人の熱意と実行力、計画をたてる才能に舌を巻き、優秀な若者がいるものだと感心してきた。横須賀で海龍の生産が軌道に乗ったのも、この二人が大量生産に適した潜航艇でなければならないと繰り返し説き、いすゞ自動車、東京計器、北辰電機を訪ねてまわり、量産の可能な規格品を採用することに努力したからだと思っている。(55)

あるいは長谷川清は前田冬樹から、敵の本土上陸を阻止するには海龍の大群をもってするしかないという主張を聞いたのではなかったか。

だが、長谷川が知り、前田、そして久良知が承知しているのは、それが不可能だということだ。電動機、電池、ほかの資材、すべてを横須賀海軍工廠に集中させるようにしているからこそ、月に五十隻の海龍をつくることができるのであって、ほかの工廠、造船所では月に二隻、三隻をつくることさえできないでいる。このさき九州から関東までの海岸に配備できる海龍の数はたかがしれている。二つの突撃隊が組んで出撃できたとして、そのときに編成定数どおりの数があるとしても、たった二十四隻なのだから、泊地に碇泊する数百隻の敵の艦艇を囲み、片端から沈めていくといったことはしょせん夢物語なのである。そしてもうひとつ、各地の突撃隊への海龍配備の数はまだとるに足りないため、この新兵器に習熟するための充分な訓練ができないでいることだ。海龍は回天と同じ悩みを抱え、少し海が荒れれば、短い潜望鏡で敵艦を見つけだすことが難しいのだ。

長谷川は天皇に向かって、海龍の生産はすすまず、配備は遅れ、なによりも海龍の収納施設の建設に突撃隊の隊員がかかりっきりになっていて、思うように訓練ができていないと言上したのであろう。

さて、海龍、蛟龍、回天と並んで、もうひとつの特攻兵器は震洋である。ベニヤ板の舟艇だから、海軍がつくるだけでなく、陸軍もつくり、その建造数、配備数は、蛟龍、海龍、回天よりずっと多い。こうしたことは前にも記した。

ところで、ベニヤ板の舟艇だからといって、震洋を船着場につないだり、砂浜に揚げておくわけにはいかない。波打ち際から遠く離れた崖の切り込みのなかに隠すか、林のなかに隠す。蛟龍、海龍、回天は海まで運びだすのにレールが必要だが、震洋は人が担いで海まで運ぶ。

トンネル、レール付きという震洋の施設もないわけではない。小笠原諸島の父島に配備された震洋隊は、水際の崖に傾斜のある長いトンネルを掘り、レールを敷き、トンネルの奥に格納した震洋をトロッコに乗せておき、出撃のときにはつないである縄を切ることにしている[56]。

だが、貴重なレールをいまはベニヤ板の舟艇のために使えない。あらかたは人の肩が頼りだ。

島袋正松は沖縄の西原村の生まれだ。二十八歳になる。今年一月二十日に防衛召集された。沖縄では昨年の十一月から防衛召集がはじまったことは前に記した。島袋は与那《よな》原《ばる》の海上挺身戦隊の大隊のひとつに配属された。訓練は毎晩おこなわれた。秘匿壕内の舟艇を運玉森《うんたまむい》の麓の壕から与那原浜の海まで運ぶことだった。陸軍の一人乗りの特攻艇だ。「マル四型」と呼ばれ、「四式肉迫攻撃艇」が正式名だ。秘匿名が連絡艇、だれもが「マルレ」「マルレー」と呼んでいた。

海軍側の震洋は船首に爆薬を装備しているから、はじめから自爆を覚悟しているが、マルレは敵艦に衝突する直前に旋回し、そのとき舟艇の後部甲板にとりつけた爆雷を落下させるという仕掛けだ。搭乗員は戻ってくることになっているが、それができると信じる者はいなかった。

マルレの自重は八百三十キロだ。担ぎ棒に二十数人がとりつく。いずれも同じ村の出身だ。海岸まで八百メートルほどある。実戦を考えてできるだけ急がねばならないが、背の低い者は担ぎ棒にぶら下がる格好になってしまい、背の高い者の肩にすべての重みがのしかかり、途中で何度か担ぎ棒を下ろさねばならなかった。地面にそのまま下ろしたら、船底につけた推進器を傷めるため、その都度、船台に乗せる。神輿《みこし》を乗せる座掛《ざかけ》、あるいは枕木と同じだ。この船台が二ついるから、これを担ぐためにさらに二人が必要だ。そして、重さ二百五十キロの爆雷を運ばねばならない。爆雷班の八人が丸棒で担う。訓練だから本物は使わない。

この異様な一隊が真っ暗な道を進んだ。舟が横転しないように、前と後に横棒をとりつけているから、横棒を担ぐ人たちは道をはみだす。雨の夜、雨のあとはぬかるんで、足をとられて滑り、舟が大きく傾き、怒声と悲鳴が上がった。

マルレを担いだまま海のなかまで入るから、みんな褌《ふんどし》ひとつだ。マルレは夜の海を二十キロ沖合の津堅《つけん》島まで航行した。行き帰り一時間の行程だった。マルレが戻ってくれば、島袋と仲間たちは再び海に入り、縦横に組んだ担ぎ棒を船底に通して担ぎあげ、砂浜に上がり、船を船台におろし、爆雷を外す。そして、壕まで運んでいった。

いよいよ戦いがはじまってから、何隻ものマルレを海岸まで運び、暗闇のなか、船に乗った隊員に頼むぞと願いを込めて見送った。パッと光り、ドーンと聞こえる音がつづくのは敵艦の地上に向けての砲撃だった。機銃を撃つ金属音が海上遠くから聞こえ、もしやと思ったが、噴き上がる火炎を見ることはなかった。そして、だれも戻ってこなかった。戦果はあったのかなかったのか、島袋はなにも聞く機会がなかった。

島袋正松のその後についてふれておこう。

マルレの運搬の仕事がなくなってからは、運玉森の友軍陣地に弾薬を運ぶのが夜の任務となった。かれは右腕を怪我し、熱がでた。那覇の南、南風原《はえばる》の津嘉山《つかざん》にある野戦病院に収容された。かれの部隊はすでに解散したと聞かされた。どうやら歩ける負傷兵六、七人と与座岳《よざだけ》の南麓の真壁《まかべ》へ向かって逃げた。途中、三人が死んだ。艦砲射撃が激しくなった。今日、六月十二日、かれはさらに南へ逃げようと考えている。妻と子はどうしているだろう、どこへ逃げているのだろうと思う(57)。

島袋正松と同じ西原村生まれの伊波精吉は島袋より遅れて二月二十一日に防衛召集された。かれも与那原の海上挺身戦隊の大隊のひとつに配属された。任務はこれまたマルレの運搬だった。山の隠匿壕から海まで運ぶ訓練をした。

外間亀吉も同じ西原村の生まれだ。二十八歳になる。二月六日に防衛召集された。かれの住まいのある幸地《こうち》部落からは同じときに十二人が召集された。与那原の海上挺身戦隊の配属となった。

任務はこれまた同じ、壕のなかから特攻艇を担ぎだし、波打ち際まで運ぶことだった。マルレ、マル四型だ。外間と仲間の者は隊員から、マル四型だけではない、素晴らしい速力のマル五型があるのだと聞かされた。五式肉迫攻撃艇だ。機銃と噴進砲を装備し、二人乗りの大型艇だから、敵の駆逐艦や哨戒艇がでてきても負けはしないという話を聞いて、だれもが嬉しかったのだが、どれだけ重くなるのだろうとつぎには思い、気が重くなったのだった。

訓練が夜間におこなわれたのは、島袋正松や伊波精吉の隊と同じだった。燃料が足りないことから、休む夜がつづけば嬉しかったが、心配にもなった。壕から海岸まで遠かったから、人数は大勢必要だった。前に三本、後ろに三本の担ぎ棒、そして二本の横棒に肩を入れ、総勢三十二人、それこそ最重量の神輿、千貫《せんがん》神輿を担ぐのと同じで、二倍以上の肩代わりを必要とすることから、運搬班の人数はばかばかしく増え、船台班と爆雷班を加えて、一隻のマルレの運搬に百二十人も必要となった。

神輿といえば、浜降り祭りの神輿と同じように、マルレを担いで海まで入ることから、だれもが褌ひとつだったのは、島袋や伊波の組と同じだった。二月、三月の沖縄の夜は寒く、火を焚くこともできず、震えながら船の戻るのを待ったのである。

四月に戦いがはじまって、マルレは出撃したが、敵の軍艦、輸送船を沈めたという戦果を聞くことができなかったのは、外間亀吉も同じだった。

沖縄の水上特攻部隊は、海軍部隊が守った小禄《おろく》地区に震洋隊が二隊置かれたほかは、すべて陸軍の海上挺身戦隊だった。

沖縄本島の南の沖合、三十キロから四十キロのところに慶良間《けらま》列島がある。ここに三個戦隊、二百五十隻のマルレを配置していた。戦いがはじまったときに通信が途絶してしまったのは慶良間列島の戦場でも同じだった。戦隊と船舶団本部とのあいだの上下間の通信がとまってしまい、船舶団本部は戦いの全般がわからず、いよいよ肝心な時を迎えて作戦指導ができなくなった。三月二十六日に敵一個師団が慶良間に上陸したときには、戦隊は一隻のマルレも出撃させることができないまま、隊員は山中に逃れた。四日後には慶良間列島の沖合にタンカー、潜水母艦、掃海母艦、工作艦が錨を下ろし、たちまち敵の艦隊の泊地となってしまった(58)。

慶良間列島の三個戦隊、二百五十隻は戦うことなしに壊滅した。

沖縄本島の糸満《いとまん》、港川《みなとがわ》、与那原には四個戦隊が配備されていた。島袋正松や伊波精吉、外間亀吉が加わっていた戦隊がそのひとつだった。

第三十二軍高級参謀の八原博通は年若い特別幹部候補生の海上挺身戦隊の隊長たちと話をして、かれらがマルレの原始的な攻撃方法になんの信頼も寄せず、自棄的な諦めに身を任せ、「湊川の戦い」となることを覚悟しているのを知った。野中五郎が同じ言葉を洩らしたことは前に記した。

だが、敵が沖縄に侵攻する前には、かれらは勝機をつかむきっかけはあると思っていた。敵軍が上陸する前に、敵の輸送船団にたいして、陸海軍の航空部隊が大挙出撃するのと合わせて全舟艇が突進し、集中攻撃をするという計画だった。

だが、これは海上挺身戦隊の隊長たちの空しい希望だった。横須賀の突撃隊教官の前田冬樹と久良知滋が敵の本土上陸を阻止するには海龍の大群をもってするのだと披瀝したのと同じなら、神雷隊が全滅する一週間前、宿舎で彩雲隊隊長の金子義郎が野中五郎に向かって、神雷隊二隊の攻撃に合わせて第五航艦の全攻撃機隊が出撃したら勝敗の帰趨はわれにありと説いたのと同じだった。

いよいよ敵軍の上陸作戦がはじまって、海上挺身戦隊の隊長たちは陸海空軍が無力であることを知り、敵の海上警戒が非常に厳しいことを知り、少数の特攻艇の奇襲攻撃をするしかないということを知った。

そして、ほんとうのことを言うなら、特攻艇一隻を海岸まで運搬するのに五十人、百人の兵士を必要とするのだから、そしておよそ不完全な通信システムを頼りにしなければならないのだから、わずかな時間のあいだに一斉に出撃させ、特攻艇二百隻を泊地の敵艦船群のあいだにひしめかせ、敵を大混乱に陥れるといった戦いをすることは、とうてい不可能だったのである。

島袋正松や伊波精吉と同様、八原博通もまた特攻艇がどれだけの戦果をあげたのかは知らなかった。攻撃の夜に、敵側が無線電話で「ジャップ・スカンク」と叫びたて、混乱が起きていることをうかがい知っただけだった[59]。

長谷川清もまた、海軍の特攻艇、陸軍の特攻艇がフィリピン、沖縄の水域ではっきりと説明できるような戦果をあげていないことを知ったのであろう。

では、長谷川は天皇に向かって、震洋についてはどのように言上したのであろうか。

震洋は機動力に欠けることから、各地に配備した大部分の突撃隊の震洋隊は戦うことができないと述べたにちがいない。

そして、長谷川は結論を述べる。最初に言上したことの繰り返しとなる。空中、水上、水中の特攻部隊は、その数が少なく、訓練が不足し、敵空軍の絶対的な制空権のもとで行動の自由を欠き、本土に上陸しようとする敵兵員輸送船に集中攻撃を加えることはできず、敵に損傷を与えることは難しく、フィリピン、沖縄の戦いと同じように、上陸した敵の大軍と戦うことにならざるをえませんと言上したのではないか。

天皇がうなずきながら思い浮かべるのは、三日前の六月九日の梅津美治郎の報告であろう。

「そんなことであろうと想像していた。お前の説明でよくわかった⑹」

長谷川清は政務室を退出する。午前十時四十分になる。

B29の空襲は午前中はどこにもなかったが、午前十一時五十分、五十機近くの敵機が大隅半島、志布志湾の上空に侵入した。日本名に訳したら、それこそ雷電の呼び名となるサンダーボルト、地上攻撃が専門の戦闘機だ。そして、内地の人びともその形を覚えてしまったヘルキャットである。宮崎県、さらに大分県、熊本県の飛行場を掃射し、午後一時十分に薩摩半島から南に脱出した。沖縄の敵空軍基地からの最初の九州攻撃である⑹。

第34章

「老の身を托すあかざの杖と実に」（六月十三日）

仮皇居は松代か大和か

今日は六月十三日だ。

東京は昨日と同様、天気は悪い。朝から霧雨がつづく。昨夜はどこもB29の空襲はなかった。今朝もない。午後にはあるのだろうかとだれもがいちどは考えるし、口にもする。

午前十時、貴族院本会議場に貴族院・衆議院の議員が集まり、閉院式がおこなわれた。天皇の親臨はない。首相の鈴木貫太郎が閉会の勅語を代読する。

同じ時刻であろうか、侍従武官の野田六郎は戦力査閲使の長谷川清が昨日、天皇に提出した復命書をひろげている。天皇から読むようにと言われたのだ。

野田は海軍大佐だ。四十二歳になる。第一艦隊、第一戦隊の参謀だった。二月一日に侍従武官となった。侍従武官となってから、かれは天皇の「御差遣《ごさけん》」として九州各地の海軍基地をまわった。四月の末から先月のはじめにかけてのことで、沖縄水域に特攻攻撃がつづいていたさなかであり、空襲の合間を縫っての視察だった。佐世保海軍工廠で蛟龍をつくっているのを見たし、大村湾の入口近く、震洋の訓練基地として知られる川棚《かわだな》では、第三特攻戦隊の震洋隊の襲撃の訓練を視察した。大村湾の奥にある大村基地では、工事中の隧道にも入った。まさに第一線といった感じの鹿屋基地を案内され、鹿屋から車で鹿児島湾に面する新城《しんじょう》基地に行き、三十二突撃隊の隊員を激励し、五型震洋に乗って鹿児島湾を横断し、薩摩半島のさきの指宿《いぶすき》にある突撃隊の基地まで行った(1)。

野田が心がけたことは、見せられただけのものを見て、批判的な目では見ないように努め、各地の司令官、参謀長、司令、工廠長、部長の説明にうなずき、答えられないような質問をするのは慎むようにし、各地の水交社の宴席で久しぶりに魚料理を堪能したのである。

「御差遣」の復命書、それに併せての「御説明資料」は、その文体と体裁が決まっていて、司令官や工廠長が語った決意を載せ、その決意に見合うような写真を添付するというものだった。

それからわずか一カ月あとの長谷川大将の復命書はそれとは黒と白ほども違う。それは特攻航空部隊から水中・水上の特攻部隊、それらの基地、それこそ佐世保、川棚、大村、鹿屋、新城、すべてに共通する大きな欠陥、致命的な弱点をとりあげ、それらの解決がきわめて難しいと説いている。読みおわって野田があらためて思うのは、お上はなぜ自分に長谷川大将の報告書を読むようにと言われたのかということだったにちがいない。

「特攻兵器の前途猶幾多困難あるを知る(2)」

かれは日記にこのように書くことになろう。

午前十一時三十分、侍従武官長の蓮沼蕃が木戸幸一の執務室を訪ねる(3)。

蓮沼は、お聞き及びのことと思うが、と最初に言ったにちがいない。そしてかれはつづけ、陸軍は万一の事態に備え、長野県の松代《まつしろ》に大本営、仮皇居、政府機関の移転準備のための地下施設を建設中であると説明し、阿南陸軍大臣が今朝八時、長野に出張し(4)、明日十四日にはこれらの施設をはじめて視察することになっていると語り、宮内省からも人を派遣して検分してもらいたいと言ったのである。

松代に建設中の大本営のことについては、木戸、宮内省の最高幹部、そして天皇は承知しているはずである。今日まで、陸軍大臣が天皇と宮廷幹部になにも言わなかったということは万々ありえない。大本営を移転すると陸軍が内々で決め、どれだけトンネルを掘ったところで、「倉庫」の秘匿名どおり、それらは陸軍の倉庫でしかない。大本営は宮中に設置するのが日露戦争以来の決まりである。仮皇居の建設にとりかかれば、それに隣接する陸軍の「倉庫」のひとつはまさしく明日の大本営となる。

天皇、皇后が居住することになる松代の仮皇居の建設を陸軍大臣が正式に命令したのは三月二十三日だった。そのときの陸軍大臣は杉山元だった。その工事命令をだすにあたって、杉山は天皇に内奏し、許しを得ていたのはいうまでもないことであろう。

もうひとつ、杉山は「御説明資料」の侍従武官府への提出はさきのことにしたいと天皇に言上し、この許しも得ていたのではないか。

さらに杉山は侍従武官長と宮内大臣、侍従長にもごく簡潔に説明したはずである。まだ正式に上奏していない、内奏にとどめている、口外は慎んでほしいと念を押したにちがいない。

もちろん、宮廷の高官にとって、これはだれかにそっと洩らしたくなる胸の躍る情報ではない。松代に動座《どうざ》なさるようになるのは、どのようになったときであろうと考え、松代に動座なされたところでどうにもなりはしないのだと思えば、だれもが胸にしまいこむしかない秘密だったのである。

動座とは天皇が座所をよそへ移すことだ。宮廷ではよく使われる用語だ。空襲警報がでて、天皇、皇后が防空室に移れば、「御動座になった」と言う。

長野へ動座することになったらと考えた侍従長はアメリカとの戦いがはじまる前に読んだアンドレ・モーロアの「フランス敗れたり⑤」を思いだしたかもしれない。

パリからフランス政府の閣僚、総司令部の将軍たちが逃げたのは、五年前、昭和十五年六月十日だった。かれらは、道路を塞ぎ、はてしなくつづく避難民とともに南へ向かった。蟻の歩みだった。パリから百キロのところにあるロアール川の南岸のツールに散在するシャトーを仮の宿にした。

モーロアは英国政府とのあいだの連絡将校となっていたから、その日の朝、軍用機でパリからロンドンに飛んだのだった。モーロアはその前日、妻とともにこれが最後になるかと思い、パリの街でいちばん好きなところ、ラ・ヴィレットのナポレオン三世がつくった船だまりやノートルダム大聖堂を見てまわった。いまにして思えばまことにのんびりした敗戦だったのだと侍従長は嘆息したことであろう。

逃げたさきのツールでは閣僚会議が何回も開かれた。六月十四日、パリにドイツ軍が入城したというニュースが入った。内閣議長のポール・レイノーはルーズベルトに電報を送り、ドイツに宣戦布告してほしいと最後の訴えをした。そしてツールを出発し、四百キロ南のボルドーまで逃げることになった。

ボルドーでも会議、また会議だった。六月十六日、レイノーが退き、フィリップ・ペタンが内閣議長となった。六月二十日、休戦交渉のためにフランス代表団がボルドーを出発し、パリに向かった。六月二十四日、休戦協定に署名した。

長野への動座と聞いて、五十日前、今年四月三十日、ヒトラーの最期を思いだしたのは侍従武官長かもしれない。ベルリン市はソ連軍に包囲され、市内では街の一ブロックを奪い合う死闘がつづいていた。ドイツ軍の主力部隊はまだ南ドイツに残っていた。統合参謀本部が南ドイツに移り、ヒトラー総統と部下たちがベルリンを離れ、バイエルン・アルプスを根拠地にして最後まで抵抗する。こうした情報を侍従武官長は何回か読んだにちがいない。だが、ヒトラー総統はアルプスに向かわなかった。総統は首都ベルリンで最後まで奮戦し、ベルリンと運命をともにすることによって、ドイツの歴史に記録され、ナチス政権の最後を飾ったのだという五月二日付のスイスからの日本人特派員の報告を侍従武官長は読むことになったのだった。

マニラからバギオに移り、台湾へ逃れ、上海から福岡に着いたフィリピン政府の首脳たちのことを思い浮かべたのは宮内大臣かもしれない。かれらがマニラを脱出してバギオに移ったのは昨年の十二月二十二日だった。バギオへの空襲がはじまり、教会堂も病院も爆撃された。

第二十三師団の不撓不屈の将兵が毎日つづく何千発もの砲弾、何トンもの爆弾に耐え、崖を縫うようにして幾百のカーブがつづくベンゲット道路を死守した。死傷者は増えるばかり、武器弾薬がなく、食料もなくなり、敵軍を押し返す力はなく、やがて敵の長距離砲が廃墟のバギオの町にも撃ち込まれるようになった。大統領の一行がバギオを離れたのは今年の三月二十一日だった。かれらは三カ月のあいだ、バギオにいただけだった。輸送機で台湾に逃れたのが三月二十九日だった。

松代に動座すれば、碓氷《うすい》峠がベンゲット道路になるのだろうかと宮内大臣はぼんやり考えたのかもしれない。

ところで、宮内大臣、侍従長、侍従武官長、内大臣は松代動座の計画を聞く八カ月も前から、もうひとつの動座の話を耳にしてきた。さらに戦局が悪化することになれば、天皇は満洲に移られてしまうのではないかというのだ。そして、これを企んでいるのは陸軍なのだという。

　昨年七月八日のことだ。サイパン島の地上戦闘はその前日に終わっていた。それより二十日ほど前にマリアナ水域の海戦で連合艦隊は敗れていた。軍と行政機関の幹部たち、宮廷高官、重臣、国会議員、だれもが胸の潰れる思いであるのと同時に躁状態となっていた。(6) 近衛文麿は東条内閣を打倒する決意を固めていた。その日、かれは内大臣官邸に木戸幸一を訪ねた。

　木戸との一問一答を近衛はあとで口述し、つぎのように語った。

「最後に予は、
陸軍が、陛下の満洲奉遷を計画し、あるいは、陛下の和平に反対して別に皇族を擁立する等の計画をなさずとも言い難し。

と述べしに、内府はこれに対しては、
陛下に満洲へ行幸あらせられるお考えは絶対にない。

と断言せり」(7)

その数日あとだった。近衛は末弟の水谷川忠麿《みやがわただまろ》から貴族院議員の明石元春に石原莞爾《かんじ》が語ったという話を聞いた。本土防衛は第一線だ、ここが駄目になったら京城だ、さらに天皇には満洲にお出でを願うのだ。石原はこのように説いたのだという。

　近衛は木戸に宛てて、石原莞爾が語ったことを記し、石原と東条英機は不仲だが、同じ満洲組だ。東条首相の考えも石原中将と「同一線上を彷徨《さまよ》っている」ことは間違いないと書いた(8)。

石原は本気で満洲への動座を語ったのであろうか。サイパンが失陥して、だれもがひどく動揺し、気落ちしているのを横目にみて、相手を煙に巻く大風呂敷をひろげただけのことではなかったのか。

そして、近衛は陸軍高級将官のなかには天皇の満洲への動座を考えている者がいるにちがいないと木戸に語ったのだが、責任ある地位にある陸軍上級軍人のなかに満洲への動座を考えるような愚鈍な人物、それを口にするような無分別な男はいなかったにちがいない。

近衛は宮廷内に不安の醸成を図り、天皇の東条英機への信頼を突き崩そうとねらって言ったことではなかったか。

それはともかく、そのあとも現在まで、満洲動座の話は多くの人びとが口にしている。戦いつづけると言い、頑張りつづけるのだと説く陸軍の中堅幹部が満洲に大本営を移してでも戦うのだと大真面目に説いている。本土で決戦をするようなことになれば、あげくの果ては天皇の満洲動座になってしまうぞと警告する近衛の主張に同調する人びとも陸軍の計画なるものを語ってきている(9)。

今年二月二十四日のことであったか、高木惣吉は横須賀海軍砲術学校教頭室で高松宮と面談した。高木はこの重大な時局に高松宮が東京に帰任されるのが当然と思われると語り、高松宮が近く軍令部に転任となることを暗示した。つづいて政情を説き、まずとりあげたのが、陸軍の一部に「大纛《たいとう》を新京に奉遷せんとする陰謀がある[10]」ということだった。

「大纛」とは軍中の大旗から転じて天皇旗のことである。

大佐古《おおさこ》一郎は中国新聞の政治部記者である。三十四歳だ。二月二十七日の日記に、つぎのように記した。

「昼飯の弁当を食べたあと竜野参事官の部屋へ東京の翼政会情報を持って遊びに行く。東京でもらってきたという本物の香りのするコーヒーが出る。そして『他言しないように』と念を押して、皇居被爆に関連した情報を話してくれる。

『政府は空襲の激化に伴う疎開を急速に進めているが、大本営も本土決戦に備えて皇居と大本営の移転を真剣に考えはじめた。その候補地として長野、広島両県や満州国が挙げられている[11]』」

東京帝大文学部仏蘭西文学科助教授の渡辺一夫はだれからどういう話を聞いたのか、三月十五日の日記につぎのように記した。内容が穏当ではないので、フランス語で記した。

「日本は二つに分割される。関東軍によって統治される地域と、若干の、乃至は一つの島に見捨てられた部分と。天皇は満州国に移されよう⑫」

細川護貞《もりさだ》は四月の末に関西に行った。大阪府庁に高村坂彦を訪ねた。高村は大阪府警察局長である。前にも述べたが⑬、かれは近衛文麿の首相秘書官だったことから、近衛派の一員であり、どうにかしてこの戦いを一日も早く終わらせなければならないと考えている。

細川は四月二十九日の日記に高村が語ったことを記した。

「現在の情勢は、海の方はとも角、陸の方（沖縄）は、既に陸続敵飛行機の来りて、基地整備を為しつつあり、予想以上の成績を挙げ居れり。若しこのまま推移せば、飛行機による補給にて、敵は充分戦闘を為し得べし。その為か、綜合計画局は、すべての物資を西へ西へと移しつつあり。やがては輦轂《れんこく》を朝鮮、満洲へ移し奉るべき下準備と思わる。而して鈴木首相は東京以外に赴かることを反対し居るも、軍の作戦上との口実の下に、移し奉る如きことも無しとすべからず⑭」

「輦轂」とは天子の乗る車のことだ。それから転じて天子の在《あ》ります都を指す。輦下《れんか》、轂下《こっか》ともいう。

松代への動座の話に戻る。同じ四月の上旬のことだったか、それとも下旬のことだったか、軍令部次長の小沢治三郎が参謀次長の河辺虎四郎《かわべとらしろう》に向かって、松代で建設中の施設はなんなのかと尋ねた⑮。大本営を長野に移す準備を進めているのだと河辺は答えた。

海軍首脳はそれまでに陸軍からなんの説明も受けていなかったのか。そうだったのかもしれない。そうであれば、河辺の説明を聞いて、海軍首脳部はだれもが火がついたように怒ったはずだ。

大本営海軍部と大本営陸軍部の二つがあって大本営は形成され、それぞれ軍令部と参謀本部の幕僚たちによって構成されている。大本営が設置されたのは支那事変がはじまってまもなくの昭和十二年十一月二十日だった。前に触れたように、日露戦争以来の決まりどおり、その場所は宮中だった。

そこで、その移転を計画するのであれば、陸軍は海軍に前もって相談するのが筋道のはずである。海軍になにも言わずに陸軍が準備をすすめてきたのは、本土の戦いとなるのだから、海軍など無視してよいというのが陸軍首脳の考えるところなのであろう。軍令部と海軍省の幹部はこんな具合に語り、ただちにその対策、報復の方法を考えることになった。

五月十一日の午後六時のことになる。高松宮は農商務大臣の石黒忠篤の訪問を受けた。石黒は陛下の「御移動」の準備をすべきだと説いた。

高松宮は石黒に向かって、じつは陸軍がそのような準備をすすめているのだと告げなかったのか。語らなかったようだ。では、そのときに石黒と同様、高松宮もまた、陸軍が「御移動」の計画をたて、松代に地下設備をつくっていることを知らなかったのか。

横須賀にいる高松宮は中央の情報に疎かったのかもしれない。

さて、高松宮は石黒の提言を海軍省の幹部のだれかに告げたにちがいない。そのあとのことだと思うが、高松宮はだれからか重大な計画を提示され、協力を求められたのではないか。

その上級将官はつぎのように語ったと思える。

「陸軍は最後の最後まで戦うと主張しております。じつは昨日――一昨日と言ったかもしれない――の最高会議でも、陸軍大臣は和平交渉をしてはならないと言い張りました。

ところで、陸軍は長野県松代に大規模な地下施設を昨年末から建設をつづけてきております。これらが大本営、政府機関、陛下の仮御所になるということを最近になって陸軍は明らかにいたしました。しかし、陸軍首脳は内大臣、宮内大臣にまだ報告せず、陛下にも正式には申し上げていないようであります。

陛下が松代に御動座されるようなことになっては大変でありますが、いまのこのような状況では、その可能性はないとは断言できません。もしも陛下が松代の地下壕に動座されるようなことになれば、陛下は戦争の継続を主張する陸軍の虜になってしまう恐れがあります。

その予防策を早急に講じなければなりません。

じつは遅ればせながら海軍もまた、陛下の動座を研究し、建設にとりかかろうとしております。奈良県の奈良盆地の一角に大和航空基地があります。昨年の九月十五日に大和航空隊を開隊して、飛行場を建設しました。奈良市の南の山辺郡朝和《あさわ》村にあり、一部は隣村の二階堂村に及んでおります。これらの村の東の部分に比高三百メートルの急斜面があります。大和高原と奈良盆地との境になる春日断層崖であります。この春日断層崖は奈良市の春日山から三輪山《みわやま》の西麓まで南北につづきます。この崖の下に地下施設をつくる計画であります。

このために昨日――一昨日と語ったか――設営隊を編成し、大和航空基地に送り込むことにいたしました。さらにいくつかの設営隊を派遣いたします。

そして、軍令部第一部長は参謀本部第一部長に大和を視察するようにと申し入れる予定であります。もちろん、陸軍側が大和を見て、御動座は大和にしたいと言いだすことはありえないと承知しております。(16)

肝心なことは、この問題は海軍と陸軍が争って決めることではないということであります。御動座の問題は宮内大臣、そして内大臣が陛下にご助言して決まることであります。

そこで殿下にお願いしたい。宮廷高官を招集していただいて、動座する場所は宮廷が決めるべきだ、陸軍に任せてはならないと殿下から説いていただきたい。

このようなお願いをするのも、一にも二にも陸軍がやろうとする本土での戦いを抑えんがためであります」

高松宮にこのように説明した海軍将官はさらにつづけて、宮廷の幹部たちに向かって、松代と大和の具体名は挙げないのがよろしいのではないかと言ったのではないか。そして、内大臣に語るのはあとにしたほうがよいと思えると付け加えたにちがいない。

高松宮は話し手をじっと見た。陛下が松代に行かず、大和に行くと決められただけで、陛下は徹底抗戦を望んでおいでにはならないという、はっきりした意思表示となる。高松宮はこう考え、大きくうなずいたのではないか。そして、高松宮は春日断層崖の丘陵にある山邊道勾岡上陵《やまのべのみちのまがりのおかのえのみささぎ》と呼ばれる崇神《すじん》天皇陵、そして山邊道上陵《みちのえのみささぎ》と呼ぶ景行《けいこう》天皇陵、さらに神のこもる山、祭祀遺跡群のある三輪山を思い浮かべ、宮廷のだれもが御動座なさるのなら大和がよいと言うにきまっていると思ったにちがいない。だが、大和の名前はまだ出してはいけないのだ[17]。

それから数日あとのことになる。五月十七日に高松宮は高輪御殿に宮内大臣の松平恒雄、次官の白根松介、皇太后宮大夫《こうたいごうぐうだいぶ》の大谷正男、宗秩寮《そうちつりょう》総裁の武者小路《むしゃのこうじ》公共《きんとも》を晩餐に招いた。

皇太后宮大夫を加えたのは、ほかの宮家はそれぞれ疎開をしているが、皇太后の疎開先はまだ決まっておらず、陸軍が天皇、皇后の仮皇居をつくろうとしているのであれば、必ずやその近くに皇太后の仮御所をつくることになると判断してのことだったのであろう。

食事のあと、高松宮は宮廷の高官たちに向かって、敵が関東に上陸してきた場合、陛下がお移りになるための準備をいまからしなければならないと語りはじめた。

そして、高松宮は動座の問題は宮内省が主導的におこなうべきだと説いた。間違いなく賛成を得られると高松宮は思ったのであろう。ところが、だれひとり乗り気ではなく、御動座されるとなれば、大本営も同じ場所に移らなければならない。大本営のことは統帥部が先頭に立っておこなうべきであろう。宮内省が言立《ことだ》てしないほうがいいのではないかと言った。高松宮はだれもが陸軍任せの意気地のない態度なのにいらだった。

高松宮が知らないことがあった。それは、陸軍の計画を宮内省に潰させてしまおうとした高松宮の背後の海軍の幹部も知らないことであった。

松平、白根、大谷、かれらは大和のことはなにも知らなかったが、松代が大本営になるということは、前にも触れたとおり、とっくに承知していた。にもかかわらず、だれもなにも知らないという顔をして、中央線高尾駅に近い山で大工事をしていることは聞き及んでいるが、松代などという地名は耳にしたことがないという態度をとってきていたのである。

宮廷の意見を代表して語ったのは松平恒雄だったにちがいない。かれが考えたことは、高松宮の提言は遅すぎるということだったのであろう。陸軍から通告を受けて二カ月近くになる。いまになってお上は松代へ動座はなさらないと陸軍に告げ、ほかに適当な場所を探すと言ったら、陸軍は怒り狂うだろう。海軍が後ろで糸をひいていると思い、まっさきに私を疑うだろう。米内光政と私が昔から親しいことは陸軍のだれもが知っているから、米内と松平の陰謀だとかれらは勘ぐり、面倒な事態になろう。こう考えたことは間違いない。

高松宮は懸命に宮内省が自分の意思で疎開先を決めるべきだと説きつづけたが、松平はついにうんと言わなかった。

高松宮は話し合いの要点をその夜の日記につぎのように記した。

「やはり大本営のことは統帥部で主動するべきなれば、宮内省は主動的にしないと云う意見なり。そんな事では人情がない。まして今まで事毎に手後れを知っているのに、それでよいか。まして軍人は自分が開戦責任者として戦争の責任を一身に引受けようとせぬ。ずるずるすべてを道づれとしてゆくと云う人たちが主脳者である以上、それにまかせて話のあるのを待っておれるのかと云う様なこと(18)」

そして高松宮は宮内大臣、侍従長をついに説得できなかった自分の無力さに自己嫌悪に陥ったのである(19)。

高松宮は諦めなかった。すべてを道づれにすることになる戦いを陸軍にさせないためには、どうしてもお上の松代行きを阻止しなければならない。

翌五月十八日、高松宮は午前中は陸海軍集会所に行った。陸海軍の担当官が集まり、陸海軍双方の対戦車兵器開発の検討をおこなった。この会議に出席したあと、横須賀砲術学校への出勤を遅らせることにして、昼前、高松宮は赤坂の大宮御所に赴いた。昼食を御馳走になり、素敵な天気だったから、高松宮は皇太后とともに人影のない広い畑にでた。高松宮は草丈六十センチほどにも伸びているジャガイモ畑を見回して、にっこりし、つぎには笑いがとまったにちがいない。ジャガイモの茎が匍匐《ほふく》しはじめ、葉が黄色くなる七月には、大宮様はここにおられるのだろうかということが頭に浮かんだはずだからである。

高松宮は御動座の計画があることを皇太后に説明したのであろう。お上が陸軍の言いなりになられ、松代に御動座になれば、取り返しのつかないことになる、ところが、宮内大臣も次官も、陸軍が御動座の場所を選定して当然という態度である、大宮様からお上に松代に行くのは再考されたらいかがかと申し上げていただきたい。

皇太后は前日夜の高輪御殿の集まりで高松宮が説いたことを皇太后宮大夫の大谷正男から聞いていたであろうし、高松宮が詳しく語るのを聞いて、懸念を深めたのであろう。

だが、高松宮と天皇とのあいだと同じように、皇太后と天皇とのあいだもぎくしゃくしているることは前に述べた。(20) それは、どうして戦いを終わらせるための努力をしないのかと皇太后が天皇に問うたことにはじまる。牧野伸顕《のぶあき》伯、近衛文麿公の考えを尋ねたらどうかと皇太后は説いた。そして、二月に天皇は重臣に意見を求めることになったが、形ばかりの儀式で終わってしまい、皇太后の願いはかなえられるはずもなく、皇太后の憤懣はより大きくなっている。

皇太后は高松宮になんと言ったのであろう。松代行きを断念していただくことはできないかとお上に再考を願うために、私は陸軍の指図する場所にはけっして行かないと言うつもりだと語ったのではないか。(21)

皇太后と高松宮がこのように語り合ってから今日まで一カ月ほどがたつ。そのあいだになにが起きたのかはわからないが、おおよその見当はつく。皇太后はつぎのように語ったのではないか。なにか造られても無駄になるから、前もって言っておくが、私は疎開はしない、ここにずっととどまると皇太后宮大夫に告げ、宮内大臣にそう言ってほしいと命じたにちがいない。「どうか思い直していただきたい」「どうして私の住むところを陸軍が決めるのか。ここを離れない」「陛下はご心痛であらせられる」といったやりとりがつづいてきたのであろう。

そして五月二十五日の夜には、大宮御所は無数の焼夷弾に見舞われ、焼けてしまった。それ以来、皇太后は狭苦しい防空室で生活している。さらに今月はじめには、木戸幸一を内大臣の椅子から逐おうとした試みが木戸に潰され、かれが内大臣の椅子に居座ったことで、これを知った皇太后はまたも憤慨することになったのである。

さて、今日、六月十三日のことに戻る。

木戸幸一は侍従武官長から松代の説明を受ける。そして、侍従武官長はもうひとつ、陸軍省は皇太后の疎開地も松代の近辺に決めたいと考えており、一刻も早くお許しを得たいと申し入れてきていると告げたにちがいない。

十二時三十分、木戸幸一は宮内大臣の石渡荘太郎、次官の大金益次郎、侍従長の藤田尚徳と協議する。

同じ時刻である。東京帝大法学部長の南原繁は矢部貞治と話し合う。五日前、南原は矢部に紹介してもらって高木惣吉に会った。南原は血の気のない唇をひらき、高木になにを語ったかを矢部に説明する。

そして、南原は情勢はさらに悪化していると言ったのであろう。国民義勇戦闘隊の法律ができた、戦時緊急措置法もできた、そして政府は本土決戦をするのだ、戦い抜くと宣言している。もういちど高木少将に会いたい、連絡をとってほしいと言った(22)。頼りは米内海軍大臣ひとりだとかれは考えている。

南原、そして矢部が知らないのは、南原の活動が功を奏したことだ。六月一日に南原と高木八尺が木戸幸一に語った今後の見通しと判断は、間違いなく木戸に大きな衝撃を与えた。そして、いまから四日前の六月九日、木戸は天皇にこれを言上することになった。戦争をつづけることがアメリカから譲歩をひきだせるのだという陸軍の主張が誤っているのだと、はじめてはっきりと天皇が認識したのは、そのときだったのである。

そして、南原と矢部が知らないのは、木戸が戦争終結の決意とソ連に和平仲介を求める案を文書にまとめたこと、天皇がそれに賛成したことだ。

午後一時四十分、木戸幸一が御文庫の政務室に向かう。松代の仮御所の問題を協議したことを天皇に報告し、数日中に宮内省総務局長の加藤進と侍従の小倉康次の二人を現地視察に行かせることを決めたと言上する。

つづいて木戸と天皇は皇太后の疎開の問題を語り合うことになる。このことについては、天皇は前に何回か木戸と話し合ったことがあったのであろう。木戸は、宮内大臣、侍従長、皇太后宮大夫のあいだでの結論、皇太后様は松代の両陛下のお住まいの近くに疎開されるのがいちばんだと重ねて言上したのであろう。そして木戸は天皇に、お上が赤坂におでましになり、この問題について懇談なされてはいかがかと言上する。

じつは二週間前に前宮内大臣の松平恒雄は天皇に、皇太后にお会いになるのは「当分のうちは」お避けになったほうがよいのではないかと助言していた。ところが、疎開の問題がこのようにこじれてしまっては、お上に勧めていただくしかないと木戸は考えたのであろう。

説明を加えておこう。前にも記したとおり、この疎開の問題の前から天皇と皇太后とのあいだの感情の齟齬《そご》は大きくなっていた。高松宮は両者の関係修復のためにと思い、赤坂御殿焼失の二日あとの先月二十八日、お上は大宮様のお見舞いに行かれたらいかがかと天皇に宛てて書簡をだした。ところが三十一日に、それはできないとの返事があった。

なぜ宮内大臣は天皇に、皇太后には当分のあいだ会わないほうがいいと助言をしたのか[23]。そのときに宮内大臣は松平恒雄だった。かれは自分が辞任することで木戸幸一も辞めさせようという計画を秘かにめぐらしていたときであった。そのさなかに、お上と大宮様が顔を合わせることになれば、大宮様は内大臣のことを厳しく批判するやもしれず、松平の内大臣更迭の計画に皇太后が加担していると宮廷全体に誤解が広まることにもなりかねなかった。松平はこれを警戒して、お上と皇太后が顔を合わせることに反対したのであろう。天皇はといえば、この戦争をどうするつもりかと詰問されるのを嫌って皇太后に会いたくなかったのである。

天皇は木戸の勧めにうなずく。状況は二週間前とはまったく違う。和平回復のために近く皆と相談すると皇太后に申し上げて、安心していただくことができる。明日、六月十四日、皇后とともに大宮御所に赴き、直接、「おたたさまにお願いしよう」と述べる。明日の大宮御所行きの準備をしなければならない。天皇は侍従を呼ぶ。

午後二時二十分、米内光政が内奏のために御文庫に来る。木戸は宮内省に戻らず、御文庫の待合室で待つ。午後二時四十分、木戸は内奏を終えて政務室をでてきた米内と話す。

木戸は米内が自分を更迭しようとしたことを承知しているし、米内と松平恒雄の陰謀を潰したあと、米内が辞めると繰り返し語っているのは、自分にたいする嫌がらせなのだとも気づいている。松平、そして米内が考えてきたこと、かれらがしたこと、していることも、はっきり木戸にはわかっていよう。当然ながら木戸は米内のことをひどく不快に思い、顔を合わせたときには、視線が合うのを避けるようにしてきたにちがいない。だが、今日ばかりは木戸のほうにゆとりがある。「時局収拾案」に記したことを米内に話す。ソ連を仲介にたて、アメリカに呼びかけるのがいいのではないかと語る。

米内は賛意を表明し、まずはよかったと思う。木戸更迭の計画、そして辞めるぞと言った脅しの効果があったなとも思ったにちがいない。自分が辞任するのではないかと心配している部下たちには、辞任する考えは変えた、噂を耳にしたら打ち消してくれと言おう、と考える(24)。

木戸は自分が「時局収拾案」を総理と陸相に話すつもりだと米内に語る。

午後三時半、鈴木貫太郎が木戸幸一の執務室に来る。午前中に議会の閉院を上奏する鈴木と顔を合わせたとき、木戸は午後の面会をとりつけたのである。

木戸は鈴木に戦争の見通しを尋ねる。軍需生産は八月にはガタ落ちになると鈴木は答える。五日前の御前会議で綜合計画局長官が読み上げた「国力ノ現状」の結論にほかならない。軍事問題については触れない。

木戸は自分の「時局収拾案」について語り、陛下にも言上して、実行のお許しを得ていると告げる。鈴木がやりましょうと言う。木戸はほっとする。[25]

木戸もそうだが、だれもが鈴木貫太郎を強硬派だと思っている。南原繁と高木八尺が鈴木を徹底抗戦派だと見て、宇垣一成《かずしげ》に代えねばならないと考えていることは前に記した。[26]大日本政治会幹事長の松村謙三も総理は戦争一本槍だと思ってきた。四日前のこと、松村は首相の施政演説を聞いて不審に思った。内閣書記官長の迫水久常にそのことを問うたところ、その昔にアメリカでした平和演説を首相がどうしても施政演説のなかに加えさせたのだという話を聞いて、首相は徹底抗戦論者ではないのだ、平和を望んでいるのだと思ったということは前に述べた。[27]たしかに鈴木は平和を望んでいる。だが、かれが考えていることは、米内光政の考えとは大きく違う。阿南惟幾の考えにずっと近い。

徹底抗戦の構えをアメリカに示し、もう一回大きな勝利を得さえすれば、日本処理案[28]を潰すことができ、グルーが公式声明を発表することになるのではないか、どうにか我慢できる譲歩によって戦いをやめにすることができることになる。鈴木はこう思ってきている。皇室の安泰を保障でき、天皇処罰といった主張を葬ることができるとかれは考える。阿南もまたそう思っているのだ。

だが鈴木は、本土防衛の戦いをすると公言しただけではたして敵はたじろぐのだろうかという疑問を抱いてきたはずだ。レイテ、ルソン、沖縄の戦いの誇大な戦果を鈴木は信じているのかもしれないが、敵はつぎの本土の戦いを躊躇する気配がないことも承知している。国務長官代理のグルーはなんの動きもみせない。このまま本土の戦いとなってしまって、敵が九州、四国に足場を築いてしまったあと、はたして敵は譲歩するのであろうか。鈴木は口にはださないながら、このような心配をしてきたはずだ。陛下が一日も早い戦争の終結をお考えなら、そうしようと鈴木は即座に思うことになったのである。

木戸は鈴木の返事に安堵して、軽口を叩く。一時間前の米内海軍大臣との対話を首相に語り、「じつは海軍大臣は総理がまだなかなか強気のようだからと言われました」と語った。

木戸に顔を近づけて聞いていた鈴木は不思議な答えをした。「米内がまだなかなか強いと思っておりましたが、そうですか」

鈴木が米内の考えていることを知らないはずがない。五月十一日、十二日、十四日の構成員会議における米内と阿南との論戦、臨時議会召集の問題をめぐっては鈴木自身が米内と口論し、「トコトンまでやるのだ」と頑張ったのだし、(29)五月三十一日の六相懇談会の席で、米内が一日も早く講和をすべきだと言い、これに反対する阿南とのあいだで烈しいやりとりがあったことも承知していたのである。

鈴木は言い間違いをしたわけではなく、木戸が聞き間違いをしたのでもなかったようだ。鈴木はなにを考えているのか。

かれは戦争一筋という態度をとらねばならないと思ってきた。かれは自分が首相となったときに和平内閣だと世界のラジオ、新聞が報じたことを承知している。そして、日本は和平交渉を開始したが拒否されて終わったといったたぐいのニュースが何回か世界を駆けめぐったことも知っている。

甘くみられ、降伏を求めていると敵に思われてはだめだ。それだからこそ、米内光政の反対を振り切り、わざわざ臨時国会を開いたのだ。戦時緊急措置法と義勇兵役法を定め、かれ自身、「断じて戦い抜け」と説いたのだ。主要閣僚のだれもが国土と民族を守り抜くのだと叫び、内閣は戦争を継続することで意思統一しているところを示したのだ。米内光政にしても戦況報告をおこなって、「来るべき本土決戦において赫々たる勝利の事実をもって応えたい覚悟である」と述べたのである。(30)

当然ながら、米内が戦争を早く終わりにしなければならないと説いていることなど鈴木はだれにも語ったことはない。もちろん、木戸に喋ったこともない。それどころか、鈴木は五月十一日、十二日、十四日の構成員会議で戦争の終結について協議したことを天皇に内奏していないのだし、木戸に告げることもしていない。

弱気な大臣、弱音を吐く閣僚などひとりとして鈴木内閣にはいない。相手が音をあげるまでやり遂げるという覚悟をわれわれは持っていることを国民に示し、アメリカに見せつづけることがなによりも大事だ。鈴木はこのように考えてきたのである。

そこで鈴木は木戸に向かって、「米内はなかなか強いと思っておりました」とついつい言ってしまったのではないか(31)。

さて、木戸がつぎに「時局収拾案」への賛成を求めるのは、東郷茂徳と阿南惟幾である。明日には東郷と会う。かれは文句なく賛成しよう。さて、難物の阿南惟幾は最後になる。阿南は長野、新潟に出張中だ。戻ってからのことになる。だが、木戸は阿南についてもさほどの心配はしていないのであろう。

木戸は家に帰る。前に述べたとおり、弟の邸の一角を借りている。午後六時、軽井沢から東京に帰ってきた近衛文麿がその足で木戸を訪ねてきた。

ジョゼフ・グルーがやろうとしたこと

昨日、六月十二日の昼間のことに戻るが、近衛文麿の軽井沢の別荘に外務省政務局員の加瀬俊一が訪ねてきた。外務省に入ったリスボン、ストックホルムの公使館からの電報の写しを近衛に見せ、文官、政治家、軍人からかれが耳にした情報を伝えるためだ。

近衛は加瀬に向かって、六月八日の御前会議の本土決戦の決定はなんだ、五月十四日の構成員会議で決めたことはどうなったのだと暗い表情で言った(32)。

構成員会議、御前会議の取り決めは、米内光政が高木惣吉に伝え、高木から富田健治、富田から近衛へと報告が入っていた。富田は第二次近衛内閣の内閣書記官長を務め、現在も近衛の右腕であることは前にも記した。

脇道にそれるが、近衛と加瀬が話し合ったであろうことを記しておこう。

近衛は前回に加瀬が訪ねてきたときに持ってきた電報のことをとりあげ、なにか新しくわかったことはあるかと加瀬に問うたにちがいない。

近衛の気がかりな電報というのは、日本が和平提案をしたというものだった。そのはじまりは先月、五月十八日のニューデリー放送だった。三井と三菱の代表がモスクワ経由で和平を申し入れてきたが、無条件降伏ではないので拒否したという内容だった。

つづいてストックホルムの公使館からの電報、スイスのベルンの公使館からの電報が入った。

五月二十日に到着したベルン駐在公使の加瀬俊一からの電報はそのひとつだった。

スイス公使の加瀬俊一は、もちろん、近衛と話し合っている加瀬俊一とは別人だ。スイス公使の加瀬のほうが年上で四十七歳、入省も五年早く、専門はソ連だ。近衛を訪ねてきた加瀬はアメリカ畑であり、四十二歳になる。アメリカとの戦争がはじまったときにはアメリカ局第一課長だった。重光葵が外務大臣だったときには秘書官もやり、機智縦横の論客であり、行動力もある。

スイス公使の加瀬俊一からの電報は「帝国の和平提唱流説《るせつ》ニ関スル件」と題し、五月十八日付の「サンフランシスコ・エクスチェンジ」紙に載った記事を伝える内容だった。「最近当国紙ハ屢々帝国ノ和平提唱ナルモノヲ伝エテイル。日本ハ最近再ビ真剣ナル和平運動ヲ開始セルガ　今回ハ従来ノ和平運動ト異ナリ　陛下自ラ出馬セラレ　マズ一九四〇年　近衛内閣当時ニックラレタファッショ政党ノ即時解散ヲ命ゼラレルトトモニ五大コンツェルンの首脳ヲ召サレ　数度ニワタリ重要会談ヲ開カレタ。ソノアトコレラ財閥ハ非公式ニ休戦案ヲ提出シ　他方日本ノ和平論者ニ特別ノ信頼アル在中立国日本外交官モ同様ニ和平運動ヲ開始セリ」

同じ五月二十日に外務省に到着したストックホルム駐在公使の岡本季正《すえまさ》からの電報は「ストックホルム・チドニンゲン」紙に載った外電を伝えたものだった。「メルボルン電ハ大政翼賛会ノ解散ヲ報ジテイルガ　右報道ハ日本軍ガ重要前線基地ヲ喪失セルコノ際　キワメテ重要性ヲ存シ　メルボルンラジオ　ワシントンＩＮＳノ発表ハイズレモ東京ヨリ非公式和平提案ガナサレタル旨ヲ報ジテイル　沖縄ノ日本軍ガ熱狂的抵抗ヲツヅケテオリ　又時機尚早ノ日本本土侵入ハ犠牲多ク　カツ強キ反発ヲ受クベキモノト認メラレオルニモカカワラズ　日本ノ大実業家タチガ戦争ヲ終結セシムベク準備ヲススメアルコトハ　イヨイヨ明瞭トナナレリ

日本降伏ノ暁ニハ　日本ノ希望ハ仏領印度支那　カンボジャ　マライ　蘭領東印度カラ撤退　満洲　支那ニオケル権益保持ニ努力　南洋委任統治領ノ保持　天皇ノ首長　現地位ノ維持

モットモ重要ナノハ最後ノ条件

大政翼賛会ノ解散ハ天皇ガ戦争使嗾《しそう》者タチトノ関係ヲ希薄ナラシメントスル大手段トミルベキモ　連合国ノ無条件降伏ガ天皇ヲ除外スルヤ否ヤハ問題ノ存スルトコロナリ

日本ノ実業家ガ天皇ガソノ地位ニアラセラレ　日本本土ガ荒廃セズシテ　和平シウルコトヲ念願シアルハ明ラカナリ

イマヤ日本ノ戦局ノ大勢ハアキラカニシテ　実業家連中ハ陸海軍ヲ放棄シ　モーニングニ縞ズボンヲ穿キ　連合国ニ膝ヲ屈シ　マタ国民ニ対シ一週間三十セントノ生活ニ戻ルベキコトヲ告グル時機ノ来ルハ期待シウルトコロナルガ　皇帝陛下ガソノ地位ニトドマラレ　日本天皇トシテ命令ヲ発セラレルコトダニ保持サレルナラバ　甘ンジテ右ノ挙ニ出ズルコトヲウベシ」

同じときにリスボンの公使館からも、似たような内容の電報が外務省に届いていたが、そのあと和平情報は途切れていた。

近衛と加瀬は前にも論じ合ったはずだが、もういちど、これはなんだろう、世界中を駆けめぐったこれらの情報の火元はどこなのか、だれかがやっていることが漏れたのか、それともアメリカのある機関の日本に向けた政治的謀略活動なのかと語り合ったにちがいない。

大政翼賛会の解消をアメリカ側が大きな出来事と判断していることは、近衛と加瀬にとって驚きだったにちがいない。国民義勇隊が結成されたことから、大政翼賛会を解消しただけのことであるにもかかわらず[33]、大政翼賛会をヒトラーのナチ党やムッソリーニのファシスト党と同じようなものと思い込み、その解散にもっともらしい解釈をほどこしていることは、もう少し検討したい問題であるはずだ。だが、近衛にしてみれば、おかしなものをつくってしまい、自分の大きな失敗だと思っている大政翼賛会を振り返ることは気乗りがせず、加瀬も近衛の胸中をおもんばかって、これには触れようとしなかったのであろう。

近衛と加瀬がつぎに気にしたのは、いずれの電報も実業家、財閥首脳が和平のために動いていると伝えていることであったにちがいない。

三井、三菱の代表がなにかするということがありえるのだろうか。アメリカと戦いをはじめる前には、三井総本家の三井八郎左衛門、三井物産の石田退三、三菱の郷古《ごうこ》潔がアメリカとの戦いに反対だったことは近衛もよく承知している。だが、かれらは表立った行動をとらなかったことも近衛は知っている。そして現在、三井物産、三菱銀行の首脳がもはやどうにもならないと洩らしていることも近衛は知っている。だが、かれらはなにもしていないし、できもしない。

企業家、財閥が戦争を終結させようとしてなにかしているというのが事実なら、かつて新興財閥と呼ばれた久原房之助《くはらふさのすけ》、それとも鮎川義介《あいかわよしすけ》であろうか。かれらであれば、陸軍と組むにちがいない。当然、モスクワ経由ということになろう。関東軍の総参謀副長、池田純久《すみひさ》がやっていることではないか、アンテナにひっかからないかと近衛は加瀬に向かって尋ねたにちがいない。

もし、なにかするなら、モスクワ駐在陸軍武官の矢部忠太にその可能性があると外務省、海軍省は疑っていると加瀬は答えたにちがいない。

外務省と海軍省が警戒している陸軍武官はほかにもいる。ストックホルム駐在陸軍武官の小野寺信《まこと》が和平工作をやっていることを公使の岡本季正がスウェーデン外務省から教えられ、激しく怒り、外務省に報告してきていた。

小野寺が接触しているのは石油会社の重役をしているドイツ人である。エリック・エリクソンといい、戦前にテキサス石油の代表として横浜にいたことがある。小野寺はかれを通じてスウェーデン王室に和平の仲介を依頼しようとしている。

ところで、外務省は、岡本の報告から、そのドイツ人は信用のおけない人物であると見ている。かれから小野寺が語ったことが外部に漏れ、それに尾ひれ、背びれがつけられて報じられているのではないか。

岡本自身が交渉しようとしている相手はべつにいる。この春までスウェーデンの日本駐在公使だったウィダー・バッゲである。バッゲについては前に述べたことがある。(34) 四月十三日にシベリア経由で帰国したバッゲは、それより前、日本のためにアメリカの和平の条件を探ってもよいと何人かの日本人に語った。近衛文麿もかれを知っている。遠回しな言い方ながら、戦争をどのように終わりにするかを話し合ったことがある。

バッゲは外務大臣だった重光葵と会見した。スウェーデン政府の提案という形で日本が容認可能な和平案を英国にだしてもらえないかと重光は語ったが、期待はしていなかった。何日かあとに重光は辞任することになるが、後任の東郷茂徳にこのことを伝えることもしなかった。

帰国したバッゲはすでに公使の岡本季正のところに連絡が入っていると思い、岡本に会った。なにも知らない岡本が東郷にどうしたらよいのかと電報を打ってきた。だが、東郷もまたスウェーデン政府に和平仲介を依頼することに乗り気ではなかった。仲介を頼むのはソ連しかないと思っている。調べる必要があると言って、引き延ばしを図った。

ストックホルムだけではなく、スイスのベルンでは国際決裁銀行に派遣されている北村孝次郎と吉村侃が、この銀行の経済顧問ペル・ヤコブソンを仲介者にして、アメリカの情報官と接触してきている。このことは公使の加瀬俊一と陸軍武官の岡本清福《きよとみ》が承知している。そして、加瀬は知らないことであったが、海軍武官補佐官の藤村義一が仲介者こそ異なるものの、同じアメリカの情報官と間接的な交渉をしている。あいだに立つひとりは日本の各界と長い付き合いのあったフリードリッヒ・ハックというドイツ人、そしてもうひとりは、横浜に居留していた貿易商の子であり、横浜生まれのポール・ブルームというアメリカ人である。

アメリカの諜報機関の情報官はアレン・ダレスという人物だ。

東郷茂徳はベルンの工作にはなんの指示も与えていない。藤村からの電報はこの二、三日前にも海軍省に届いたはずだ。この工作をすすめるように上申した内容である。米内光政は返事をださなくてよいと言ったのではないか。かれは高木惣吉にはまだ喋っていないから、加瀬も、近衛もこのことは知らない。

近衛は加瀬に向かい、アメリカ海軍が仕掛けてきているザカリアス放送はどうなっているのかと尋ねることも忘れなかったのであろう。

三日前の九日にエリス・ザカリアスの六回目の放送があったばかりだと加瀬は答えたにちがいない。アメリカ大統領の「公式スポークスマン」を自称するこの海軍軍人の連続特別放送は最初の予告宣伝が仰々しく、大層な意気込みであったから、なにを言いだすのかと期待する人も多かった[35]。

ところが、五月八日からはじまった放送はだいたい一週間おきであったが、毎回、陳腐な宣伝文句の羅列に終わり、だれもなんの期待もかけないようになってきている。粗雑な対日心理作戦のひとつだとだれもが思っている。あるいは加瀬は三日前の放送も相変わらずのものだったと語り、一カ月前の五月九日のトルーマンの演説を繰り返し引用して、「無条件降伏は戦争の終結を意味する」「無条件降伏は日本国民の絶滅や奴隷化を意味するものでは絶対にない」と読み上げて終わったのだ、と言ったのであろう。(36)

語学将校として東京にいたことがあり、有力な日本海軍軍人を知っていることを自慢するザカリアスだが、かれは今回の騒ぎとはなんのかかわりもないだろうと加瀬は結んだはずである。

近衛と加瀬はもういちど考えたのであろう。今回の和平提唱説には荒唐無稽なところがあり、誤りもあるが、ただひとつ、すべての話に共通する真実がある。和平提議をする日本人のだれもが日本の君主政体の維持を希求し、それを降伏の譲ることのできないたったひとつの条件としていることだ。この肝心な部分に歪曲はないし、誤解させようと図っているふしもない。

どういうことだろうと近衛と加瀬は窓の外の雲に包まれてなにも見えない浅間山を見やりながら、もういちど考えに沈んだはずである。

ストックホルム、ベルンの公使、陸海軍武官、銀行駐在員、新聞社特派員、かれらと接触している、過去に日本とつながりを持った外国人、その背後にいるアメリカ課報機関の情報官、全世界を駆けめぐった和平提唱説の背後には、これらの人びとが語った言葉が核になっていることは間違いない。そして、これを利用した人は、日本が降伏を受け入れるためのただひとつの条件がなんであるのかをアメリカ政府の最高首脳にしっかりとわからせようとして、このような日本人による和平提案なるものを流布させたのではないか。

だれがそのようなことをしたのか。近衛と加瀬にはおよそ想像できない人物ではないか。

もしかして、国務長官代理のジョゼフ・グルーが部下に命じて仕掛けさせたのではないか。

グルーは、現在、断崖に追い詰められた日本人が守ろうとしているものがなんであるのかを顕わにすることによって、大統領、陸海軍首脳の注意を引き寄せ、自分が三年来説いてきたことが正しいことを証明しようとしたのではないか。そして、いましなければならないことがなんであるのかを、かれらに再考させようとしたのではないか。

グルーが強く懸念していたのは、大統領と陸海軍の首脳が時はわれわれに味方していると思い込んでいるかのように平然としていることだった。それでいながら、スターリンの信頼の厚いハリー・ホプキンズをモスクワへわざわざ派遣することを決め、スターリンに向かってほんとうに日本と戦うのかと問い、それはいつになるのかと尋ねさせようとしていた。災禍を招くだけのことをなんのためにするのか、支離滅裂だ、あまりに

も近視眼的だとグルーは居ても立ってもいられなかったのである。(37)

日本側が望んだ和平条件なるものが全世界に広がっていたまさにそのとき、五月十九日のことだが、グルーはノートに記した。

アメリカはドイツと日本の侵略を阻止するのに成功したが、この戦争が戦争をなくすための戦争とはなりえないとグルーはまず最初に書き、ソ連のわれわれにたいする危険性は枢軸国家に劣らないと綴った。そして、平和と安全保障のための世界組織ユナイテッド・ネイションズの創設総会が現在サンフランシスコで開かれているが、この機関が将来の世界戦争を阻止できると考えるのは放埓な夢想であると書き、つぎのように記した。

「ポーランド、ルーマニア、ブルガリア、ハンガリー、オーストリア、チェコスロバキア、ユーゴスラビアの諸国においてソ連がなしつつあることとは、ソ連がこれからなそうとしていることがなんであるか、つくりだそうとしている将来の世界がどのようなものであるのかを明らかにしている。ロシアはこれらの諸国の首根っこを抑えつけ、遠からぬ将来にはヨーロッパ全域にその支配を一歩一歩ひろげていき、近東も、極東も、同じようなことになるかもしれぬ。

ひとたびソ連が対日戦争に参加すれば、モンゴル、満洲、朝鮮はやがてその支配圏に呑み込まれ、中国も遠からずその支配圏に呑み込まれ、最終的には日本も呑み込まれることになる。

ソ連との戦争は必至であり、数年のちには起きるかもしれない。そのために力を蓄えねばならず、自由世界諸国との関係の緊密化に全力を注がねばならない[38]」

そして、グルーはそのあとノートには記すことはなかったが、つづけて書くなら、つぎのような文章になったはずだった。

「ソ連を日本との戦争に参加させないために、そしてソ連にそのための時間的余裕を与えないために、一日も早く日本に降伏を呼びかけねばならない。そのためには日本が受け入れられる条件にしなければならない。日本にたいする無条件降伏を一点緩和し、日本の君主政体の維持を保証するという文言を加える。こうしてこそ、満洲、中国の日本軍の武装解除を円滑におこなうことができ、華北、満洲の混乱を予防でき、中国へのソ連の膨張を阻止でき、敗戦日本に新たな前向きな国家目標を持たせることが容易になり、ソ連のイデオロギーの日本への浸透をも予防できる」

ここまでグルーは書かなかった。だが、ソ連にたいする強い疑惑と警戒心を五月十九日に綴ったことは記したとおりだ。つづいて五月二十三日夜と二十五日夜の二回の東京中心部の焼き討ちを挟んで十日足らずあとの五月二十八日、グルーは行動にでた。かれは大統領トルーマンに向かって、無条件降伏の方針を修正して、現在の皇室を容認する条件を日本政府に示し、日本を戦争終結に誘うようにすべきだと説いた。

翌五月二十九日、グルーはトルーマンの示唆に従い、陸海軍長官、参謀総長の集まりで自分の計画を示した。陸軍長官のスティムソンが「タイミングが悪い」と言った。グルーは沖縄の戦いのことを指しているのだと理解し、われわれは弱気になっていると日本側に受けとられる恐れがあるからだと思った。

さきに延ばすことになった。

日本ではどうであったか。少なからずの人びとが和平への鍵を握るグルーに心ひそかに期待をかけてきたことは前に記した[39]。東郷茂徳が、梅津美治郎が、木戸幸一が、天皇が、南原繁が、高木八尺が、近衛文麿が、加瀬俊一が、いまこそ鉾をおさめて和を結ぶときだと、グルーが執筆した宣言を大統領が読み上げる日が来るのではないかと心待ちしてきた。

そこで、日本人のだれもがなにも知らないことをもういちど語っておこう。

一斉に報じられた日本の和平提唱説は、アメリカ大統領の宣言発表を促すためにおこなわれたのかもしれなかったのだが、前にも述べたとおり、これは日本人のだれもが想像できない人物がやったという可能性が高い。

そして、日本人のだれもがなにも知らないのは、そのグルーがついに陸海軍の首脳たちに向かって、かれがずっと啓蒙に努めてきた計画をいまこそおこなうときだと説いたことだった。

さらに肝心なこと、日本人のだれも知らず、知るはずもないことは、スティムソンがグルーの提議に異を唱え、いまはまずいと言ったことだった。

そこで、もっとも肝心なこと、日本人がだれひとり知るはずがなく、夢想だにしないことは、スティムソンが反対したそのほんとうの理由はなんなのかということだ。

これについて記すのはさきのことになる。

さて、昨日、六月十二日、加瀬が辞去したあとのことか、それとも今朝早くのことか、近衛文麿は内大臣秘書官長の松平康昌から電話を受けた。

「一縷《いちる》の望み」がでてきたと松平康昌が言った。全世界に伝えられた日本の和平提案のことが頭にあったかもしれない近衛は、アメリカ側になにか動きがあったのかと瞬間、思ったかもしれない。なにごとかかと尋ねたのにたいし、内府が動いたと松平が答えた。急いで帰京するには及ばないと松平は付け加えたが、近衛はすぐに木戸から話を聞こうと思い、東京に戻ってきた。

木戸が近衛に臆することなく顔を合わせることができるのは、何年ぶりだろう。

木戸は「時局収拾案」の内容を説明する。そしてお上、海相、総理の支持を得たと語る。近衛は素直によかったと思う。木戸はつづける。外相、陸相の賛成を得たら、お上におでましをいただき、懇談会を開き、戦争の終結のために努力するようにお言葉をいただくつもりだと語る。

近衛は一息つき、まずはよかったともういちど思いはするものの、まさしく「一縷の望み」でしかないと思ったのではないか。お上と木戸は陸軍指導部の総入れ替えを考えていない。お上はいよいよとなれば退位をと考えておられよう。だが、沖縄の戦いが終わってしまえば、異常に速いテンポで事態は展開することになるのではないか。鈴木内閣と宮廷はそれに間に合うように、戦いを終わりにすることができるのだろうか。

河辺虎四郎の電報

夜、六月十三日だ。河辺虎四郎は宿舎でモスクワ駐在武官、矢部忠太に宛てて返事を書きはじめる。

矢部忠太は四十五歳になる。河辺虎四郎より十歳年下、陸軍士官学校は九期下だ。河辺、そしてかれの前任の参謀次長だった秦彦三郎が、いずれもモスクワ駐在武官だった経歴を持つことからわかるように、かつての仮想敵国ナンバーワン、ソ連を専門にしてきたという経歴は、士官学校、陸軍大学校での優秀な成績を認められてのことである。矢部は野戦軍の経験は北支那方面軍で参謀をやったことがあるだけだ。ずっと参謀本部のロシア課にいて、昭和十六年には関東軍情報部にいた。そして、昭和十七年三月からソ連大使館付きの武官をつづけてきている。

和平交渉の噂が飛び交い、モスクワでという情報が流れれば、梅津と河辺が矢部に秘かに命じてやらせているのではないかと外務省や海軍省の幹部が疑ったことは前に述べた。もちろん、梅津や河辺は矢部にそんな指示をだしていない。また、モスクワはベルンやストックホルムとちがって、かれに近寄ってくる外国人はいない。どうしたら日本を救うことができるかと矢部はひとり居室で考えてきたのである。

考えることはだれも変わりない。矢部が考えることは、木戸幸一と同じなら、東郷茂徳とも同じである。ソ連に日米間の居中調停に立たせるように工作をすべきではないか。矢部はこの意見具申の電報を河辺に送った。矢部のその主張は陸軍幹部が秘かに考えてきたことでもあった。

「ソ連を通じての対米英外交の基礎をつくらねばならぬ」、あるいは「ソ連を通じて戦争終末を図る」と婉曲な言い方をしながら、ソ連に和平の斡旋を求めようとする動きは、陸軍部内で何回か繰り返されてきた。昨年六月、参謀本部戦争指導班長だった松谷誠がそんな案を提出した。そのときに参謀総長だった東条英機はかれをただちに支那派遣軍に追いやった。

そのすぐあと東条内閣が倒れて、陸軍大臣となった杉山元はさっそく松谷誠を南京から呼び戻し、自分の秘書官にした。杉山はこの人事によって自分が一億玉砕を考えてはいないと宮廷の高官と重臣たちに明らかにしようとしたのである。

この四月には松谷の後任の戦争指導班長、種村佐孝が基本大綱の草案に同じ条項を書き入れた。これを削ったのは河辺虎四郎だった。

その何日かあとのこと、河辺は外相の東郷茂徳を訪ね、「ソ連にたいする外交大工作の展開」を要請したが、口にしたのは、ソ連をして不戦中立の態度をつづけさせるようにしてもらいたいということにとどまった。

こうしたことはいずれも前に記した。さらに前に述べたことを記すなら、参謀総長の梅津は一カ月前、五月に開いた構成員だけの最高会議で対ソ交渉をすると決めていた。

梅津はその三日間の会議で決まったことを河辺に語っていない。だが、構成員会議で対ソ交渉をやると決めたであろうことは河辺ははっきり想像できたはずだ。箱根で広田弘毅とソ連大使のマリクが会談したことも、憲兵情報によって河辺は承知しているはずだ。ソ連とのあいだの平和関係を維持、増進しようとしての話し合いがはじまったのだと見当づけ、ソ連に戦争終結の仲介を依頼することも構成員会議で決まったのではないかと疑ってもいるにちがいない。

もちろん、河辺がなにも知らないことがある。今日の午後、内大臣が首相、海軍大臣に向かって、ソ連に和平の斡旋を求めるために特使を派遣するという構想を語り、かれらの賛成を得たことだ。

河辺がやったこと、そしてかれが知っていること、知らないことを挙げたが、言い忘れてはならないのは、かれは、「哈特課《はとくちよう》」こそスターリンが日本に提示しているはっきりしたサインだと思っていることだ。哈特諜については前に述べた。(40) ハルピンのソ連総領事館から漏洩されているという形をとって、ソ連はアメリカの軍事、政治、経済、アメリカがやろうとするつぎの軍事計画の情報を日本陸軍に告げてきている。これが哈特諜だ。そこで河辺はスターリンのこのサインはアメリカにせっつかれたからといってソ連は参戦しないという意思の表明だと思ってきている。もちろん、ほんとうは逆であって、かれはスターリンがアメリカに加担しないだろうと思おうとするからこそ、哈特諜にはスターリンの日本への好意がうかがえると思うようになっているのである。

河辺が矢部の電報にすぐに返信をださなかったのは、書きにくかったからである。矢部の考えに反対だと書いてしまったら、かれの本心ではないのだし、賛成だと言ってしまったら、本土決戦を前にして参謀本部の首脳陣は弱気になっているのだと思われ、モスクワの日本大使館の士気を下げることになるのを恐れたからである。

河辺は注意深く書きはじめる。

「貴電第三〇〇号乃至第三〇四号拝読す、憂国の至情よりせられたる切実なる意見具申は敬意を表して熟読致せり　小官素《もと》より貴見に対し全面的に否定して申すにはあらざるも貴見並にその他にも関し聊《いささ》か所見あり左記の如し

一　日蘇《にっそ》間直接の問題ならばともかくとして日米問題に関し蘇《そ》をして居中調停せしめ我が目的を達せんとすることは其の見込蓋《けだ》し之れ無しと見るべきにあらずや、殊に目下の

如く戦局我に頗《すこぶ》る面白からず外人の百人中九十九人迄が日本の必敗を信じ居るの時期に於いて、敵も満足し、我も我慢が出来、仲介者も利する所ありと云うが如き結果を求め得らるると考え得るや如何に、而して此の工作は結局蘇を通じて無条件降伏を敵に申し込むことと ならずや、即ち『日本は国体を是非とも護持したし、民主主義乃至社会主義政体を採用す、日清戦争前十八世紀末の版図に還元すること異存なし、此の領土以外に於ける東洋の国境問題又は国際問題には一切容喙《ようかい》致さず、其の他賠償、将来軍備、処罰等々』之等の条件附を以て一応の和解（降伏）が成立したるものとすれば、さて之を以て無条件降伏よりも『まし』なりと考定し得べきや、又右例の条件よりも有利且好都合の条件附にて敵側が容るると思うべきや、将又《はたまた》蘇が夫れを抱えて仲介の労を取るならんと思惟せらるるや如何に、更に此の例にも示せる条件の第一項の如きに対しても爾後勝利者が永続性を事実上許容するならんとの希望を持ち得るや如何に」

河辺は、ソ連に和平の仲介を依頼して日本になにが残るのかと言う。仲介をするソ連にむしりとられ、アメリカにむしりとられ、残るのは徳川の日本かとは、市谷台の部局員のだれかれが自嘲的に語ってきていることだ。かれはつづける。

「二　曰く『試みることもなくして結果を推断すべからず、一度は条件を示して敵側に探りを入れ敵にして耳を藉《か》すことなくんば則ち血滴の最後まで戦うあるのみ』と、此の理論は本問題に当て嵌《は》め得ると思われず、何となれば尽くすべきを尽くして成功を見た

るときに於いても其の結果に意義を見出し得ずと信ずればなり
三　或は曰く『蘇は武力を背景として干渉に出づるか或は露骨に武力を行使しても我が停戦を迫る場合あるべし、此の場合に至って事を進めんとするも遅し故に今の中に何れか打つべき手を打つべし』と、然り一応は之を考えるの要あることを否まず、然れどもその打つ手と云うも前記第一項に外ならずとすれば、矢張り議論は同じ途に入る、本項の想定が現実となるも、その場合には今日と同様、無条件降伏か、必死戦を継続するの何れか一途あるのみ」

そして河辺はその「必死戦」に「成算は必ず有り」と説く。

「四　次で人は問う『今日戦争を継続して必勝の算を見出し得るや』と、予の正直なる気持を以てする回答は『今から米軍を追い返し、南洋群島も取り戻すの見込み立たず、が然し敵米の戦意を消磨し、彼が其の遠征の愚（採算甚だ合わず）なるを覚らしむるに至るの成算は必ず有り』と、吾人今日の一切の努力は此の成算の上に必成を期するにあるのみ、若夫《もしそ》れ此の成算を予期し得ず、従って之に努力するの気持を有せざるの士は速やかに米軍の軍門に頭を下げて俘虜の生活に入らんことを勧告す、今日吾人は望みなき『やけくそ』の戦闘を無理押に行いあるには断じて之有らず」

もちろん、矢部忠太が参謀次長から聞きたいのは、こんな支離滅裂な「やけくそ」の話ではない。本土の戦いの勝敗の鍵は、敵のシャーマン戦車を殲滅できるかどうかにかかっている、これまでの戦いとちがって、十二分の対戦車砲を配備している、安心して見ていてほしい、大隅半島の吹上浜、宮崎の海岸の戦いで、敵戦車群をすべて破壊し、敵上陸軍を壊滅してみせると参謀次長が書いてきてくれることだ。

ほんとうならそういう具合に書かねばならないことは河辺虎四郎がいちばん承知していることであろう。

ところで、かれが知らないことは、今日、内大臣がソ連に和平の斡旋を求めるために特使を派遣するという構想を首相、海軍大臣に語って、かれらの賛成を得たことだと述べたばかりだが、五日前の御前会議で説いたかれの決戦論が否定されたことも、かれは知らない。その翌日、総長の梅津美治郎が天皇に向かって、支那派遣軍は上陸するアメリカ軍と決戦できる力を持っていないと言上した。天皇は支那派遣軍より劣弱な本土防衛の地上軍がアメリカ軍と決戦はできないと気づいたという事実を河辺は知らない。

そして河辺がもうひとつ知らないことは、海軍の戦力査閲使の長谷川清が昨日、天皇に向かって、これまた五日前の御前会議で軍令部総長の豊田副武が敵上陸軍の半分を壊滅できると説いたことを否定し、特攻兵器に期待を懸けることができないと言上したことだ。

河辺がそうしたことをなにも知らなくても、かれの脳裏から離れず、かれが矢部に語ることになるのは、スターリンのことであり、スターリンへの期待である。そして、かれ自身が最初に「其の見込蓋し之れ無しと見るべきにあらずや」と説いたはずの仲介論に立ち戻る。

「五　翻《ひるがえつ》て借問せん『蘇は日米の間に仲介の労を取る気になるかならぬか』、本件予の所見は蘇邦《そほう》と云うよりも『スターリン』其の人に繋がる問題なりと信ず、即ち此の答解は『ス』其の人の性格判断によるの外なし、予の観測を以てすれば、『ス』は人の喧嘩の仲裁に出るが如きは勿論なく、頼まれたとて出る人物と思われず、自分及自分の物にさえ触るることなければ、他人が相互に如何なることをなそうとも随意勝手たるべしとの態度を持し　寧《むし》ろかくて他人が疲労することをほくそ笑むに過ぎず、而して自分自らは強くなり無駄骨を折らず、或いは少なくも骨折損少なくして入手出来るものあれば機を失せず己れの物となし得るだけの自力補強を図ることに汲々たる人物なりと思う、但し其の強情にして、不屈の意志鞏《かた》く一たび決せば手段を選ばず、人命の損失の如き眼中に無く況《いわ》んや金品をや」

河辺はスターリンの性格を論じる。一カ月前、満洲、華北に出張して、張家口《ちようかこう》で駐蒙《ちゆうもう》軍《ぐん》司令官の根本博と話し合ったとき、かれは自分の希望を語り、「スターリンは言を左右にして必ず対日出兵を断り、国力の回復に転向して英米をもっと疲れさすことを考えるよ」と言ったことがある。(41)根本が楽観はできないと言ったために、河辺はそれ以上は語らなかったが、根本がうんと言ったなら、河辺はつづけて、スターリンはさきざきに期待できる多くのものがあると見込んでこの戦争の最高の調停者となるかもしれないとほのめかすことになったのではないか。

「六　以上の如く予は『ス』を観るも其の正否は不明なり、唯だ確かに云い得べしと信ずることは、日米戦争を旋《めぐ》り蘇邦の執る態度如何は一に繋りて『ス』氏其の人の胸三寸の間に在ること之なり、従って彼が米英と共に勝者となり、否な、其の戦捷者の筆頭に立ちながら左右の勝利者相互間の将来、今日の東欧に於ける自国の立場と之から払うべき努力、自国の受けたる戦禍復旧に関する要請度等、それ等を篤《とく》と勘案しながら如何なる具合に東洋問題に乗り出すか、之は『ス』老其の人の胸中に於いてのみ決せらるべし、故に吾人は蘇邦の将来の動向を判ぜんが為に何とかして『ス』氏の胸中を的確に抉《えぐ》るの要切なりと思惟す、何とか此の辺の妙案なきか、徒《いたずら》に吾人が客観的情勢を判断し、吾人の性格と頭脳とを梯尺として測定せる蘇邦の将来判断のみにては労功甚だ償わざるもの多きをおそる」

河辺がほんとうに望んでいることは、スターリンがやってくれると期待する和平の仲介なのだが、矢部宛ての書簡をそれで終わらせるわけにはいかない。最後にはソ連に中立を維持させるための外交努力をしなければならないのだと、型どおりの、おおっぴらに喋ることのできる主張に戻る。

「七　以上縷述《るじゅつ》するところは、要するに蘇を介して行う日米和平の問題を中心としたるものにして、日蘇間直接問題、例えば彼をして厳正中立を維持せしむるの我が要望の如きは真理を説き熱情を示し正に両国国家及国民永劫の生命の為に絶対必要なる点を堂々且《かつ》誠意的に強調し彼をして之に同意的決意をなさしむること目下の喫緊《きつきん》事にして此の衝に当たる人小官の信ずるところ佐藤大使亦《また》何の不可もなからん(42)」

結局、河辺は自分が望んでいることをはっきり書こうとしなかったから、曖昧な訳のわからない文章を綴ることになってしまった。だが、かれ自身はそうは思っていない。かれはこれを明日には参謀総長に見せるつもりでいる。

木下杢太郎の俳句

同じ時刻であろうか、東京本郷区西片町に住む太田正雄が日記帳をひろげている。かれのことは前に何回か記した。東京帝大医学部教授である。詩をつくり、小説を書き、劇作もある。木下杢太郎《もくたろう》がペンネームである。五十九歳になる。

四カ月前の二月十九日のかれの日記を前に写したことがある。(43)もういちど書き写そう。

「人々の顔に沈痛の色あり　或人は既にあきらめている故　何ともなしという。けさの新聞にアメリカにて評議せられたる降伏条件などの事を伝えたりという　何のつもりにてかかることを新聞に出したりやと問う人あり」

今夜、もちろん、六月十三日だが、かれはこの三月から詠んできたいくつかの俳句を書き写し、ひとまとめにしようとしている。句はいずれも食用にしてきた野草を詠んだものだ。表題は決まっている。「救荒本草百首《きゆうこうほんぞう》」と記した。

「救荒本草」と名づけたのはこの名をつけた本があるからだ。飢饉のときに救荒食物として利用できる植物を解説した明《みん》の時代につくられた書だ。そのなかに描かれている植物図は正確だと評価が高いから、李太郎は大学の図書館で「救荒本草」を手にとったことがあるのだろう。かれも精密な植物図を描いてきている。少年のころには画家になりたいと思ったことがあるかれは、この数年、夜には植物写生をつづけてきている。

「百花譜」と名づけたが、すでに千枚近くになる。俳句は「救荒本草百首」としたものの、いままでにつくった句は二十にも満たない。紙に記し、日記帳のあいだに挟んである。

まずはハコベの句をとりだす。

「壌の土返り新芽のはこべかな」

つぎのような詞書《ことばがき》をつける。「春初めまだ野菜の市に出でぬ時はこべの芽尤《もつと》もめでたし。之をうつし植えずて壌を掘る人土をかぶせぬ。六月に至りそのへりに新芽吹きかえれり」

春のはじめから、かれはハコベの新芽を摘んできた。三月二十八日の日記にこう記した。「五時半帰宅。牛はこべ、はこべ、なづなのまだ細き嫩葉《わかば》をつめて帰る」

ウシハコベはハコベより遅れて育つ。ハコベよりも大きい。三月三十日にもハコベを摘んだ。「午後五時かえる。はこべ、おにたらびこ、やえむぐら等をひきぬき来りて、庭に植う。この為事《しごと》中々たのし」

ナヅナやヤエムグラを知らなくても、ハコベはだれもが知っている。都会の子供たちがタンポポのつぎに覚える草がハコベである。学童疎開がはじまる前、どこの学校でもウサギを飼っていた。育てて軍に献納したのである。毛皮をとるためだ。ウサギの餌のハコベを採ってくるのが当番の子の仕事だった。子供たちはこの草が一年中、冬のあいだもあることを知った。ハコベがニワトリや小鳥の餌であることを知っている子供もいる。このあと述べることになるが、農村の子供たちはハコベを採り、乾燥させて、供出している。

杢太郎は「ながく飼いし鶯を放ちしという人に代わりて」と説明を書き、つぎの句を書き写す。

「鶯はあらす今年のはこべかな」

また「川柳に『神農氏《しんのうし》ぐっとかんでべっとはき』というあり」と書き入れ、「春立ちぬいで神農にあやからむ」の句を記す。神農は中国神話の農業の神だ。本草医学の神でもあり、薬草のオーソリティーなのである。

杢太郎もぐっとかんでべっとはきだしたことが何回かあったにちがいない。タネツケバナを口に入れれば、タガラシの別名どおり、毒ではないかと思うほどの辛味がある。ところが、杢太郎が食べたのは酸っぱかった。「ほのかなるタネツケバナの酸味《すみ》を食す」と記した。句をつくるのはつぎの機会にまわした。

四月六日につくった二句も書き写す。

「つみゆけば片手に余るつくしかな」

「都では庭に植うてふ鶴菜《ちょうつるな》かな」

鶴菜はホイト菜と呼ばれる。乞食の菜っ葉という意味だ。杢太郎はこれを承知していて、ホイト菜が偉くなったのか、都の地位が下落したのかとうたったのである。鶴菜は砂浜に生え、つる状に横に這ってのびる。葉を食べるのだが、アクを抜かねばならない。

藤の句も入れる。

「風流か非か藤の芽を塩に漬く」

藤の花をゆでて二杯酢にしたのなら、間違いなく風流といえるのだろうがと杢太郎は思ったにちがいない。田園調布に住む小絲《こいと》源太郎が友人を招いてのご馳走が藤の花の酢のものと柿の若葉の天ぷらだったとは前に記した(44)。

都会に住む人びと、集団疎開の学童、本土防衛の兵士たちがなにを食べているか。魚、卵、塩、砂糖、食用油の配給はどうなっているのかは前に記した(45)。ここで野菜の配給について述べよう。

大都市で野菜の供給が不足するようになったのは昭和十七年のはじめからである。昭和十五年から、米、麦、いもの主食の供出がはじまって、作付け統制がおこなわれ、農家の供出の負担は厳しくなった。野菜栽培に乏しい労力や資材をまわすことができなくなり、畑作も供出用の芋づくりが中心になった。野菜の供給が少なくなったことから、野菜の小売店は減らされ、登録店が指定され、野菜も配給制になった。

現在、東京では野菜の配給は週に二回、月に八回ということになっている。もっとも、先週は三回、今週は一回ということがあるし、量の少ない多いはそのときどきだ。この二月、東京の野菜の配給量は一人一日平均二十匁《もんめ》、七十五グラムだった。五月は十五匁、五十五グラムだった(46)。

ナス一本の重さが百グラム、小ぶりのキュウリ一本がこれも百グラム、手のひらにおさまる新ジャガがこれも百グラムほどであろう。ナス二本、キュウリ一本、ジャガイモ二個で、三人家族、三日分の配給量、五百グラムということになる。付け加えるなら、ジャガイモが米の代替として配給になるのは、東京では来月、七月上旬からである(47)。

そこで都会に住む人びとは家庭菜園に頼るようになっている。だれもが庭や空き地にトマトの苗を植え、カボチャの種を蒔き、葉が増え、蔓が伸びていくのを楽しみにしている。そして、庭でつくった大根、農家で闇買いしてきたホウレンソウやカブ、田舎から持ってきた小豆、沢庵、ゼンマイを知人、友人、同僚とのあいだでやりとりすることは、毎日の生活に欠かせないささやかな経済活動になっている。

大森区東馬込に住む添田《そえだ》知道《ともみち》は四月十四日の夕飯の食卓が久しぶりに賑やかだったことが嬉しかった。日記につぎのように記した。

「夜のかたい飯たのし。尾崎のくれたかすかな目ざし。一尾宛《ずつ》。黎子の五六本とって来た土筆《つくし》。千葉土産の芹《せり》の胡麻よごし。少量宛なれどたのしく、葱汁ありて、膳賑やか也(48)」

野草料理の本が昭和十七年、十八年には出版された。大日本婦人会の大都市の支部が「食べられる野草」といった題の小冊子をだしたそのときには「摘み草道中図」といったハイキングコースをつけ加える余裕もあった(49)。

そんなパンフレットをつくるための紙の配給もなくなり、柿の若葉はてんぷらにするとおいしい、藤の若葉はゆでて食べるのがよい、つくだ煮にしてもよい、ハナイカダの若葉のおひたしもおいしい、こういうことを教える講習会が国民学校の教室や公会堂で開かれるようになった。

吉田和枝は川崎市中原区上平間に住んでいる。夫は東芝の川崎本工場に勤務し、国民学校四年生の息子は県内中郡大山町に集団疎開している。大山町は大山阿夫利《あぶり》神社の門前町である。

回覧板で食べられる野草の講習会開催の知らせがあり、和枝は息子の学校の平間国民学校に行った。四月十五日の日曜日だった。彼女がその日をはっきり覚えているのは、その日の夜、川崎市街地に空襲があり、彼女の家は無事だったが、夫の工場が焼け、昨年一月に開校したばかりの学校、息子が半年通っただけの学校、昼すぎに彼女が赴いた学校の半分が焼けてしまったからだった。

その日の午後に開かれた講習会で、中学の先生だという講師は前日に採ったというフキ、イタドリ、ツワブキ、ハコベ、アザミ、さまざまな野草を手にとらせ、懇切な説明をしてくれた。彼女はそのあと二回、野草採りに行ったのだが、夫は工場の疎開のために会津に出張していて、ひとりで一夜漬けのイタドリを食べたのである。

杢太郎は毎日、欠かさず野草を摘む。それを日記に記すことも忘れない。四月十八日の日記をつぎに掲げよう。

「昨夜は敵機なし。目下ラヂオ修繕中にて世間の事新聞に由るのみ。午前中奈良の標本をみる。外来一人もなく、十一時裏の方を歩み、つぼすみれのくさむらと、むらさきけまん、つわぶきとを豚小屋の後ろに見出す。今朝より教授室の水道たらたらと出始む。午後〇時十分ごろ警報。一機なるべし。一時半回診。五時帰宅。むらさきけまん、つぼすみれ、けやきの花を画きて、他の用事をせず㊿」

同じ四月十八日、野草摘みのことを日記に書いた人がべつにいる。岡本潤だ。かれのことは前に記した。大映の多摩川撮影所に勤務し、住まいは板橋区上板橋一丁目だ。

かれは四月十三日深夜の空襲の疲れが残っていた。消火に奮闘したわけでなく、火に追われて逃げたわけでもなかったが、ひどく疲れた。翌日から三日間、会社を休んだ。そのつぎの日は会社に行ったが、行き帰りに電車の窓からどこまでもつづく焦土を見て、「なにもする元気もないくらい、ぐったり」した。その翌日の十八日、かれは会社を休んだ。日記にはつぎのように記した。

「会社行はやめる。昨日配給の米まだ来ず、朝、治子と一子、応急米をもらいに行き二升ほどもらってくる。一子と二人で野原へ草摘みにゆき、ツクシ、ヨメナ、セリなどを摘んでくる。野草はじつにうまいし、草を摘んでいるとイヤなことを忘れる。その間にもサイレンがきこえ、爆音がきこえる」(51)

杢太郎の家に油の配給があり、四月十九日には野草の天ぷらを食べた。日記につぎのように記した。

「夜雑草(ギボシ、ツボスミレの天ぷら、それに牛蒡《ごぼう》)、つわぶき、春如苑などを腹一杯たべる。TB&A. Artaudの紅ぶどう酒(斉藤直一郎より貰う)をのむ。夜ほとけの座を写生」

その夜につくった句であろう。

「油得たりたちつぼすみれ揚食わむ」

春如苑はハルジオンのことであろう。ギボシはギボウシであろう。葉の形が橋の欄干の先についている擬宝珠に似ているからつけられた。夏に花茎が立ち、紫色を帯びた白い花が穂状に咲く。

「本郷やけあとの水辺満目荒涼たる処に、地下数寸のぎぼしの根枯れずして芽を出し、ひろまりぬ。このもの味噌じるの実として甚だよろし」

「焼けあとの庭やぎぼしの拡まりぬ」

「摘みしあとまたはびこりしぎぼしかな」

「とどきさげて長野の人の見舞かな」

とどきはツリガネニンジンのことだ。ひとつの株に何本も芽をのばす。茎は高さ六十センチから一メートル近くまでになるが、その高さが五センチから十センチのときに摘む。これをゆでて食べる。ほかの野草と違って、アクがない。

杢太郎の野草好きを知っていて、人参のような形の根をつけたままトドキの束を持ってきた人がいたのであろう。根も食べられる。

「すかんぽのサラダの贅《ぜい》や疎開人」

スカンポには伊東に生まれた杢太郎の少年時代の記憶がある。スカンポは田圃のあぜに群生している。その茎を折り、塩をつけて食べた、酸味と匂いを楽しんだ昔を思いだしたのである。

スカンポを採ったのは、伝染病研究所に行った五月十四日だった。杢太郎はその日の日記につぎのように記した。

「午前八時過警戒警報。午後伝研（二週間休めり）、鶏二羽殺す。スカンポをとりてかえる」[52]

同じ日に野草の会に参加したことを記した人がいる。添田知道だ。

食用野草の講習会が開かれたことは前に記した。友人たちとの食事会を野草の会にするようにもなっている。

「弁当持参で六時に出る。鷺の宮の野草の会。窪田さんへ誘いに寄る。陽は麗《うら》らかに、五月半ばというに丁度摘草の頃の気候だ。――省線次第にこむ。――安成二郎氏先着していたり。三樹さん日を違えて昨日現れたりという。田林夫人次いで見える。先日の礼をいう。警報出る、一機。午前に来る者はこれぐらいでしょうというので出かける。西方の田圃に出て、先ず雑木ある斜面で弁当を使う。田林さん、いうて甲斐なきことながら、一升用意しておいたのを女中に割られてしまった、と。無念というべし。久々野外の飯うまし。食後小便に立てば、周りのあかざ、はこべ、やわらかに豊かなり。蕗《ふき》もあり。直ちにかがみ込んで摘みはじめる。安成氏、摘草ははじめてなり、草を覚えるんだ、と。みな、はじめる。斜面を降りて、田圃のふちに出る。嫁菜《よめな》、芹。丁度摘み頃なり。やはり大森辺よりは陽気が遅れているようだ。長けているだろうと思ったのが、丁度よいのだ。おおばこ、あざみを見本に少しとる。

田のふちの芹、草の中に交じる芹。芹をとるのが一番面白い。時々顔をあげると、みな勝手な方へ散らばっている。すいばも少しとる。馬すいばと窪田さんいう。馬でも牛でもいい。いつか二時間経っている。とっていればきりがない。ひきあげることにする。

庭先で分類中、筒井来る。海平少し遅れるとて、鰤《ぶり》の頭を二個持参したり。

芹を洗えば大バケツに一ぱいある。みな芹に一番集中したとみえる。胡麻があれば申し分ないところだが、止むを得ぬ。分類したものの、みなうでてみることにする。鰤の頭、手ごちに負えぬとて呼ばれる。まないたも凹み、出刃も切れぬ。薪を割る要領で小間切りにする。あら煮だ。飛沫がズボンにとび、身体中生ぐさくなる。昔、嫌いだった此の生臭さが、何やらなつかしい。へんなものだ。海平現る。今夜酒田に立つという。小学館の疎開先なり、支店長格で駐在となる。その下見検分のよう也。

六時、台上に次々運ばれて、青々とする。はじめる。飯は小豆飯なり。おひたしばかりだが、醬油、酢、ソースと調味だけをかえて、試みる。はこべ一番人気あり。ついであかざなり。くせなく、やわらかきところを愛されるのだろう。大三君帰って、そこに加わる。からしを添えて又よし。嫁菜一番閑却されている。あら煮、肉がみなほぐれ落ちてしまった。あまり鮮度がないのだろう。が、ぎらぎらとする脂肪がたのもしい。椎茸と高野豆腐の煮つけもあり、うどのマヨネーズ和えもあり、箸の持ってゆき場所に迷うほどだ。あさりの串もあり、小魚干しも出ている。ちぇッ、一杯ほしいというところか。

満腹する。――昨年座にあり、今富士見にある伊藤廉氏へ寄せ書きする。七時の報道にて、今朝の敵四百機、名古屋へ行ったと知る。撃墜八機という。四百機とはたまらぬと声々[53]。それからラヂオの揚足とりがはじまる。昨年は子供らあって賑やかなりしという。伊藤氏の息二人、黎子、初美らもありし也。年よりばかりで、結局時勢の揚足をとるのが落ちとなった。九時、終わることにして、まだ大井に多量にある芹はじめ残りの草を少しずつ持ち帰るとなり、弁当箱へ入れれば丁度いいな、と思って、弁当箱を午の休憩場所に忘れていたことを思い出す。あんな場所だからまだあるに違いない。行ってみろと口々にいう。ニュームの弁当箱とは貴重品だ、と。少し億劫なり。あきらめようと思ったが、途中で行ってみる気になる。佐々木、カンテラを持って行ってくれた。――昼間、すぐだと思った地点が、田圃みち、思いの外遠い。あった、あった。置いたままにあった[54]」

添田が参加した野草を食べる会には鰤の頭二つのあら煮がでたが、同じ日の日記に鶏を二羽殺したと杢太郎が記したことは前に述べた。翌日、杢太郎は野草を食べる会を開いた。

「午前十一時警報。少雨、くもり。昨日伝研にて殺せし鶏のうち、癩をつけてし病変を呈せざりしもの（痩削せり）を主として雑草食の会を医局に催す[55]」

それから四日あとの五月十九日にも、杢太郎は雑草を食べる会を開いた。
「午後一時より歯科医を普通医に直す講習会に関する協議、午後四時より『薬用植物研究会』の為めに支那の医学を講ず。五十分間。そのあと雑草食の会。ツユクサ、牛ハコベ、車前草、ヨメナ、雪の下、ノゲシ、等十種。ほかに赤マス及び魚のてんぷら、満腹。かえりに理科本田教授と共に帰宅し、コオヒイを饗し、植物図の名をきく。こうもりがさを貸す。瀬川敏郎氏病院にたずね来たり大風油（ママ）を配つ[56]」
赤マスとはなんだろう。ニジマスのことか。まさか紅マスのことではあるまい。杢太郎はつぎの句も書き入れた。

「たらの芽は噂ばかりに春過ぎぬ」

タラノキの芽が山菜の王様だという話は、だれもが聞き知っている。医局の雑草を食べる会でも話題となったのであろう。だれもがタラノキは東北の山奥にあるものと思い込んでいるが、ほんとうはどこにでもある。大学の構内では見たことがないが、雑木林のはずれに生えている。葉がない春さきには、背丈ほどの棒のような木だと本田は語ったのではないか。

同じ五月十九日、宮廷では、土曜日だから、天皇は午後には「御研究」を二時間ほどつづけ、夕刻には「御相伴《ごしょうばん》[57]」があり、侍従、侍従武官が天皇、皇后の夕食の相伴にあずかった。食卓に野草のてんぷらはでなかったであろうが、話題は食べられる野草のことになり、だれもが天皇の説明に耳をかたむけることになった。

洋種のヤマゴボウは有毒なのかという質問に天皇は答えて、(58)北米原産の帰化野生の多年草だ。国内産のヤマゴボウも洋種のヤマゴボウもともに若葉を食べるようだが、両方とも有毒だ。充分にゆがかないと危険だと語ったのであろう。

つづいて、オカヒジキの話を、とだれかが言ったのであろう。前に天皇が語ったことがあり、食卓を囲む侍従のなかには、その話を承知している者もいた。だいぶ前のことになるが、と天皇は話しはじめた。松平が会津ではオカヒジキという野菜を畑に栽培している、非常においしいものだと言った。松平とは宮内大臣だった松平恒雄のことだ。オカヒジキは葉山の浜へ行けばいくらでも自生していると言えば、「いや、そんなはずはございません」と松平が答えた。対米戦争の前のことであったから、葉山の海で海底生物を採集した帰りに、海岸で摘んだ三センチほどのオカヒジキを入江相政《すけまさ》に手渡し、「大臣の部屋に置いておくといい」と言った。松平は机の上の異物を見て、これはオカヒジキではないかと不思議がり、どうしてこんなものが置いてあるのかと首をかしげた。(59)天皇が語り終わって、だれもが一斉に笑った。

これも同じ五月十九日の夜のことになるが、広島に住む大佐古一郎は日記につぎのように記した。かれが中国新聞社の政治部記者であることは前に記した。

「来週から県下の学童が食用野草の採取に動員される。子供に一人当たり八十貫（引用

者注　三〇〇キログラム）から百貫（三七五キログラム）ずつを集めさせ、これを乾燥して二百万貫（七五〇万キログラム）の粉末や切り干しを作り、主食に混ぜたり野菜の代用にする予定。対象になる野菜は、よめな、よもぎ、はこべ、ぎしぎし、すずめのえんどう、あざみ、ふき、わらび、ぜんまいなど。

妻の話によると、きょう魚の自由販売があったそうだ。ひと目で腐っていることがわかる鯖《さば》や太刀魚《たちうお》だったが『煮てみよう』といって買う人もあったようだ。なぜもっと早く配給のルートに乗せないのか。中毒を消す薬もないときだけに腹が立つ。それとも市の食糧当局は、最近の市民は食物の訓練を積んでいるので、胃袋が犬のように丈夫になっているとでも思っているのか。

現在の重要物資の需給情勢を考えると、こうした怒りを当局にぶつける気力はない。そのうえ、あすのことも心もとなくて、俳句を作る気分にもなれなくなった」[60]

ヨメナ、ヨモギの採集、乾燥、供出を国民学校に命じたのは広島県の内政部長である。陸軍の要請があってのことだろう。

桑の皮剝ぎ、ドングリ、茶の実の採集、柿の若葉摘みのために、農村にある国民学校の児童が動員されてきたことは前に何回も記した。

千葉県市原の牛久国民学校の学校日誌がある。「増産活動」を昨年の十月から拾いだしてみよう。

「昭和十九年度
十月十一日〜十三日　イナゴ　バッタ採り
十月十四日　薬草採り
十月三十日　干し草出荷　二百六十一梱（千四百三十五貫）
十一月一日　甘藷《かんしょ》葉柄　二百三十五貫（四年生以下　二百匁　五年以上　四百匁）
十一月十四日　甘藷　五十六俵
十二月二日〜六日　ススキの穂　五十二俵（一俵三貫五百匁）
十二月十八日　ワラ草履　二百八十九足
一月九日　茶の実　九俵
一月二十二日　ドングリ　十二俵（四石八斗）
　昭和二十年度
四月二十七日　ヒマの種　七キロ
五月十五日　芹　四百三十五キロ　蕗　七十五キロ
五月二十二日　芹と蕗　五百四キロ」
福岡県内政部長が県下の国民学校校長に宛てた五月二十四日付の公報をつぎに見よう。
これは野草の採集を命じたものではない。
「彼岸花球根ヨリ採集セラルル『リコリン』ハ現下緊要ノ軍需治療品生産原料タルノミ

ナラズ葛澱粉《くずでんぷん》、片栗ニモ匹敵スル優秀ナル澱粉採集可能原料ニシテ時局下重要ナル資源タルニ鑑ミ今般県下各国民学校児童ヲ動員シ可及的速ニ且多量ニ採集致スコトニ相成候ニ付イテハ左記御了知ノ上格段ノ御配意相煩度……」

梅の実も子供たちに集めさせる。塩の特別配給がないために、どこの農家も梅の実は落ちるに任せていることは前に記した。(61)

彼岸花の球根の採収を求めた公報から二日あとの五月二十六日、同じ福岡県内政部長は再び国民学校校長に宛てて梅の実の採収供出を指示している。

「陸軍糧秣廠及海軍軍需部並ニ県内駐屯陸海軍部隊需要梅干ノ原料梅実ノ供出ハ決戦下益々緊要事ニ有之就而県内産梅実ハ自家用ヲ節約シ挙ゲテ軍需用トシテ供出スル様農業会ニ指示致居候処梅実ノ採取期ハ丁度農繁期ニ有之折角結実スルモノモ労力不足等ノ為採収セラレズ無駄ニ相成居ルモノ有ルヤニ被存候条要スレバ学童ヲ採収ニ当ラシメ之ヲ一定個所ニ集荷セシメル等ノ措置ヲ講ジ以テ採収並ニ集荷ノ徹底ヲ期シ度……」(62)

鹿島絢子《あやこ》の昨日、六月十二日の日記も記そう。

鹿島絢子は日本女子大家政学科の学生だ。勤労動員で目蒲《めかま》線の矢口の渡しにある蒲田製作所で働いていた。前に触れたことがある。爆弾の起爆装置をつくっていた。五月二十三日の空襲で工場が焼けてしまった。働く工場はほかになく、軽井沢にある大学の施設、三泉寮に移ることになった。援農隊ということになる。麦刈り、芋の苗を植えるのを手伝う。彼女は六月六日に来たばかりだ。

「毎日作業をしている。疲れる。八日にはぜんまい採りに行き、リュック一杯採ってきた。軽井沢は景色がよい。外人が多いのに驚く」(63)

李太郎の句に戻ろう。かれはツユクサの句を書き写す。

「露草をめでてふ《ちょう》きけば花ならず」

五月二十一日の日記につぎのように記している。「ゆき道にて池の端に、露草のコロニイ有り。袋一杯にとる。夜おみなえしを写生す。夜冷」

ツユクサは群生しているから、摘みやすい。これも若い茎を食べる。

五月二十六日の日記にはつぎのように記している。

「四時半院を出で、構内にオドリコ草を採りてかえる。（又山牛蒡、ツユ草、アカザをもとりて至る）、かえりて日のうちにオドリコ草を写生す」

オドリコ草は食べられない。ヤマゴボウは若葉を摘んだ。充分にゆがかねばならないことは承知している。そしてアカザだ。李太郎はつぎの句を書き写す。

「藜《あかざ》の葉のうまげに見ゆる小径かな」

アカザとハコベがいちばんの人気だったと添田知道が日記に記したことは前に述べた。アカザとハコベはアクが少ないからだ。そして、栄養学者がアカザを推奨するのは、ビタミンA、ビタミンB_1、ビタミンCがホウレンソウよりも多いからだ。ホウレンソウはアカザ科植物なのである。

そこで「救荒本草」の首位に立つのがアカザである。アカザは日照りに強い。長いあいだ雨が降らず、ほかの草が立ち枯れしてしまっても、アカザだけは平気だ。そして土質を選ばない。荒れ地でも生える。

インドではアカザは野菜として栽培されている。杢太郎はそれを知らなくても、アカザが日本や中国だけではなく、ヨーロッパでも、飢饉のとき、戦争のときに食べてきたことは知っているだろう。第一次大戦のあいだ、そして戦後にかけて、ドイツ人はアカザを食べた。現在、多くのドイツ人の食卓の皿の実のないスープに浮かんでいるのもアカザだ。

杢太郎はアカザの実のことも記す。

「あかざの実のつくだにはめでたきものなり。唐辛、紫蘇の実を少しく雑《まじ》えたる殊によろし」と書き、つぎの句を記す。

「老《おい》の身を托すあかざの杖と実に[64]」

アカザは秋に実をつける。ケシの実ほどの大きさだから、つくだ煮にするだけの実を集めるのは容易なことではない。

「あかざの杖」とはなにか。アカザは真夏には背の高さが一・五メートルほどにもなる。茎は固くて、軽いから杖に利用する。藜杖《れいじょう》という言葉があるのだから、中国では昔からアカザの茎を杖に利用してきたのであろう。杢太郎は盃いっぱいのアカザの実を集めたことがないのと同様、傘立てにアカザの杖を置いてはいないだろう。

杢太郎の「救荒本草百首」選びの最初の作業はひとまず終わるが、かれは「老の身を托すあかざの杖と実に」の句に詞書を記そうとしなかった。

もちろん、これは高浜虚子のいう「客観写生」の句ではない。杢太郎自身の心象をうたったものである。

この句を解きあかすのは、二カ月前の三月三十日のかれの日記の一節であろう。

「きょうの心の穏やかさが、一種の『敗戦予感』であろうか(65)」

杢太郎が知らないこと、想像できないことを記しておこう。

味方に見捨てられ、敵にも放置された、はるかに遠い孤島では、アカザの実ではないが、野草の汁と小指ほどの大きさのさつま芋を食べるだけの兵士たちがいる。アカザの杖ではないが、だれもが木の枝を杖にしている。腹を空かせ、栄養失調の兵士たちは歩こうとしてよろける体を支えるために杖が必要なのだ。そして、多くの若い兵士たちは杖を残して死んでいった。

（第11巻了）

引用出典及び註

(1) 特に重要と思われるものについてのみ出典を明記した。
(2) 引用中の旧仮名は新仮名に改めた。また読みやすさを考慮し、表記を改めたり、言葉を補ったりした場合がある。
(3) 「木戸幸一日記」「天羽英二日記」等、文中にて出典がわかるものは、特に出典を明記しなかった場合がある。
(4) 同一資料が二度以上出てくる場合は、発行所及び発行年度は初出時に記載するにとどめた。

第32章　特攻機「桜花」は散った

(1) 「昭和二十年　第10巻」二六四頁
(2) 「昭和二十年　第10巻」二六五頁
(3) 高松宮宣仁親王「高松宮日記　第八巻」中央公論社　平成九年　九八頁
(4) 「昭和二十年　第10巻」四七頁
(5) 「昭和二十年　第10巻」一一二頁
(6) 天羽英二〈松平さんの思い出〉「松平恒雄追想録」松平恒雄氏追憶会　昭和三六年　四九頁
(7) 「昭和二十年　第10巻」一二一―一二三頁
(8) 「昭和二十年　第10巻」一二七―一三五頁
(9) 「昭和二十年　第10巻」一一九―一二二頁
(10) 「昭和二十年　第10巻」一三八頁

(11)「昭和二十年　第8巻」二九二―二九四頁、「昭和二十年　第10巻」二二頁
(12)「昭和二十年　第8巻」三〇六―三二一頁、「昭和二十年　第10巻」二八―二九頁
(13)防衛庁防衛研修所戦史室「戦史叢書　大本営海軍部・聯合艦隊(1)」朝雲新聞社　昭和五〇年　三四九頁
(14)阿川弘之「井上成美」新潮文庫　昭和六一年　四五五頁
(15)「昭和二十年　第8巻」三一四―三二一頁
(16)「昭和二十年　第10巻」一三二頁
(17)防衛庁防衛研修所戦史室「戦史叢書　昭和二十年の支那派遣軍(2)　終戦まで」朝雲新聞社　昭和四八年　七四頁
(18)「昭和二十年　第10巻」四八頁
(19)それから三十年近くあと、賀陽恒憲《つねのり》氏が加瀬英明氏に向かって、昭和二十年三月十一日か十二日の天皇との会話の要点を語った。

　賀陽氏は「適当なときに思い切った御決意を遊ばすことが必要だと思います」と言上したのだと述べると、天皇は深くうなずいたが、なにも答えなかったのだという。

　戦況のことになって、天皇はつぎのように述べたのだという。「支那派遣軍は重慶の国民政府にたいして攻撃をとり、進撃すれば、中国政府を救うためにアメリカ軍は中国大陸の日本軍占領下の沿岸に上陸して、日本本土上陸を遅らせることができると考えて、四川省に向けて進み、さらには雲南省を攻略することを意図している」

　そして天皇は「最後には雲南まで行くといっている。大丈夫だろうか」と質問され、「賀陽はどう思うのか」と尋ねられた。天皇は、賀陽宮が口をひらくたびに、真剣な表情をして、「あ、そう。あ、そう」と連発された（加瀬英明「天皇家の戦い」新潮社　昭和五〇年　三七

頁)。

昭和二十年八月から今日まで、昭和天皇のことを記した政治家、官吏から旧貴族、旧軍人、批評家、研究者まで、多くの人びとは、意識的に、あるいは無意識のうちに天皇を内外の非難攻撃から守ろうとし、かれらが承知していることが、あるべき天皇のイメージにそぐわないと思えば、修正するか、触れないようにしてきた。読者がどのように判断するかは知らないが、私もまた同じ態度をとってきた。

賀陽恒憲氏もまた、加瀬氏に昭和天皇のことを話すにあたって、天皇についてのよい印象を人びとのあいだに残そうと努めたのである。実際には雲南作戦は天皇が考えたことであった。

昭和二十一年に天皇はつぎのように述べている。

「沖縄で敗れた後は、海上戦の見込は立たぬ、唯一縷《ただいちる》の望みは、ビルマ作戦と呼応して、雲南を叩けば、英米に対して、相当打撃を与え得るのではないかと思って、梅津に話したが、彼は補給が続かぬと云って反対した。当時賀陽宮が陸大の校長だったから、この話をしたら、一時的には出来るかも知れぬが、とにかく研究して見ようと云うことであった。然し之はうやむやになって終わった。

雲南作戦も已に望なしということになったので、私は講和を申込むより外に途はないと肚をきめた」

ここでは天皇が「沖縄で敗れた後」に「雲南を叩けば」と述べたということになっているが、これは記録した稲田周一氏の書き誤りか、天皇自身の思いちがいであろう。

(20) 平野鍾「無量寺日記——一集団疎開学童が記録した昭和二十年」平成一三年　二二三頁

(21)「海鳴りの響きは遠く」宮城県立第一高女四十七回生学徒勤労動員記録編集委員会　昭和五六年　二三〇頁

(22) 岡野弘彦〈いのちの桜、死の桜〉「朝日新聞」平成一〇年四月六日付
(23) 「昭和二十年　第4巻」二〇頁
(24) 安延多計夫「ああ神風特攻隊〔むくわれざる青春への鎮魂〕」光人社　昭和五二年　二六一頁
(25) 八原博通「沖縄決戦」読売新聞社　昭和四七年　一三五頁
(26) 内藤初穂〈夫・野中四郎が自決した日〉「文藝春秋」昭和五九年三月号　二二四―二二六頁
(27) 横須賀鎮守府司令長官だった米内光政が昭和十一年二月の陸軍部隊の反乱に際してどのように対応したかは、「昭和二十年　第7巻」七六頁を見よ。
(28) 金子義郎〈入佐隊長〉、高橋勝作〈入佐俊家言行録〉安藤信雄編「海軍中攻史話集」中攻会　昭和五五年　一六三―一八七頁
(29) 「昭和二十年　第7巻」一三五頁
(30) 福元美善〈搭乗整備員の思い出〉「海軍中攻史話集」三五五頁
(31) 河西義毅「老兵記〈戦争という名の青春〉」平成七年　六七頁
(32) 遠田岩美〈第四海軍航空隊及び第七〇二海軍航空隊の思い出〉「海軍中攻史話集」三八七頁
(33) パット・フランク　ジョージフ・ハリントン　谷浦英男訳「ミッドウェイ 空母『ヨークタウン』の最期」白金書房　昭和五一年　一三七頁
(34) 防衛庁防衛研修所戦史室「戦史叢書　南東方面海軍作戦(1)　ガ島奪回作戦開始まで」朝雲新聞社　昭和四六年　四五九頁
(35) 巌谷二三男「中攻」原書房　昭和五一年　二九六頁
(36) 防衛庁防衛研修所戦史室「日本航空史」日本航空協会　昭和五〇年　八七七頁
(37) 防衛庁防衛研修所戦史室「戦史叢書　大本営海軍部・聯合艦隊(4)」朝雲新聞社　昭和四五年　二七二頁

(38) 伊藤福三郎〈第七五二海軍航空隊と野中五郎少佐〉「海軍中攻史話集」四一六―四一九頁

(39) フィリップ・ナイトリー　芳地昌三訳「戦争報道の内幕　隠された真実」時事通信社　昭和六二年　二三三頁

(40) 戦争が終わったあと、山本親雄氏が「大本営発表はでたらめか」という疑問に答えている。山本氏は昭和十八年一月から二十年一月まで、軍令部第一部第一課長、第二課長を歴任した。山本氏は軍令部が戦果の発表を過大なものにしたのだとは認めず、部隊指揮官にその責任があったのだと主張している。山本氏はつぎのように述べる。「大本営では、各部隊からの報告には少しの誇張もなく、部隊指揮官として最善をつくして正確を期したものであることを確信して疑わなかった。しかし時日のたつにつれて一般に報告の戦果は、実際よりも過大にすぎる傾向が多いことが明らかになった。そこで大本営では、あらゆる角度から検討し、相当にきびしく査定して発表したのである」（山本親雄「大本営海軍部　回想の大東亜戦争」白金書房　昭和四九年　二四〇頁）

(41) 陸軍輸送船七隻、海軍運送船一隻、駆逐艦四隻を失い、第五十一師団の七千人のうちの三千六百人と武器弾薬、車輛のすべてを失い、第十八軍司令部の要員はやっとのことでラバウルに戻り、海軍は第二十三防空隊の兵士たち、武器のすべてを失った。

(42) 「昭和二十年　第10巻」五三一―五四四頁

(43) 戦後、福留繁氏はろ号作戦をなぜおこなったかについて説明をしていない。研究者の推測があるだけだ。たとえば「戦史叢書　大本営海軍部・聯合艦隊(5)」（朝雲新聞社　昭和四九年）はつぎのように説明する。ろ号作戦は「山本長官が実施したい号作戦の故知にならって古賀長官が、当時の南東の情勢に対処するため、中央の直接指示等を受けることなく、自らの発意により実行されたものである」（一〇八頁）

また吉田昭彦氏は「『ろ』号作戦についての一考察」のなかで、母艦飛行隊「投入理由の第一に挙げられるのは、作戦方針に首尾が一貫せず、投入の判断基準をあいまいにしていたことである」と述べ、第二に、投入を望む「麾下、南東方面艦隊司令部への気兼ね」があったのだと説き、第三に「連合艦隊司令部の前司令部に対する強い対抗意識がなかったであろうか」と言い、「い号作戦」を真似た作戦を実施し、面目を保ちたいと考えたのであろうと推測している。

(44) 防衛庁防衛研修所戦史室「戦史叢書　大本営海軍部・聯合艦隊(5)」一二九頁
(45) 昭和十八年十一月五日から十一日までのブーゲンビル諸島沖航空戦のアメリカ側の損害は「十一月八日　軽巡バーミンガムが急降下爆撃機の爆撃によって損傷。上陸作戦輸送船フラー、同プレジデント・ジャクソンが急降下爆撃機の爆撃によって損傷。十一月十三日　軽巡デンヴァーが航空魚雷を受け損傷」（史料調査会訳編「第二次大戦米国海軍作戦年誌」出版協同社　昭和三一年　一一七―一一九頁）
(46) 「戦史叢書　大本営海軍部・聯合艦隊(5)」一一八頁
(47) 中島親孝「聯合艦隊作戦室から見た太平洋戦争」光人社　昭和六三年　一五六頁
(48) 伊藤福三郎〈第七五二海軍航空隊と野中五郎少佐〉「海軍中攻史話集」四二四―四二五頁
(49) 伊澤保穂「陸攻と銀河」朝日ソノラマ　平成七年　二九二頁
(50) 伊藤福三郎〈第七五二海軍航空隊と野中五郎少佐〉四二六頁
(51) 昭和十九年六月十九日のマリアナ沖海戦については、「昭和二十年　第5巻」一八九―一九三頁を見よ。
(52) 吉田俊雄「四人の連合艦隊司令長官」文藝春秋　昭和五六年　一六四頁
(53) 吉田俊雄「四人の連合艦隊司令長官」一六五頁

(54) 中沢佑氏はのちにつぎのように記している。
　福留参謀長は、昭和十九年「四月十七日、本事件の詳細口頭で大臣官邸において報告した。（次官、沢本中将、次長塚原、伊藤両中将、岡軍務局長、三戸人事局長、軍令部第一部長中沢少将等、福留中将、山本中佐から事情聴取）。然るに福留中将も山本中佐も意識してか否か、一言も、機密図書の件には言及しなかった。従って中央としては何事も知るに由なく、もちろん何等処置しなかった。

　福留中将はその著書（「海軍生活四十年」昭和四十六年刊行）の中において機密図書が敵手に渡ったとの報道は虚報であると否定しておられるのであるが、善意か悪意か知らないが、これは誤りで、戦後米国側は、入手したことを報じ、更に戦後G・H・Qに勤めたわが幕僚（千早正隆中佐）が現物を確認されておりその写しが防衛庁戦史部にある」（中沢佑刊行会編「海軍中将中沢佑　海軍作戦部長・人事局長回想録」原書房　昭和五四年　一二八頁）

(55) E・B・ポッター　南郷洋一郎訳「提督ニミッツ」フジ出版社　昭和五四年　四一〇頁

(56) 防衛庁防衛研修所戦史室「戦史叢書　大本営海軍部・聯合艦隊(6)」朝雲新聞社　昭和四六年　三三三頁

(57) 松岡久光「みつびし飛行機物語」アテネ書房　平成五年　四八頁

(58) 源田実「海軍航空隊始末記　発進篇」文藝春秋新社　昭和三六年　五三頁

(59) 三井謙二〈激闘ガダルカナル攻防緒戦の体験記〉「海軍中攻史話集」四五一—四五三頁

(60) 防衛庁防衛研修所戦史室「戦史叢書　大本営海軍部・聯合艦隊(6)」三三六頁

(61) 伊藤隆ほか編「東条内閣総理大臣機密記録」東京大学出版会　平成二年　五五三頁

(62) 深堀道義「特攻の真実——命令と献身と遺族の心——」原書房　平成一三年　一六八頁

(63) 「昭和二十年　第9巻」八四頁

(64)「侍従武官　城英一郎日記」山川出版社　昭和五七年　二九四頁
(65) 宮武剛「将軍の遺言　遠藤三郎日記」毎日新聞社　昭和六一年　一八九―一九〇頁
(66) 内藤初穂氏はその著書「極限の特攻機　桜花」(中公文庫　平成一一年)のなかで、「大田は、民間の技術を内々に利用できる強力な紹介状をもっていた」と述べている。
　内藤氏がつづけて述べるところをつぎに記そう。

「この組織無視の紹介状を用意したのは誰か。空中特攻を仕組んだ源田参謀のほかに該当者は見あたらないが、源田と大田がどのような経緯で結びついたのか、明らかでない。源田も大田も、なに一つ語ることなく故人となった」(三二一―三二二頁)

　内藤初穂氏は同じ著書のなかで源田実氏についてつぎのように述べる。

「空中特攻論者の動きは、にわかにあわただしくなった。

その中心となったのは軍令部航空参謀の源田実中佐。……

いち早く源田に呼応したのは、千葉県館山基地の局地戦闘機部隊司令、岡村基春大佐であった。……その特攻志向は源田の影響で一挙に加速され、戦艦・空母をも対象とする空中特攻の実行指揮を買ってでた。ただちに行動を開始。マリアナ沖海戦の第一日にあたる六月一九日には、第二航空艦隊司令長官の福留繁中将が巡視のために来隊した機会をとらえ、空中特攻の決行を強く訴えた」(二一八頁)

　内藤初穂氏は昭和五十七年にこの著作を公刊した。内藤氏は明らかにしていないが、そのときに生存していた関係者から、源田実氏が体当たり攻撃の鼓吹者であり、推進者であった事実を聞いたのであろう。

　源田実氏は氏の自伝といってよい「海軍航空隊始末記」のなかでそうしたことについて触れることなく、大田正一氏についてもなにひとつ記していない。そして、源田氏が記した岡村基春氏についての記述はつぎの箇所だけである。

「昭和五年の赤城飛行隊で、入佐中尉は攻撃機分隊長岡村徳長大尉の操縦者をやっていた。岡村大尉は私の先輩であり、かつ、戦闘機の師匠とも言える岡村基春大尉の令兄である」(発進篇　五三頁)

内藤初穂氏の同じ著書のなかのつぎの文章はこのさきで引用しなければならないのだが、その機会はないように思えるので、ここに載せる。

「昭和二十三年の七月一三日、盆の初日、神雷部隊の司令だった岡村基春が千葉県の茂原付近で鉄道自殺をとげた。その死は、県内紙からも中央紙の地方版からも無視された。遺書も、遺書めいたものもなかった」(三〇三頁)

岡村基春氏の自決のことを記したから、もうひとつ、二木義人氏の「桜花随想」から引用しよう。二木氏は昭和二十年二月から七二一空の主計科士官だった。

「終戦の詔勅が発せられたとき、沖縄の特攻作戦を指揮した航空艦隊司令長官の宇垣纒中将は、大分基地より沖縄へ突っ込んで戦死した。麾下の神雷部隊の私どもは、心配しながら司令のO大佐の去就を見守った。平素温容をもって私どもに接してくれた司令は、海軍の戦闘機乗りの草分けであったが、終戦に際し、基地の松山空から地続きの高知へ何事もなく帰郷された。私どもは、半分は『よかった』という気持ちと、やや期待はずれのような複雑な気持ちが交錯した。


終戦後しばらくして、O大佐は特攻隊員を育てた神之池の近くで鉄路に飛び込み、自殺したことを知った。特攻隊員遺族への弔問の旅をしたあげくの覚悟の自決ということで、私は悲しいような救われたような気持ちになった」(「士交会の仲間たち」士交会の本刊行委員会〔海軍主計科短現十一期〕　平成一年　一一一頁)

(67)「昭和二十年　第6巻」二九九―三〇三頁
(68)内藤初穂「極限の特攻機　桜花」四八頁
(69)「千葉四郎」千葉四郎刊行会　昭和五二年　六一六、七一一頁
(70)佐波次郎〈つばさひとすじに　最終回〉「航空情報」二三三号
(71)安延多計夫「ああ神風特攻隊」一八頁
(72)じつは台湾沖航空戦の幻の大戦果については、「昭和二十年　第4巻」八七―八九頁で考察したことがある。

軍令部総長の及川古志郎がその幻の大戦果をどのように考え、どう対応したのであろうかを推理した。

第二航空艦隊司令長官の福留繁はそれより六カ月前にフィリピンでゲリラに捕らえられたことがあり、不問に付されたものの、この汚名をそそぎたいという気持ちが強いはずだった。及川はこのように思い、二航艦司令部が大戦果をつくりだす素地がここにあったのだと想像したのではなかったかと記した。

そして、基地航空部隊の士気を維持するためには、その戦果がきわめて疑わしいと知りながら、軍令部のかれの部下たちがそれを受け入れるのを及川は黙認したのだと述べた。

そしてもうひとつ、そのとき近衛文麿、その他の人びとが密かに考えていたこと、連合艦隊が全滅したときこそ戦いをやめる機会となるという主張があるのを及川は承知していた。海軍に降伏を言わせ、海軍に敗戦の責任を負わせようとするなどとんでもないとかれは思い、海軍は連合艦隊がなくとも、基地航空隊があれば立派に戦うことができるのだと重臣たちにみせつける必要がある、そのためにも大戦果は必要なのだと及川は考えたのであろうと綴った。

そのときに私が述べるのを忘れたのは、及川古志郎、福留繁を含めて海軍幹部たちは、つぎ

にはじめる体当たり攻撃の隊員たちの士気を高めるために、雷撃隊員はそのあらかたが戦死してしまったが、輝かしい戦果を上げたのだと説かねばならなかったこと、そこで連日の大本営発表から勅語の下賜までを望んでいたということだった。

(73) 神立尚紀〈門司親徳〉「本の話」平成一五年二月号
(74) 「戦史叢書　大本営海軍部・聯合艦隊(6)」五〇四頁
(75) 三木忠直〈『桜花』設計追想の記〉海空会「海鷲の航跡——日本海軍航空外史——」原書房　昭和五七年　一九四頁
(76) 三木忠直「『桜花』設計追想の記」一九六頁
(77) 重長信雄〈終戦の日に〉「士交会の仲間たち」六九六頁
(78) 宮垣喜代治〈桜花の一空廠〉「士交会の仲間たち」四〇二頁
(79) 「昭和二十年　第7巻」七六頁
(80) 内藤初穂「極限の特攻機　桜花」八一—八二頁
(81) 「朝日新聞」昭和一九年一二月九日付
(82) 信濃の沈没については、「昭和二十年　第5巻」六二—六七頁を見よ。
(83) 「昭和二十年　第5巻」一二—六二頁
(84) 横須賀海軍工廠久木分工場での宮城県立第一高女の桜花のロケットに推進薬を入れる作業については、「海鳴りの響きは遠く」から引用するか、参考にした。
(85) 防衛庁防衛研修所戦史室「戦史叢書　大本営海軍部・聯合艦隊(7)」朝雲新聞社　昭和五一年　九四頁
(86) 岡田貞外茂は昭和十九年十二月二十六日にクラーク基地から東京に戻ろうとした。かれの乗った飛行機は離陸してすぐに敵機と遭遇し、撃墜され、全員が死亡した。かれは三十六歳だった。

海軍兵学校、海軍大学校を最優秀の成績で卒業した貞外茂は、父、岡田啓介の期待の息子だった。

(87)「戦史叢書　大本営海軍部・聯合艦隊(7)」九六頁

(88)佐波次郎〈海軍航空26年の回顧〉「航空情報」昭和四二年一月号

(89)編者代表・伊藤隆「高木惣吉　日記と情報　下」みすず書房　平成一二年　七九五―七九六頁

(90)千早正隆「宇垣纏の『戦藻録』の再考察」「水交」平成二年五月号

(91)「昭和二十年　第7巻」一三六頁

(92)宇垣纏「戦藻録」原書房　昭和四三年　一一頁

(93)細川護貞「細川日記」中央公論社　昭和五三年　三五四頁

(94)軍事史学会編　防衛研究所図書館所蔵「大本営陸軍部戦争指導班　機密戦争日誌　下」錦正社　平成一〇年　六七四頁

(95)伊藤隆ほか編「重光葵手記」中央公論社　昭和六一年　六七四頁

(96)「海軍神雷部隊」海軍神雷部隊戦友会　平成八年　一六頁

(97)猪口力平、中島正「神風特別攻撃隊」河出書房新社　昭和五〇年　一五四頁

(98)堀口智一〈桜花隊を送って――七二一空〉「破竹　海軍経理学校第八期補修学生の記録」破竹会　昭和四七年　七〇一頁

(99)小幡晋「忘却の彼方に　ああ特別攻撃隊」忘却の彼方に出版刊行会　昭和五一年　一〇五頁

(100)著者代表・岡村純「航空技術の全貌（下）」原書房　昭和五一年　一一九頁

(101)小幡晋「忘却の彼方に」五〇頁

(102)金子義郎〈野中五郎少佐と神雷特別攻撃隊初出撃を思う〉「海軍中攻史話集」五一二―五一五頁

(103) トーマス・ブュエル　小城正訳「提督・スプルーアンス」読売新聞社　昭和五〇年　四〇九頁

(104) 宇垣纏「戦藻録」四七二―四七三頁

(105) 岩城邦広〈桜花特攻〉海空会「海鷲の航跡　日本海軍航空外史」原書房　昭和五七年　二〇四頁

(106) 安延多計夫「ああ神風特攻隊」一三二頁

(107) 田代恭之助〈第十一海軍航空廠の思い出〉「滄溟　海軍経理学校補修学生第十期」文集刊行委員会　昭和五八年　八四四頁

(108) 堀元美「続・鳶色の襟章」原書房　昭和五二年　四六二頁

(109) アメリカとの戦いをはじめてから、連合艦隊が戦いらしい戦いをしたのは数えるほど、ほとんどなにもできないまま、比島沖海戦でも、敵の艦艇、航空機、潜水艦にいいようにやられてしまった。呉軍港に逃げ帰った帝国海軍の最後に残った艦艇が、昭和二十年三月十九日、アメリカ第五十八機動部隊の空母機隊によって、それこそ最後は雪隠《せっちん》詰めという状態で手ひどく撲られて終わった。そのとき大和の長官公室にいた伊藤整一とかれの部下たち、軍令部、連合艦隊司令部の幹部たちの胸中に、情けない、悔しいという思いが重く積もったはずであった。その激しい感情は、それから二十日たらずあとの大和の運命につながることにもなった。

　吉田満氏の「提督伊藤整一の生涯」（文藝春秋　昭和五二年）はこれに触れることを失念した。児島襄氏の「戦艦大和　下」（文藝春秋　昭和四八年）は、「三月二十日ごろ――ようやく瀬戸内海のうねりも春めいてゆるやかになり、『大和』は柱島泊地に投錨して動かずにいた」（一九九頁）と綴っただけだった。

(110) 小幡晋「忘却の彼方に」八七頁

(111) 源田実「海軍航空隊始末記　戦闘篇」文藝春秋新社　昭和三七年　二八九頁

(112) I・ミュージカント　中村定訳「戦艦ワシントン　米主力戦艦から見た太平洋戦争」光人社　昭和六三年　三九四頁

(113) 宇垣纏「戦藻録」四七五頁

(114) 金子義郎〈野中五郎少佐と神雷特別攻撃隊初出撃を思う〉「海軍中攻史話集」五〇八―五〇九頁

(115) 宇垣纏「戦藻録」四七六頁

(116) パット・フランク　ジョージフ・ハリントン　谷浦英男訳「ミッドウェイ　空母『ヨークタウン』の最期」一三七頁

(117) デイビッド・アンダートン　手島尚訳「世界の偉大な戦闘機6　ヘルキャット」河出書房新社　昭和五八年　三、五六頁。アンダートンは、ヘルキャットがギルバート諸島水域の戦いから活躍するようになって、戦争が終わるまで、日本機の撃墜が五千百五十五機、ヘルキャットの損失が二百七十機で、日本側の損害とヘルキャットの損害の比率は十九対一だと述べている。もちろん、ヘルキャットの搭乗員の戦果の確認はこれまた誇大なものとなっていたであろう。なんの根拠もないが、戦果の確認を同書の二分の一にして、損害の比率を十対一とした。

(118) 山本親雄氏が昭和十八年から十九年にかけて軍令部第一課長であったことは本文で述べた。昭和二十年五月からは第七二航空戦隊の司令官だった。戦後の著書「大本営海軍部　回想の大東亜戦争」(二二五頁)のなかで、なにを根拠にしたのか、つぎのように述べている。

「味方戦闘機の奮戦にもかかわらず、その攻撃をまぬがれたわずか二、三機の敵戦闘機のために、一式陸攻は『桜花』を搭載したまま、全機撃墜されてしまった」

(119) 植草甚一「植草甚一スクラップ・ブック39　植草甚一日記」晶文社　昭和五五年　四八頁

(120) 大木操「大木日記――終戦時の帝国議会――」朝日新聞社　昭和四四年　二六五頁

(121)「昭和二十年　第5巻」四〇四—四〇七頁

(122)勤労動員の女生徒たちの「ぼんやりした不安」については、「昭和二十年　第5巻」八二頁に記した。

(123)「海鳴りの響きは遠く」二四七頁

浜田照子氏の五月八日、五月十日、六月九日の日記は戦争末期の池子の状況を伝えるただひとつの貴重な記録である。浜田氏の六月九日の日記もつぎに掲げておこう。

「三時作業終わり、装塡場の結合全員、噴進器をトラックに積み、池子工場へ。この噴進器は明日、目的地に向け発送する物で、随分緊迫した感じがする。十五分程休んで工場見学。先ず四月に着手した三井大尉考案の防空壕。壕内は急な上り坂になり、両側に部屋があり、戸があって荷物が一杯入れてある。まだどんどん掘りつづけている。急に曲がったり、下り坂になったり意味のある掘り方なのだろう。壕から出て仕上げ場へ行く。二五番の特殊爆弾で大きく弾庫で作っている噴進器位ある。丸い火薬を重ねて入れるが、これがむづかしく、すきまがあってはならないので、ここの中学生は一人が火薬を持って入り、もう一人がその足を持って押しこみ、出る時はその足を引っ張って出てくる。海軍では二五〇キロ爆弾を二五番、三〇〇キロ爆弾を三〇番という。次の仕上げ場は小型の爆弾で、火薬を入れパラフィンですきまの出来ない方法で作っていた」

五月八日の関係部分もつぎに掲げよう。

「近道（山道）をし、途中にある倉庫で水雷を見せてもらう。池子は久木より奥深い山で、奥までレールが引いてあり貨車が沢山入っている。守衛はとても厳重だ。七番倉庫は、高く広い大きな火薬庫だ。部員が電灯をつける。電灯が四方と天井に列をなして美しく大きな劇場のようだ。裏の戸をあける、戸のついた大きな防空壕が幾つもある。畳が敷いてあり、空気抜き、水道、電話もある」

つぎのことは記しておきたい。

池子は横須賀鎮守府麾下の施設であり、横須賀海軍軍需部池子倉庫が正式名である。遅れて横須賀海軍工廠造兵部火工工場の分工場が池子に設立された。軍需部久木倉庫に造兵部火工工場の分工場がつくられたのと同じである。

久木工場については、宮城県立第一高女と第二高女の勤労動員学徒の日記、思い出が収録されていて、その工場と働いていた人びとの昭和十九年末から昭和二十年にかけての毎日を知ることができる。残念ながら、池子弾薬庫、池子工場についての記録はない。平成九年に刊行された「逗子市史」に記載はないし、横須賀海軍工廠についての刊行物のなかにもなく、郷土史、学校史のなかにも見出せない。関係の書類は焼却、散逸し、思い出を持った人びとは世を去ってしまい、わずか数日、池子に行った宮城県立第一高女の潑剌とした知性を持った一生徒の日記の断片が同期生の回想録に収録されたことで、ただひとつ残っているのである。

歴史とはこういう具合にして伝えられ、つくられるのであろう。

(124)「昭和二十年　第8巻」一五〇頁

(125)「昭和二十年　第7巻」三四六―三四八頁

(126)「村田省蔵遺稿　比島日記」原書房　昭和四四年　五三九頁

なお村田省蔵氏が「三十二勇士」と記したのは、「三百三十二勇士」の書き誤り、写し間違いであろう。

(127) 里村欣三氏は戦死した。

「里村欣三氏戦死

昨年十二月以来比島戦線に従軍していた同氏は、二月二十三日、前線一六部隊本部を訪れ、リンガエン戦線で華と散った西村大隊長の最後の戦闘報告書を写している最中、突如現れた敵機の爆撃を受け、壮烈な戦死を遂げた。

秋山報道部長の悼句

俯伏せに如月の蝶飛びめぐる（陣中新聞『さくら』第四号より転載）」

(128) 青山広志「マニラ新聞、私の始末記」早稲田速記記録事業部　平成六年　一一五頁

(129) 「昭和二十年　第10巻」二三九―二四〇頁

(130) 玉井政雄「兄・火野葦平私記」島津書房　昭和五六年　一九一―一九二頁

(131) 「朝日新聞」昭和二〇年六月五日付

(132) 「昭和二十年　第10巻」二二一頁

(133) 「昭和二十年　第10巻」二六三頁

(134) 「昭和二十年　第9巻」四〇八頁

梅津美治郎参謀総長の六月九日の上奏の内容については、昭和二十年六月十四日、松平康昌内大臣府秘書官長が述べたことを高木惣吉海軍少将が記録している。

「土曜日（九日？）梅津総長が大連に於ける打合せより帰り上奏せるとき従来になき内容を申し上げた。

即ち在満支兵力は皆合わせても米の八師分位の戦力しか有せず、しかも弾薬保有量は近代式大会戦をやれば一回分よりないということを奏上したので御上はそれでは内地の部隊は在満支部隊より遥に装備が劣るから戦にならぬではないかとの御考えを懐かれた様子である」（「高木惣吉　日記と情報　下」八八五―八八六頁）

昭和二十五年四月十七日に木戸幸一氏はつぎのように答えている。

「問、一九四五年六月九日梅津参謀総長が上奏されたことが、天皇の終戦に対する焦慮を一層

強める原因になった趣、松平康昌氏の陳述であるが、松平氏には貴下が伝えたもので、貴下は天皇から直接聞かれたものか。又在満在支の全日本軍を通じ米国八ヵ師団に対抗し得るに過ぎないと云う内容になっているが、それは本当ですか。

答、それは私が天皇からその当時直接お聞きしたもので松平君にも之を伝えた。しかし師団数のことなど全然出なかった。又在満兵力のことなど話に出ず、唯在支日本軍が米軍の上陸に対し一会戦すら充分には戦うことも難しいと云うことであった。それは弾薬が乏しいという意味であった。

在満軍はそれ迄に太平洋や比島方面に引きぬかれてしまって、これは問題にならぬ迄に弱くなっていることを知っていたから在満兵力など問題にするはずがない。しかし在支派遣軍は相当立派な装備を持っていると聞いていたので、この軍にして弾薬がそんなに乏しいならば、急に膨張させた内地の軍隊などは思いやられると云うのが当時の話の要点であった」（江藤淳監修　栗原健・波多野澄雄編「終戦工作の記録（下）」講談社　昭和六一年　一七一―一七二頁）

だが、木戸幸一氏がそれを語るより前、昭和天皇は昭和二十一年三月につぎのように述べている。

「梅津は会議の翌日満洲から帰って来たが、その報告に依れば、支那にある我が全勢力を以てしても、米の八ヶ師団にしか対抗出来ぬ状態であるから、若し米が十ヶ師団を支那に上陸させたら、到底勝算はないと語った。梅津がこんな弱音を吐くことは初めてであった」（寺崎英成／マリコ・テラサキ・ミラー編著「昭和天皇独白録」文藝春秋　平成七年　一三七頁）

そこで天皇がアメリカ軍は上海周辺に上陸するのではないかと梅津美治郎参謀総長に尋ねたこと、また天皇が南九州の防備状況を考えたということは、すべて私の想像である。

だが、天皇と参謀総長との対話の大筋、そのあと天皇が考えたことは本文で述べたようなことであったと私は思っている。

(135) 本土での戦いとなる以前に、この戦いを終わりにしなければならないと梅津美治郎が今年の一月、二月には考えるようになっていたのは間違いないことのように思える。

このことについては前々巻（第9巻）で述べたことだが、ここで簡単に記しておこう。

かれは大陸全般作戦計画の裁定を三月、四月とずるずると引き延ばし、次長、第一部長、第一課長を怒らせ、やっと五月はじめになって決めた。まったくの彌縫策であり、なにもしないのも同じであり、部下たちをさらに怒らせることになった。だが、かれが本土の戦いとなる前に戦いをやめねばならないと考えていたのであれば、重慶、延安政府に睨みをきかせ、クレムリンに弱みを見せないためには、なにも変える必要はないとしたのは当然なことであった（第9巻　三七一―三八一頁）。

そして、かれはこの戦争を終わりにするためには、天皇の親裁を仰ぐしかないと考えていた。かれは六月六日の本土決戦を決める最高戦争指導会議で米内光政が本土における戦いに反対するものと予測し、天皇に決断を仰がねばならない事態にしてしまおうと考えた。

六月一日、梅津は関東軍総司令官、山田乙三と支那派遣軍総司令官、岡村寧次に会うために大連に向かった。五日あとには最高戦争指導会議が開かれ、つづいて六月八日には御前会議の開催が決まっていることを承知していながらのことである。梅津が大連まで行く必要はまったくなかった。定めたばかりの大陸全般作戦指導大綱は大規模な撤収もなければ、大幅な後退もなく、山田と岡村に文句のあるはずもなかったからである。かれが大連に行ったのは、六月六日までに東京に戻らないとはじめから決めていてのことだったのである（第9巻　三九六―四〇九頁）。

かれの目論見は外れたが、出張から帰国したかれが天皇に向かって決戦できる力がないと言上したことは、この巻で記したとおりである。

第33章　特攻戦備の現実

（1）中田豊平〈陸軍航空廠〉「この悲しみをくり返さない　立川空襲の記録　第三巻」立川市文芸同好会　昭和五七年　三二四頁
（2）「横浜市史　第一巻下」横浜市　平成八年　六二〇頁
（3）「昭和二十年六月十日」日立製作所日立工場　昭和三二年　一三―二〇頁
（4）「昭和二十年　第10巻」二二二頁
（5）静岡新聞社編「大空襲　郷土燃ゆ　静岡県戦災の記録」静岡新聞社　昭和五〇年　二四三、二四七頁
（6）軍需省航空兵器総局の長官、遠藤三郎が発表する航空機の生産機数については、「昭和二十年第9巻」一〇二―一〇四頁を見よ。
（7）「戦史叢書　大本営海軍部・聯合艦隊(7)」四〇三頁
（8）「昭和二十年　第3巻」三六七―三七八頁
（9）「朝日新聞」昭和二〇年五月二二日付
（10）「昭和二十年　第7巻」四〇七―四〇八頁
（11）「昭和二十年　第9巻」三〇八―三一二頁
（12）「昭和二十年　第3巻」三七二頁
（13）防衛庁防衛研修所戦史室「戦史叢書　本土決戦準備(1)　関東の防衛」朝雲新聞社　昭和四六年二六一頁

(14) 代田秀雄〈特設警備第六十六大隊の思い出〉「大田区史研究　史談　特集　戦中・戦後の大田区　23」六〇―六一頁

(15) 「昭和二十年　第8巻」四九頁

(16) 風船爆弾については、「昭和二十年　第5巻」一一五―二七七頁を見よ。

(17) 松根油づくりについては、「昭和二十年　第6巻」三二二―三六五頁を見よ。

(18) B29を迎撃するロケット機のための燃料の生産については、「昭和二十年　第6巻」二八四―三一一頁を見よ。

(19) 「戦史叢書　本土決戦準備(2)　九州の防衛」朝雲新聞社　昭和四七年　四〇七頁

(20) 「新潟県史　資料篇19」昭和五八年　九一六頁

(21) 「越谷市史　第二巻」越谷市役所　昭和五二年　六七七頁

(22) 「越谷市史　第五巻」越谷市役所　昭和四九年　一〇〇〇―一〇〇二頁

(23) 「中野区史　昭和篇一」東京都中野区　昭和四六年　六〇一頁

(24) 「中野区史　昭和資料篇一」東京都中野区　昭和四七年　八六頁

(25) 尾崎宏次編「秋田雨雀日記　第4巻」未来社　昭和四一年　四二頁

(26) 「茅ヶ崎市史　現代2　茅ヶ崎のアメリカ軍」茅ヶ崎市　平成七年　五三頁

(27) 防衛庁防衛研修所戦史室「戦史叢書　大本営陸軍部(10)」朝雲新聞社　昭和五〇年　三三四頁

(28) 大佐古一郎〈原爆に竹槍・国民義勇戦闘隊〉「〔ジャーナリストの証言〕昭和の戦争　6」講談社　昭和六〇年　一三六―一三七頁

(29) 「昭和二十年　第10巻」二三二頁

(30) 「昭和二十年　第10巻」二三三頁

(31) 「朝日新聞」昭和二〇年六月一〇日付

(32)　中谷武世「戦時議会史」民族と政治社　昭和四九年　三四八—三四九頁
(33)　迫水久常「機関銃下の首相官邸　2・26事件から終戦まで」恒文社　昭和三九年　二〇一頁
(34)　「朝日新聞」昭和二〇年六月一二日付
(35)　「昭和二十年　第9巻」三九五頁
(36)　「昭和二十年六月十日」日立製作所日立工場　昭和三二年　七九—八三頁
(37)　秋吉美也子〈長谷川特使派遣問題に関する一考察〉「軍事史学」第二八巻第二号　七六頁
(38)　「昭和二十年　第4巻」一一六—一一九頁
(39)　「昭和二十年　第9巻」一〇二—一〇五頁
(40)　防衛庁防衛研修所戦史室「戦史叢書　海軍軍戦備(2)　開戦以後」朝雲新聞社　昭和五〇年　三四四頁
(41)　佐藤元美・黒沢文貴編「GHQ歴史課陳述録—終戦史資料(下)」原書房　平成一四年　五六九—五七〇頁
(42)　白井明雄「日本陸軍『戦訓』の研究」芙蓉書房出版　平成一五年　二七六頁
(43)　佐野忠行〈海軍築城土木機械の思い出〉「海軍施設系技術官の記録」海軍施設系技術官の記録刊行委員会　昭和四七年　四一七頁
(44)　近藤義宣〈基地移動〉「海軍中攻史話集」三五二頁
(45)　佐野忠行〈海軍築城土木機械の思い出〉「海軍施設系技術官の記録」四一九頁
(46)　三木忠直「『桜花』設計追想の記」一九九頁
(47)　「戦史叢書　海軍軍戦備(2)　開戦以後」一七七頁
(48)　「メインタンクブロー」呉鎮守府潜水艦戦没者顕彰会　平成八年　三一二頁
(49)　堀正美「潜水艦」原書房　昭和四八年　二〇〇頁

(50)「日本国有鉄道百年史　第一〇巻」日本国有鉄道　昭和四八年　七〇―七一頁
(51) 石渡寛ほか〈海軍艦政本部の思い出〉「滄溟　海軍経理学校補修学生第十期」一一三二一頁
(52)「戦史叢書　大本営海軍部・聯合艦隊(7)」三八一―三八五頁
(53) 斉藤頼男〈十四突撃隊での大和屋正喜君〉ほか「海軍機関学校入校五十周年記念　第四十七期生の記録」第四十七期会　昭和六〇年　六五五―六五七頁
　牡鹿町誌編さん委員会「牡鹿町誌　下巻」牡鹿町　平成一四年　一二五九―一二六六頁
(54) 岡山興隆〈『海竜』沈没事故〉造船会「続・造船官の記録」今日の話題社　平成三年　五二一―五二三頁
　久良知滋〈海竜始末記〉「日本海軍潜水艦史」日本海軍潜水艦史刊行会　昭和五四年　七八八―七九四頁
(55) 浮田基信〈海竜のことなど〉造船会「続・造船官の記録」四七八頁
(56) 阿部博〈十三は幸福の数字〉「士交会の仲間たち」四〇五頁
(57) 島袋正松〈与那原の海上挺身隊基地〉「西原町史　第三巻資料篇二　西原の戦時記録」西原町役場　昭和六二年　二四一頁
(58) ジョン・ウィントン　左近允尚敏訳「米国諜報文書ウルトラ　イン　ザ　パシフィック」光人社　平成七年　二九四頁
(59) 八原博通「沖縄決戦」読売新聞社　昭和四七年　一九六頁
(60) レスター・ブルークス　井上勇訳「終戦秘話　一つの帝国を終わらせた秘密闘争」時事通信社昭和四三年　一三八頁
(61)「朝日新聞」昭和二〇年六月一三日付

第34章　「老の身を托すあかざの杖と実に」

（1）〈侍従武官野田六郎『終戦日記』〉「歴史と人物」中央公論社　昭和五八年八月号　三六一―三六二頁
（2）〈侍従武官野田六郎『終戦日記』〉「歴史と人物」昭和五八年八月号　三六六頁
（3）木戸幸一「木戸幸一日記　下巻」東京大学出版会　昭和四一年　一二一〇頁
（4）「阿南惟幾・日誌　自昭和弐拾年四月七日至昭和弐拾年八月十四日」の六月十三日の項。
（5）アンドレ・モーロア　高橋弥一郎訳「フランス敗れたり」大観堂書店　昭和一五年　一八三頁
（6）政府の首脳陣が「躁的防衛」の状態となっていたことは前に記した。政府が中央公論社、改造社の二つの出版社に廃業を命じたのがその典型例である（「昭和二十年　第8巻」一二〇八頁）。
（7）共同通信社編「近衛日記」共同通信社開発局　昭和四三年　五二―五三頁
（8）「近衛日記」五七頁
（9）念のために記しておけば、高木惣吉の高松宮訪問については、高松宮と高木のいずれの日記にも記載がない。高木の「言上覚書」が残るだけである。高木が高松宮を訪ねた日を二月二十四日としたのは私の推定である。
（10）「高木惣吉　日記と情報　下」八〇五頁
（11）大佐古一郎「広島昭和二十年」中央公論社　昭和五〇年　七六頁
（12）「渡辺一夫　敗戦日記」博文館新社　平成七年　一三頁
（13）「昭和二十年　第10巻」一八八頁
（14）細川護貞「細川日記」中央公論社　昭和五三年　三八九頁
（15）加瀬英明「天皇家の戦い」六八頁。なお、河辺虎四郎の日誌に軍令部次長との面談のくだりはないが、河辺日誌もまた、すべてを記したものではない。

(16) 宮崎周一「作戦秘録」昭和十九年十二月六日から翌二十年九月十八日までの、参謀本部第一部長在職中の日記である。三七二頁と手元に記録したが、掲載書を失念した。

(17) 付け加えるなら、高松宮は海軍の上級将官からこのようなことを聞いたということ自体、また松代のこと、大和のこと、こうしたすべてのことを日誌に記していない。このような話し合いがあったと私が想像するのは、高松宮はこのあと五月十七日に宮廷高官たちを招き、かれらに説いた内容があまりに唐突すぎると思えるからであり、当然ながら高松宮が日記に記さなかったことがそれ以前にあったと考えるからである。

(18) 高松宮宣仁親王「高松宮日記　第八巻」八四頁

(19) 高松宮が宮廷高官の説得に失敗し、気落ちしていたことは五月十八日の日記に記載がある。「昨夕の話で興奮したのか疲れたのか、今日は胸がはればれせぬ。朝おきて御殿場に御無沙汰している申訳けを自問自答してみたら泣けてしまった。（お兄様が御病中にこんな事態になってしまって、御殿場へ出ようとその暇はつくれぬことはないけれど、何んとお話をしてよいか、何にか少しでもよい種があったらと思ってとうとう来れなかった。私は政治にはもともとふれる趣味もなく、お上がそれをお喜びにならぬのをよいことにしていたら、お兄様の御病中に大戦争になり、さて政治にも口を出すべきなのに何んの準備もなくとうとう何にも出来なく、お上に申し上げることもまづいのか御聴きになる様な申し上げ方も出来ず、外国とのことも私には何にも出来ず……」（「高松宮日記　第八巻」八五頁）

　この日記の一部は前に引用したことがあることを付け加えておく（「昭和二十年　第10巻」三六頁）

(20) 「昭和二十年　第9巻」四三三―四三六頁、「昭和二十年　第10巻」三九頁

(21) 高松宮が宮廷の高官の説得に失敗した翌五月十八日の日記はつぎのとおりである。
「一一四五出門、大宮御所へ。昼食いただき、じゃが芋畠をお供して、一四三〇皈邸」

皇太后に高松宮がなにを語ったか、皇太后がどのように考えていたかについて、日記はなにも記していない。私の推測は本文に記したとおりである。
(22) 矢部貞治「矢部貞治日記　銀杏の巻」読売新聞社　昭和四九年　八一〇頁
(23) 高松宮宣仁親王「高松宮日記　第八巻」九三頁
(24)「高木惣吉　日記と情報　下」八八五頁
(25)「木戸幸一日記　下巻」一二一〇頁
(26)「昭和二十年　第10巻」二〇六頁
(27)「昭和二十年　第10巻」二三三頁
(28)「昭和二十年　第10巻」一三九―一五四頁
(29)「高木惣吉　日記と情報　下」八七一頁
(30)「朝日新聞」昭和二〇年六月一〇日付
(31) 鈴木貫太郎の米内光政についての不思議な発言は多くの研究者をとまどわせてきた。
これについて丁寧に調べたのは高田万亀子氏である（高田万亀子「静かなる楯　下」原書房　平成二年　二二三―二二五頁）。

何人かの研究者は鈴木貫太郎が「米内がまだなかなか強いと思っておりましたが、そうですか」と言ったのではなく、「米内が（総理は）まだなかなか強いと思っておりましたか、そうですか」と言ったのだと解釈している。

「が」は「か」の誤植だという説明である。

だが、高田氏は木戸がそのすぐあとに重光葵に語ったこと、昭和二十四年の巣鴨拘置所における陳述で、鈴木との対話の内容をさらに詳しく語っていることを挙げ、誤植でもなければ、木戸の聞きちがい、思いちがいでもないと説く。

　そして高田氏は、鈴木貫太郎は「木戸から陛下の思し召しを聞いて狼狽し、つい心弱くもあらぬ言葉を吐いたとしか思えない」と述べる。

　私の解釈は本文で記したとおりである。

　ところで、この些細な挿話を木戸幸一が何回もとりあげ、いささかの粉飾をほどこしてまで喋っていたのはなぜだったのかということのほうに私の関心はある。

　木戸はかれを内大臣の椅子から逐おうとした米内光政にたいして衰えることのない怒りをあとあとまで抱きつづけたのである。そして戦後のことになれば、かれは内大臣の職務はまことに小さいのだとみせかけたいという気持ちがもうひとつあった。そこで、かれが人びとに信じてもらいたかったのは、世評とは違って、海軍大臣の米内光政は戦争を終わらせるためになにひとつしなかった、首相とのあいだにおいてすら、昭和二十年六月の段階になってなお、米内は戦争終結について真剣な討議をなにもしていなかったのだと説き、自分は見るに見かねて、内大臣の職務ではないにもかかわらず、お節介を買ってでて、戦争終結のための提議をせざるをえなかったのだといった話をすることになったのである。

(32) 加瀬俊一「ドキュメント　戦争と外交（上）　真珠湾から平和への十五年」読売新聞社　昭和五〇年　一七七頁

(33) 昭和二十年六月はじめ、大政翼賛会の総裁は総理大臣の兼任と決まっていることから、総裁は鈴木貫太郎だった。副総裁は緒方竹虎だった。この二人が連名で大政翼賛会の地方支部員に宛てた通告の一節をつぎに写す。
「……完全ナル国内必勝体制ヲ確立セントシテ、国民義勇隊ノ組織ニ着手セラレ候コトハ、既ニ御承知ノ通リニ之レ有リ候。コノ計画ハ、真ニ皇国焦眉ノ急務ニ応ズル当然ノ要請ニシテ、之レ、大政翼賛運動ノ一層強力ナル発展ニ他ナラザルコト、固《もと》ヨリ言ヲ俟タザル所ニ御座候。

本会ハ、深ク思イヲ此ニ致シ、乃《すなわ》チ政府ノ意ヲ承ケテ、積極的ニコレガ結成ニ協力致シ居リ候処、幸イニ全国民ノ純忠至誠ニ依リ、各地方トモ略《ほ》ボ組織ノ完了ヲ見ルニ至リ候ニ付キ、愈々来ル六月十日ノ前後ヲ以テ、本会並ニ地方支部ヲ解散スルコトニ決定致シ候」「東金市史史料篇四」東金市役所　昭和五七年　四四三―四四四頁

(34)「昭和二十年　第7巻」一八頁

(35)「昭和二十年　第7巻」七四―七六頁

(36) E・M・ザカリアス　日刊労働通信社訳「日本との秘密戦」朝日ソノラマ　昭和六〇年　三二五頁

(37) 私はグルーが日本への和平提案をすべきだと主張したのは、ホプキンズをモスクワに派遣することに反対してのことだと本文で述べた。

だが、違う解釈がある。グルーは原爆を開発していることを知らされ、日本への原爆投下がありえると知り、それより前に日本を降伏させようとして、グルーは日本に和平提言をしようとしたのだという主張だ。

ガー・アルペロビッツ氏はつぎのように述べる。

「一九四五年五月三日になって、グルーは日本国民に直接に呼びかける声明に異議を唱えた。『嘲笑的な反応』を受けることになれば、アジアにおけるアメリカの威信を損ねると言ったのである。五月の後半になってグルーが突然に降伏条件を緩和しようと努めたことに何人かの観察者が首をかしげることになった。

五百旗頭真と中村政則の二人の学者はグルーがやったことを解く糸口としてスティムソン陸

軍長官の五月八日の日記の一節を取り上げた。スティムソンとフォレスタルとグルーの三省調停委員会のメンバーはその日の午前十一時に会合を開いた。スティムソンは日記につぎのように記した。

『正規の会議が終わって、私はフォレスタルとグルーを除く全員を退席させ、残った二人に私がつくろうとしているS－Iに関しての暫定委員会とその委員会の意図について語った。そしてわれわれはちょっとのあいだその委員会の目的について討議した』

五百旗頭は『S－I、即ち原爆のことを考慮に入れないなら、グルーの態度について納得のいく説明はできない』と言い、グルーの日本における十年の体験が、かれをして日本人を心から好きにさせ、日本人に共感を持つようにさせていたことを取り上げる。原爆を使うのではなく、降伏条件を緩和することによって戦争を終結させることは、人道的であるばかりでなく、戦後のアジアで勢力争いがはじまったとき、アメリカが『日本と不和でいなくてすむことになる』。さらに五百旗頭はつぎのように指摘する。原爆を投下したら、『日本の降伏と再建を任せることができると思っている天皇に近い自由主義者たちが殺されてしまうことになるのをかれは恐れたのだ』

中村政則は述べる。『グルーは一刻の猶予もないと思った。五月の後半から六月の前半にかけて、戦争を速やかに終わりにしようと努めた』」(Gar Alperovitz *The Decision on to use the Atomic Bomb* New York Vintage Books, 1995, pp. 47-48)

ガー・アルペロビッツ氏は誤解しているようだ。ジョゼフ・グルーは一九四五年五月のある日に考えを変えたのではない。かれはトルーマンの発表する声明が無条件降伏を唱えるものであるかぎり、日本側に無視されて終わると主張し、それに反対しただけのことだ。無条件降伏は日本の君主制の強制的な撤廃を意味するものではないという条項を入れてほしいとグルーはずっと説いていたのである。

そしてまた、原爆の製造、実験の計画があることをグルーが知り、日本へ原爆投下をさせまいとして日本へ降伏の呼びかけをしようと懸命になったのだという解釈をする五百旗頭真氏と中村政則氏の見解も正しくないのではないか。

五百旗頭氏と中村氏のべつの主張を前にとりあげたことがあり、両氏の文章を再びとりあげるのはいささか気がひけるが、述べておこう。

原爆開発の最高機密を知るアメリカのごく少数の人たちは、その年の五月、六月、原爆にたいして一致した見方をしていなかった。一方に、成功なんかしっこないと思う人がいた。他方に、原爆が東アジアのすべての面倒な問題、重慶政府と中国共産党との内戦を食い止めることができ、ソ連の軍事介入を防ぐことができ、もちろん日本を降伏させることもできるのだと考えようとする人がいた。

後者の代表がヘンリー・スティムソンである。

グルーがスティムソンの考えを自分のものにしていたのなら、五月十九日のノートに東アジアの陰鬱な明日の予測を描き、「ソ連との戦争は必至であり、数年のちには起きるかもしれない」と記すことはなかったにちがいない。

統合参謀本部の最高幹部、ルーズベルトの参謀長役だったウィリアム・レーヒは原爆を「ペテンだよ」「教授先生の夢物語」と嘲笑していた。グルーはそこまで断言する自信はなかったであろうが、すべての問題を原爆が解決してくれるというのがほんとうなら、なぜ対日参戦の問題、将来の対日政策からポーランドの問題までをわざわざスターリンにお伺いをたてねばならないのか、どうして大統領は病身のホプキンズをモスクワに派遣しなければならないのかと不審に思ったことは間違いない。

ホプキンズはスターリンと会う必要などまったくない、日本への降伏条件を緩和することだ、日本は降伏すると考えたからこそ、グルーは自分の計画の実現を求めることになったのだ。私はこのように考える。

余計なことを記しておこう。原爆の日本投下はすべてを解決できると「考えようとする人がいた」と私が記したのは、なぜなのかを述べておこう。

原爆の実験、日本の都市に原爆を投下する実験を終えるまで、日本をして降伏させてはならないとスティムソンとほかの何人かのアメリカの最高幹部は考えていた。かれらがレーヒのように原爆は「ペテン」だと思っていなかったのなら、この空恐ろしい計画の実行にかれらの良心は疼いていたはずである。どれだけの数の町を一瞬のうちに焼き尽くすことができるかを知ろうとし、どれだけの人を焼き殺すことができるのかを確かめたいだけの実験をおこなうことになるのだ。日本は真珠湾爆撃をやったではないか、バターン死の行進をやったではないかとあとになって言い逃れることになろう。だが、真珠湾爆撃やバターン死の行進とは釣鐘と提灯の違い以上に決定的な違いがある。だからこそ、スティムソンは原爆がアジアのすべての問題を解決できるのだと思おうとすることで、良心の呵責を抑えようとしたのだと私は推測している。

(38) Grew, Joseph C., *Turbulent Erd: A Diplomatic Record of Forty Years, 1904-1945*, 2 vols. Boston, Houghton Mifflin, 1952.

(39) 「昭和二十年　第10巻」八六―九九頁、「第11巻」一二―一四頁も。

(40) 「昭和二十年　第7巻」三九―四九頁

(41) 「戦史叢書　大本営陸軍部⑽」二二八頁

(42) 江藤淳監修　栗原健・波多野澄雄編「終戦工作の記録〔下〕」一一九―一二二頁

(43)「昭和二十年　第10巻」一四七頁
(44)「昭和二十年　第9巻」二〇七頁
(45)「昭和二十年　第9巻」一八六―二六一頁
(46)「中野区史　昭和篇二」五一七頁
(47)「東京都食糧営団史（本史篇）」食糧配給公団東京支局内営団史刊行会　昭和二五年　七九〇頁
(48)添田知道「添田啞蟬坊・知道著作集3　空襲下日記」刀水書房　昭和五九年　一二二頁
(49)「横浜市付近に自生する食べられる野草」大日本婦人会横浜市支部　昭和一八年
(50)太田正雄「木下杢太郎日記　第五巻」岩波書店　昭和五五年　四三一頁
(51)寺島珠雄編「時代の底から　岡本潤戦中戦後日記」風媒社　昭和五八年　一四九頁
(52)「木下杢太郎日記　第五巻」四四〇頁
(53)五月十四日午後四時の大本営発表は四百機の襲来と告げた。四つの航空団によるはじめての空襲で、アメリカ側がのちに明らかにしたところでは、出撃機数は五百二十四機だった。名古屋の第一目標を爆撃したのは四百六十機だった。敵機の損失は十一機だった。
(54)添田知道「添田啞蟬坊・知道著作集3　空襲下日記」一四八―一五〇頁
(55)「木下杢太郎日記　第五巻」四四〇頁
(56)「木下杢太郎日記　第五巻」四四一―四四二頁
(57)「御相伴」については、「昭和二十年　第10巻」一二二頁を見よ。
(58)徳川義寛「徳川義寛終戦日記」朝日新聞社　平成一一年　二一一頁
(59)入江相政〈オカヒジキ〉「松平恒雄追想録」七八頁
(60)大佐古一郎「広島昭和二十年」一二二頁
(61)「昭和二十年　第9巻」二〇八―二〇九頁

(62)「福岡県教育百年史　第四巻」福岡県教育委員会　昭和五四年　八七四頁
(63) 伊藤絢子〈軽井沢援農隊〉日本女子大43回生編　卒業30周年記念文集委員会「戦いの中の青春 1945年日本女子大卒業生の手記」勁草書房　昭和五一年　二六一頁
(64)「木下杢太郎日記　第五巻」四五一頁
(65) 昭和二十年三月三十日の杢太郎の日記の全文はつぎのとおりである。「きょうの心の穏やかさが、一種の『敗戦予感』であろうか。敗戦の予感が心の穏やかさを齎《もた》らしえるか。此処なお考慮を費して見なければならぬ」(「木下杢太郎日記　第五巻」四二二頁)

＊本書は、二〇〇三年に当社より刊行した著作を文庫化したものです。

草思社文庫

昭和二十年
第11巻　本土決戦への特攻戦備

2016年6月8日　第1刷発行

著　者　鳥居　民

発行者　藤田　博

発行所　株式会社 草思社

〒160-0022　東京都新宿区新宿5-3-15
電話　03(4580)7680(編集)
03(4580)7676(営業)
http://www.soshisha.com/

本文印刷　株式会社 三陽社

付物印刷　日経印刷 株式会社

製本所　大口製本印刷 株式会社

本体表紙デザイン　間村俊一

ISBN978-4-7942-2208-4　Printed in Japan

草思社文庫既刊

鳥居 民
日米開戦の謎

昭和十六年の日米開戦の決断はどのように下されたのか。避けなければならなかった戦いに、なぜ突き進んでいったのか。当時の政治機構や組織上の対立から、語られることのなかった日本の失敗の真因に迫る。

鳥居 民
原爆を投下するまで日本を降伏させるな

なぜ、トルーマン大統領は無警告の原爆投下を命じたのか。なぜ、あの日でなければならなかったのか。大統領と国務長官のひそかな計画の核心に大胆な推論を加え、真相に迫った話題の書。

鳥居 民
鳥居民評論集 昭和史を読み解く

シリーズ『昭和二十年』の著者の単行本未収録論考集。慧眼の近現代日本史家・中国研究家の無比かつ独自の史観によって、太平洋戦争、原爆投下、ゾルゲ事件、近衛文麿、昭和天皇などの通説が覆されていく。